suhrkamp taschenbuch 118

Dr. med. Walter von Baeyer, 1904 in München geboren, ist emeritierter Professor der Psychiatrie und Neurologie an der Universität Heidelberg. Studium der Medizin in München, Berlin und Heidelberg. 1945 Übernahme der Leitung der Psychiatrischen und Nervenklinik in Nürnberg. 1955 auf den psychiatrischen Lehrstuhl in Heidelberg berufen, 1972 entpflichtet.
Dr. phil. Wanda von Baeyer-Katte, geboren 1911 in Berlin, ist die Ehefrau Walter von Baeyers. Studium der Philosophie, Psychologie, Geschichte und Soziologie in Marburg a. d. L., Freiburg und Heidelberg. Lehrauftrag für Psychologie an der Pädagogischen Hochschule Heidelberg.

Das vorliegende Buch gibt eine Übersicht über die Ergebnisse der neueren erfahrungswissenschaftlichen Angstforschung, wobei zwei »Hauptfundstellen der Angstforschung« im Vordergrund stehen: die Psychopathologie und die historisch-psychologische Terrorforschung. Dominiert in der Psychopathologie und Psychiatrie die Angst von *innen,* so in der Terrorforschung die manipulierte Angst von *außen.* Den diesen Hauptfundstellen der Angst gewidmeten Kapiteln gehen kürzere Übersichten voran: über sprachlich-begriffliche Unterscheidungen, über Biologie, Physiologie und experimentelle Psychologie. Manche Widersprüche in den vorliegenden Angstlehren verlieren an Schärfe und Unverständlichkeit, wenn nicht Querschnitte angstvollen Verhaltens, sondern Entwicklungslinien aufgezeigt werden. Daher das Bemühen in diesem Buch um eine Darstellung des »Werdens der Angst«, was dazu dient, eine die Ergebnisse der Einzelwissenschaften zusammenfassende Anthropologie der Angst vorzubereiten. Anthropologisch geht es um die Geschichte der Vermenschlichung und Entmenschlichung eines Instinkts: *Ver*menschlichung, insofern aus vormenschlichen Gefahrschutzinstinkten Sozial- und Gewissensangst wird, *Ent*menschlichung, soweit diese Entwicklung pathologische Verzerrungen und Übersteigerungen erleidet oder aber mit terroristischer Absicht zur Unterdrückung des Individuums und zur Zerstörung mitmenschlicher Beziehungen mißbraucht wird.

Walter von Baeyer
Wanda von Baeyer-Katte
Angst

Suhrkamp

suhrkamp taschenbuch 118
Erste Auflage 1973
© Suhrkamp Verlag Frankfurt am Main 1971.
© der überarbeiteten und erweiterten Ausgabe.
Suhrkamp Verlag Frankfurt am Main 1973. Suhrkamp Taschenbuch Verlag. Alle Rechte vorbehalten, insbesondere das des öffentlichen Vortrags,
der Übertragung durch Rundfunk oder Fernsehen
und der Übersetzung, auch einzelner Teile. Druck:
Ebner, Ulm · Printed in Germany. Umschlag nach
Entwürfen von Willy Fleckhaus und Rolf Staudt

Inhalt

Vorwort

Ambivalent, abschreckend und anziehend in einem wie die Sache selbst, der die folgende Darstellung gilt, erscheint uns die Aufgabe, darüber zu schreiben. Die neuere das Thema Angst behandelnde Literatur in den verschiedenen Fachgebieten wie Psychologie, Psychopathologie, Soziologie, Theologie ist ja kaum noch überblickbar, wobei die Liste der angesprochenen Disziplinen keineswegs vollzählig ist. In zahlreichen Symposien und Konferenzen, vor allem im anglo-amerikanischen und im deutschen Sprachraum, wurde über die Angst von Mensch und Tier vorgetragen und diskutiert, eine ganze Kunstausstellung dem Ausdruck der Angst in Malerei und Graphik gewidmet (Darmstadt 1963). Gewichtige Berichtsbände zeugen von allen diesen, seit dem Ende des letzten Weltkrieges mächtig angeschwollenen Bemühungen. Warum also schon wieder ein Band über Angst? Entspricht ein neuer, interdisziplinär angelegter, die Denk- und Forschungsergebnisse einer Mehrzahl von Einzelwissenschaften zusammenfassender Versuch, über Angst zu berichten, tatsächlich einer »Informationslücke«?

Dies könnte mit Fug und Recht bezweifelt werden, wenn das Thema Angst nicht wie alle großen Menschheitsthemen unerschöpflich wäre. Seit eh und je den Menschen aufgegeben, ist es zeitgemäß und doch nicht bloß modisch, weil Gründe genug zum Angsthaben und vor allem zur Angst vor der Angst auch heute noch bestehen, weil Angst ständig in vielfacher, schwer durchschaubarer Weise die individuelle und die gesellschaftlich-geschichtliche Entwicklung, die seelisch-geistige, sittliche und soziale Entfaltung des Menschenwesens beeinflußt, und nicht zuletzt, weil man sich heute ungescheut zum Angsthaben bekennen kann, ohne die Verwechslung von Angst mit Feigheit befürchten zu müssen. Gerade in dieser Unerschöpflichkeit und in der Zeitgemäßheit des Angstthemas lag das Verlockende für die Autoren, sich näher mit ihm zu beschäftigen, aus der großen Angst-Literatur neben Bekanntem das eine oder andere selten beachtete Detail herauszuholen und ein wenig auch aus eigenem Forschen hinzuzutun.

Unser Dank gilt dem Verlag, der uns zu dem gewagten Unternehmen, ein neues Angst-Buch zu schreiben, ermutigte, insbesondere seinem Lektor, Herrn Hans-Dieter Teichmann, dessen Rat, Hilfe und Geduld uns in reichem Maße zuteil wurden. Danken dürfen wir auch der Diplompsychologin Frau Dr. Süllwold-Strötzel, Frankfurt a. M., für Durchsicht und Ergänzung der Abschnitte über experimentelle Psychologie und Verhaltenstherapie.

Heidelberg, im Februar 1971

Wanda und Walter von Baeyer

Einleitung

Das Titelbild des Umschlags zeigt die Malerei eines psychisch Kranken[1*]. Wir ahnen nicht, was der kranke Künstler oder künstlerisch begabte Kranke selbst damit ausdrücken wollte. Doch sprang dieses Bild ins Auge, als nach einem bildnerischen Symbol der Angst Ausschau gehalten wurde. Wodurch gemahnt es so sehr an echte, tiefe, menschliche Angst? Wohl durch die Einsamkeit und Verlassenheit, die es ohne Pathos, ohne naturalistisch-theatralische Mimik ausstrahlt, unpathetisch, aber schreckenerregend. Der aus dem Zentrum gerückte Kopf, das erstarrte, mund- und ohrlose Gesicht findet sich in wogender, blauer Unendlichkeit, ohne Halt am Gegenständlichen, ohne menschliche Gesellung, sprachlos, ja ohne eigenen Leib. Es fehlt alles, was dem Dasein Halt, Stand und Sinn gibt. Dieser Kopf versammelt nicht die Welt um sich, wie es dem selbstmächtigen, selbstbewußten Dasein gegeben ist – er ist aus der Mitte gerückt, vom Chaos verdrängt, erdrückt. Er ist weltlos, die Welt hat sich ihm entzogen. Ein wenig flimmerndes Goldgelb oberhalb des Kopfes, vielleicht eine Vogelfeder oder eine Sternschnuppe, erinnert in aller Undeutlichkeit und Unbestimmtheit daran, daß auch für diesen leiblosen Kopf einmal etwas war oder wieder einmal sein könnte, sich jetzt aber ihm entzieht, entschwindet, ihn allein zurückläßt, dem Nichtsein, dem Tod überliefert.

Daß Sterben, Verlust und Verlassenheit ängstigen, wissen wir aus der Alltagserfahrung. Daß Angst mit dem Nichts konfrontiert, dem Nichtigwerden unserer gelebten Bezüge zugeordnet ist, sagt auch die philosophische Analyse der Existenz, sagt die der Existenzphilosophie verpflichtete medizinische Anthropologie. Angst in die erstarrten Gesichtszüge dieses einsamen Kopfes hineinzulesen, legt uns der Anblick des Bildes nahe, wobei die »nichtende« Gestaltung des Hintergrundes nicht minder wichtig, ja eher noch wichtiger ist als die – vielleicht ein Selbstporträt darstellende – Skizze des Kopfes. Dieser scharf gezeichnete Kopf mit seinen eher ausdrucksarmen, so gar nicht verschreckten Zügen sagt aber noch etwas anderes: daß die Begegnung mit dem Nichts,

---

* Literaturangaben und ergänzende Hinweise findet der Leser jeweils am Ende der Kapitel unter der angegebenen Ziffer.

dem Chaos, dem Abgrund, oder wie immer man die gestaltlose, fluktuierende, schwärzliche Bläue des Hintergrundes mit Sprachsymbolen belegen will, nicht mit primitiven Flucht- oder Vermeidungstendenzen beantwortet, nicht verdrängt und verleugnet, sondern ausgehalten wird, in eigentümlicher Nüchternheit und Klarheit vollzogen, keineswegs nur erlitten. Auch diese Aussage der ehrlichen Ausdruckskraft des Bildes verdient festgehalten zu werden.

Die bildende Kunst hat Angst und Furcht vor altersher den Zügen ihrer Menschenbildnisse eingeprägt. Erinnert sei aus neuerer Zeit nur an das bekannte »Der Schrei« benannte Gemälde von Edvard Munch oder an eine Radierung von Francisco José de Goya (s. Abb.), der eine Frau mit weitaufgerissenen, vorquellenden Augen darstellt, den Mediziner an einen »Schreck-Basedow« denken läßt und auf jeden Fall Angst und Entsetzen so unmittelbar zum Ausdruck bringt, daß das kleine Kunstwerk keiner thematischen Benennung bedürfte. Wie Angst in alter und neuer Zeit zum Impuls und Thema bildender Kunst wird bis hin zu den Abstrakten (Paul Klee[2]), machte eine eigene Untersuchung notwendig, wie wir sie hier nicht vorlegen können. Das Titelbild und der Versuch einer verstehenden Interpretation seiner seltsamen, im Pathologischen wurzelnden, aber ins Allgemein-Menschliche hinausweisenden Gestaltung soll nur das Phänomen Angst, befreit von allem Vordergründigen, in seiner letztgültigen und unerbittlichsten Form zeigen: die Angst des Seinsverlustes, des Verlassenwerdens und des Sterbens. Diese Angst mag in den vormenschlich-frühmenschlichen Primitivformen ängstlichen Befindens und Verhaltens immer schon keimhaft angelegt sein – in der bildlich dargestellten Weise der ausgehaltenen Konfrontation mit dem Nichts ist sie ein geistiges, humanes, vollhumanes Phänomen, dessen empirisches Vorkommen, zumal im numinosen Bewußtsein der eigenen Nichtigkeit vor der Transzendenz, im »mysterium tremendum« (Rudolf Otto[3]) verbürgt ist, das aber einen spezifisch menschlichen Entwicklungs- und Reifungsprozeß voraussetzt. Dem Prozeß der Angstwerdung gilt das Interesse dieser Schrift, mehr noch seinen krisenhaften Peripetien, seinen psychopathologischen und sozialpathologischen Ausweitungen und Pervertierungen, die ja auch Menschenschicksal sind, und Aufgabe, sich ihnen zu stellen, sich mit ihnen auseinanderzusetzen.

10

Edvard Munch, *Der Schrei* (1893). Nasjonalgalleriet Oslo.

Die Autoren dieses Beitrags sind von der Psychiatrie und der historisch-politischen Psychologie her zum Thema »Angst« gelangt. Nicht allein die Psychiatrie mit ihren phobischen, schizophrenen und melancholischen Patienten ist eine »Hauptfundstelle« der Angst (von Gebsattel[4]). Es gibt eine andere Fundstelle von ständiger Aktualität, für die uns das Zeitgeschehen, leider heute wie je, die Augen öffnet: die terroristische Manipulation der Angst mit dem Ziel der Gewaltherrschaft und Erpressung – Ängstigung und Einschüchterung, vom Menschen dem Menschen zugefügt; auch eine angsterzeugende Pädagogik hat die destruktiven Folgen, die manipulierter Angst überhaupt eigen sind. *Pathologische Ängste,* die den Psychiater beschäftigen, sind verhältnismäßig leicht gegenüber der normalen Angst abzugrenzen, sie haben oft eine eigene unverwechselbare Symptomatik, sprechen eine Sprache, die wir in den Ängsten des Alltags nicht zu vernehmen gewohnt sind. *Manipulierte Angst* ist dagegen durch fließende Übergänge mit jenen Formen der Angst verbunden, die für die Prozesse der Sozialisation und Persönlichkeitsentwicklung unerläßliche Bedingungen darstellen. Ist doch keine Form der Pädagogik denkbar, die völlig angstfrei wäre, ganz ohne »Repression« auskäme, ganz auf die Zulassung ängstlicher Regungen bei ihren Zöglingen verzichtete. Angst entsteht in der Sozialisation und im Erziehungsprozeß ja nicht nur durch gewollte »Repression«, sondern auch durch die diesen Vorgängen immanenten Rivalitäts- und Konkurrenzverhältnisse. Und schließlich ist es schon die niemals ganz auf fremde, »introjizierte« Autorität reduzierbare Selbstforderung, hinter der zurückzubleiben den Menschen ängstigt. Unbestreitbar ist die Heilsamkeit gerade einer solchen Angst, der standzuhalten, mit der sich auseinanderzusetzen Vorbedingung alles existentiellen Zusichselbstkommens ist.

Der *heilsamen* Angst gegenüber steht die *destruktive,* die eine von der anderen vielleicht nicht auf den ersten Blick, doch stets im Laufe des individual- und allgemeingeschichtlichen Werdens zu unterscheiden. Die destruktive Angst überwältigt, annihiliert den Menschen, raubt ihm das lebensnotwendige Vertrauen zum anderen und das Vertrauen zu sich selbst, zerstört die mitmenschlichen Bezüge. Sie läßt ihn vor ihrem gorgonischen Anhauch erstarren (von Gebsattel), wirft ihn in die Primitivität zurück, unterbricht sein Werden und Reifen, verstört seinen klaren

12

Ausschnitt aus einer Radierung Francisco José de Goyas.

Blick, verwirrt die Gedanken, inhibiert alles Leisten und Wollen. Destruktive Angst ist viel seltener Folge natürlicher Katastrophen, die es auch heute noch immer wieder trotz aller Naturbeherrschung zu überstehen gilt, seltener auch Folge katastrophenartiger Zustände im Krieg als das Resultat politischen Terrors, der sich der totalen Ächtung und Entwürdigung des Gegners bedient, der mit den Werkzeugen der Isolierung, Folterung, Gehirnwäsche und anderen antihumanen Methoden arbeitet.

Die Verfasser sind in Teilbereichen der Angst-Entstehung selbst forschend tätig, aber eben nur in Teilbereichen. So mußte vieles, was außerhalb ihrer speziellen Kompetenz liegt, aus anderen Quellen geschöpft werden. Zudem überschneiden sich ihre Forschungsbereiche: Beide betreffen den Terror, die gemachte manipulierte Annihilierung, einmal von der Seite der Psychiatrie, insofern Annihilierung seelische Störungen und Dauerveränderungen der Persönlichkeit erzeugt, dann aber auch von seiten der politischen Psychologie, insofern Terror soziale Gebilde vernichtet, Sozietät überhaupt untergräbt und primitiviert und letzten Endes entpolitisierend wirkt.

Wo immer ein anthropologisches Interesse leitend ist, d. h. ein Interesse am Ganzen des Menschseins und seiner Entfaltung in der Zeit, kann ein so facettenreiches Thema wie das der Angst nicht auf Teilaspekte beschränkt werden. Man muß versuchen, es in einem größeren Zusammenhang, in den ihm angemessenen Beziehungen zu behandeln. Das ist eine schwierige und im gesteckten Rahmen mit den vorhandenen Kräften kaum jemals befriedigend zu lösende Aufgabe. Und doch muß sie in Angriff genommen werden, wenn auch mit gewissen Einschränkungen: Daß der Mensch Angst hat, ist von altersher ein theologisches Problem, ein Glaubensmotiv, aber auch eine Glaubensanfechtung gewesen, ein Problem, das auf dem Boden christlicher Tradition und erst spät, eigentlich erst seit Kierkegaard (1844), auch von einigen Philosophen als hochbedeutsam und existenzerhellend erkannt wurde. Dieses wissend und würdigend, ist es uns nicht möglich, eine eigene Theologie und Philosophie der Angst zu entwickeln, aber auch nicht zweckmäßig erschienen, die großen Theologen und Philosophen der Angst ausführlich zu referieren. Wir entnehmen wohl einigen ihrer Werke Hilfsmittel zur Bereicherung unseres Begriffsschatzes, Amplifikationen der semantischen Frage: Was kann das Sprachsymbol »Angst« alles bedeuten, in welchen begrifflichen Zusammenhängen kann es erscheinen, welche Sinnhorizonte sind diesem Symbol zugeordnet? Das Hauptgewicht unserer Darstellung ruht aber auf den *Ergebnissen der Erfahrungswissenschaften:* experimentelle Psychologie, Physiologie, Erbgenetik, Verhaltensforschung, Psychopathologie, empirische Soziologie, historisch-politische Psychologie vor allem. Eine naturwissenschaftlich orientierte Empirie stellt das Angst-Problem auf den Boden tierischer und primitiv-menschlicher Gefahrschutzreaktionen, die mit Erfolg nicht nur an menschlichen Versuchspersonen, sondern auch an Versuchstieren studiert werden. Dementsprechend überwiegt hier der behaviorale Verhaltensaspekt – das Fliehen, Meiden, Sichanklammern, Sichwehren gegenüber drohenden Gefahren – über den Erlebnisaspekt, der seinerseits die geisteswissenschaftliche Befassung mit der Angst beherrscht. Der Psychiater ist sozusagen gezwungenermaßen Anthropologe im ganzheitlichen Sinn, indem er einer Integration der verschiedenen Aspekte der Angst nicht entraten kann.

Bei einer multidisziplinären Annäherung an das Angst-Problem stellt sich überhaupt die Frage nach der Integration, der sinnvollen Zusammenfügung der mit grundverschiedenen Methoden gewonnenen Ergebnisse. Wir gingen – im Gegensatz zu primär philosophischen und theologischen Betrachtungsweisen – nicht von *einer* Grundkonzeption aus, sondern wollten uns von dem leiten lassen, was wir selber gesehen oder von anderen zuverlässig erfahren haben, also nicht von einem »Begriff Angst« – wie der Titel des immer noch fundamentalen und unüberholten Buches des religiösen Denkers Kierkegaard lautet –, sondern von einem »Befund Angst«. Doch stießen wir eben nie auf einen einheitlichen Befund »Angst«, sondern stets nur auf eine Unsumme von Einzelbefunden, und es war dann nachträglich die Aufgabe zu überlegen, was denn diese Einzelbefunde zu einem Ganzen zu verbinden vermag. Dabei leitete uns folgender Gedankengang: Angst ist nicht gleich Angst. Vielerlei wird mit dem Worte Angst oder mit ähnliches bedeutenden »Angstwörtern« (Wandruszka[5]), z. B. mit Furcht, Schrecken, Grauen, Schauder, Bangen, Entsetzen usw. bezeichnet: Hohes und Niederes, Primitives und Differenziertes, Leibnahes und Leibfernes, Bestimmtes und Unbestimmtes, Gegenständliches und Gegenstandsloses, Angst *vor* und Angst *worum*. Trotzdem muß an allen angstartigen tierischen und menschlichen Erscheinungen etwas Gemeinsames festgehalten werden, wenn es überhaupt Sinn haben soll, sie unter *einem* Titel zu behandeln. Das Gemeinsame ist zunächst wohl die Art der äußeren und inneren Situation, die durch das Wort »Angst« angesprochen wird, bei Tier und Mensch: die Situation des *Bedrohtseins,* wie immer die Bedrohung beschaffen sein, woher sie kommen und wohin sie zielen mag. Das zweite Gemeinsame ist der *Zukunftsbezug:* Wohin treibt man, was kommt auf einen zu, wenn man Angst hat? Wie soll das weitergehen? Wird es nicht noch schlimmer, als es jetzt schon ist, usw.? Wir hoffen zu zeigen, daß schon unter dem behavioralen Gesichtspunkt des Tierexperimentes der Zukunftsbezug angstähnlicher Erscheinungen eine Rolle spielt. Das dritte Gemeinsame ist, daß Angst kein oder kein rein gedanklich-intentionales Phänomen ist, sondern *Verstimmung* in dem erweiterten Sinne des Wortes, in dem es die Psychopathologie verwendet, nämlich gestörte Befindlichkeit, gestörtes leibseelisches Gleichgewicht, quälendes Zumutesein. Am geängstigten Tier konstatieren wir zwar keine menschlichen Erlebnisse, im Prinzip aber die gleichen physischen Korrelate, ähnliche Ausdrucksmerkmale, durchaus vergleichbare physische Begleiterscheinungen eines »gespürten Bedrohtseins« wie beim Menschen.[6] Auch das geängstigte Tier erleidet Qualen.

Es gibt Angst, die durch körperlichen Schmerz erzeugt wird, in der Erinnerung an bereits erlittenen Schmerz den bevorstehenden oder bei bestehendem Schmerz dessen Verschlimmerung fürchtet. Es gibt die Angst des alleingelassenen Säuglings. Es gibt Angst, die nichts mit Schmerzen, Krankheit zu tun hat, auch nichts mit dem physischen Tod, die vielmehr aus den Pressionen, Peinlichkeiten und Vertrauensbrüchen des sozialen Lebens entspringt. Es gibt Gewissensangst und Angst um das eigene Seinkönnen, um die Selbstverwirklichung oder wie immer man den Anruf zur personalen Existenz bezeichnen mag. Und es gibt noch ungezählte andere Ängste, je nach dem Worum, um das es geht, das von innen oder von außen her bedroht sein kann. Es mag schwierig sein, alle diese Ängste zu ordnen, eine Stufenleiter der Angst zu konstruieren. Aber es erscheint doch einleuchtend, daß es primitive und weniger primitive, undifferenzierte und differenzierte, leibnahe und geistnahe Ängste gibt. Auch ist einsichtig, daß eine phylogenetische (stammesgeschichtliche) und ontogenetische (individualgeschichtliche) Entwicklung der Angst vorausgesetzt werden muß. Von der Ratte können wir keine Gewissensangst verlangen, aber auch nicht vom Kleinkind, dem jedoch schon mit dem »schwarzen Mann« Angst gemacht werden kann, was wiederum weder bei der Ratte noch beim Säugling möglich ist. Wenn man die biologische, instinkthafte, leibnahe, aus dem Schmerz und aus der Trennung geborene, schon beim höher organisierten Tier nachweisbare Grundlage jeglicher Angst anerkennt, ist es sinnvoll anzunehmen, daß diese kreatürlich-instinkthafte Angst-Anlage zumindest in der Entwicklung des Individuums, vielleicht auch schon in der Stammesgeschichte einen Prozeß des Werdens, der Entfaltung, der Ausdifferenzierung durchläuft, um zu ihrer human-adulten Gestaltung zu gelangen.

Wir untersuchen das »Werden der Angst« und greifen damit einen Titel auf, den unser verstorbener Freund, der Psychiater Prinz Alfred Auersperg, als Überschrift eines Aufsatzes wählte.[7] Gegenstand dieses kleinen, aber bedeutsamen Beitrages sind die von der amerikanischen Kinderpsychologin Käthe Wolf erforschten frühkindlichen Ängste, die bereits ein Werden, einen Entwicklungsprozeß erkennen lassen. Auch bei bei Kierkegaard finden wir eine Darstellung der Stufenfolge menschlicher Angst, die bei der »süßen Beängstigung« des »unschuldigen«, aber imaginativ ins Unbekannte vorstoßenden Kindes anhebt und zur reflektierten Angst des schuldig gewordenen Menschen führt. Und Sigmund Freud hat *expressis verbis* eine Entwicklungsgeschichte der menschlichen Angst entworfen, beginnend mit der furchtbaren, anonymen, als Vorstufe der Angst anzusehenden Beengung während des Geburtsaktes bis zur Schuld- und Todesangst des Erwachsenen. Was die Ordnung der Angst-Phänomene und ihre Zuordnung zu Entwicklungsstufen so ungemein erschwert, ist die von Kierkegaard entdeckte tiefenpsychologische Seite des Angst-Problems, die Eigenschaft menschlicher Angst, sich hinter »unzähligen Fälschereien« zu verbergen. So kann z. B. eine höchst primitiv wirkende, hypochondrische Körperangst – als ob es um nichts weiter ginge als um dieses oder jenes Organ und um das simple leibliche Wohlbefinden – Tarnung eines komplizierten neurotischen Konfliktes sein. So kann Gewissensangst zu leiblicher Angst regredieren, scheinbar exogene Katastrophen-Angst Ausdruck infantil-genetischer Lebensschwierigkeiten sein usw. Ein verbindliches, eindeutiges Entwicklungsschema menschlicher Angst läßt sich deshalb schwerlich aufstellen, wohl aber die allgemeine These vertreten, daß Angst von ihrer Instinktbasis aus einen Prozeß der Vermenschlichung durchmacht. Dabei ist es vollkommen gleichgültig, ob man die biologisch-instinkthafte Basis als angeboren und ererbt oder durch Lernen erworben oder, was das Wahrscheinlichste ist, mit Leyhausen als »trainierten Instinkt« ansetzt.[8] Wir handeln also, wenn wir entwicklungsgeschichtlich von der Angst sprechen, von der »Humanisierung« eines Instinktes. Zugleich aber müssen wir von den Möglichkeiten und Realitäten seiner »Pervertierung« reden. Ja, es zeigt sich, daß unsere Studien ganz überwiegend diesem letzteren, negativen, antihumanen Aspekt der Angst gegolten haben, der in seiner zerstörerischen Multivalenz denn auch den größten Raum unserer Darstellung beansprucht.

Die Pervertierung urtümlicher biopsychischer Gefahrschutz-Bereitschaften (-Instinkte) ist gegeben einmal durch die spezifisch humane Möglichkeit psychopathologischer Übertreibungen, Verzerrungen und Fehlleitungen dieser Reaktionen, die am falschen Platz, zur falschen Zeit, mit falschen Gegenständen, falschen Projektionen den Menschen aufs tiefste beirren. Die Krisen, Exaltationen und Phantasmen krankhafter Angst-Entwicklung bedeuten stets auch Wirklichkeitsverlust, Lähmung und Erstarrung des Selbst, leibliche, seelische und soziale Entfremdung, Schwund mitmenschlicher Bezüge in unüberwindlichem Mißtrauen, das jede freie Begegnung verhindert. Es kann in der Tat zu katastrophalen, lebenslangen Entstellungen des Menschseins kommen, wenn pathologische Angst die Herrschaft antritt und die Freiheit unterdrückt. Wir werden sehen, daß das in sehr verschiedenartigen Formen und zeitlichen Verläufen, oft auch nur episodisch, der Fall sein und auf verschiedene körperliche und seelische Ursachen zurückgehen kann. Erfahrungen mit pathologischer Angst, zumal bei Kindern, aber auch auf allen anderen Altersstufen, warnen uns vor einer vorschnellen Idealisierung der Angst und vor einem erbarmungslosen Beiseitestehen da, wo wir helfen, Angst beseitigen oder mildern können, warnen auch vor pädagogischem Mißbrauch kindlicher Angst-Dispositionen. Gewiß kann auch aus pathologisch maximierter, entstellter und hinter den verschiedenartigsten Verhaltensstörungen und Leiden verborgener Angst existentielles Heil, ja höchste geistige Produktivität erwachsen, wie das Beispiel Kierkegaards zeigt. Aber solche heilsamen Transformationen unheilvoller Bedrängnis sind zum großen Teil ganz unverfügbar und nur in gewissem Umfang und keineswegs in allen Fällen durch informelle oder psychotherapeutisch gesteuerte Kommunikationsprozesse zu fördern. Psychiater, Psychotherapeuten, Pädagogen und andere für Menschen Verantwortliche sind jedenfalls gerufen, dehumanisierende Angst-Entwicklungen und Angst-Ausbrüche zu bekämpfen, soweit das immer möglich ist. Gemeine Angst ist häufiger als edle, die Gefahr, durch Angst deformiert zu werden, größer als die Chance, durch Angst zu wachsen. Oft gilt es, zunächst einmal Angst zu dämpfen oder zu beseitigen, ehe an ihre Sublimierung gedacht werden kann. So sieht es jedenfalls der Arzt.

Doch stimmt ihm auch der unvoreingenommene Betrachter des Zeitgeschehens und der Historie zu: Wo manipulierte Angst als Terror, Folter, Gehirnwäsche und dergleichen eingesetzt wird, zerbrechen in der Regel die Formen individuellen Selbstseins und gesellschaftlich-gemeinschaftlichen Mitseins, zerbrechen häufiger, als der einzelne in heroischem Widerstand die Angst besiegt und als Märtyrer zu exemplarischer Größe emporwächst. Die entmenschlichende Wirkung soziologisch und historisch-politisch zu betrachtender, provozierender Einschüchterung und Ängstigung ist nicht minder evident als die Pervertierung durch pathologische Individualängste. Auch der Terror entkernt und primitiviert die ihm unterworfenen Menschen, annihiliert die sozio-kulturelle Substanz, zerstört durch Vertrauensverlust den Zusammenhalt primärer und sekundärer Gruppen, ja ganzer Bevölkerungen, steckt an und verbreitet sich epidemisch wie eine Seuche. In nicht wenigen Fällen – das haben wir besonders an den Folgen des Naziterrors gelernt – perpetuiert sich induzierter Schrecken auch nach seinem Aufhören in angstbestimmten Persönlichkeitsveränderungen, deren Studium und Behandlung erst in jüngerer Zeit Aufgabe der Psychiatrie geworden ist. Die von außen gesteuerten Angst-Instinkte und die aus der Anlage oder aus frühkindlichen Fehlprägungen entstandenen Dispositionen zu psychopathologischen Angst-Entwicklungen treffen sich hier, vereinigen sich zu einer verhängnisvollen Synthese, deren Wesen erst in den letzten Jahrzehnten genauer erforscht werden konnte, ohne daß es schon gelungen wäre, den entscheidenden therapeutischen Schlüssel zu finden.

Wenn wir auch sehr viel länger bei den pervertierten, dehumani-

sierenden Formen der Angst verweilen werden als bei ihren
schlicht humanen und prähumanen, länger bei der destruktiven
als bei der konstruktiven Angst, so sollen die ersten Abschnitte
dieser Darstellung doch wenigstens einen kurzen Überblick über
die begrifflichen Konzepte der Angst und über ihre biopsychischen und soziopsychischen Grundlagen geben.

Anmerkungen

1 Ölbild aus Klinikbesitz der Psychiatrischen-Neurologischen Universitätsklinik Wien, gemalt von einem an Schizophrenie leidenden
24jährigen Patienten, der vor seiner Erkrankung nie gemalt haben
soll.

2 Paul Klee, »Angstausbruch«, Aquarell 1939, schwarz-weiß reproduziert in: *Angst,* hrsg. von P. Kielholz, Bern und Stuttgart, 1967, S. 24.
Die Darstellung zeigt ein Gesicht *en face* mit aufgerissenen, schielen-
den Augen und aufgesperrtem Mund, außerdem eine abgetrennte
Hand und andere, stark schematisierte, zerstückelte Körperteile.
Man wird an den Angst-Psalm 22 erinnert (V. 15): »Ich bin ausgeschüttet wie Wasser, alle meine Gebeine haben sich zertrennt...«

3 Otto, R., *Das Heilige.* Gotha [13]1925, S. 13 ff.

4 Frh. von Gebsattel, V. E., *Prolegomena einer medizinischen Anthropologie,* Berlin–Göttingen–Heidelberg 1954, S. 378.

5 Wandruszka, M., *Angst und Mut.* Stuttgart 1950.

6 Mauz, Fr., *Prognostik der endogenen Psychosen.* Leipzig 1930.

7 Prinz Auersperg, A., »Vom Werden der Angst«. In: *Nervenarzt 29*
(1958), S. 193.

8 Leyhausen, P., »Zur Naturgeschichte der Angst«. In: *Die politische
und gesellschaftliche Rolle der Angst,* hrsg. von Wiesbrock, H. Frankfurt a. M. 1967, S. 99.

1 Was ist Angst?

Was wir meinen und von welcher Realität wir reden, wenn wir
»Angst« sagen, ist nicht so selbstverständlich, wie das auf den ersten Blick erscheint. Vieles, was im Phänomen »Angst« steckt,
was sich hinter ihm verbirgt oder worin es sich selbst hinter einer
Fassade von Nicht-Angst verbirgt – vieles, das meiste soll erst die
Darstellung in ihrem Gang entfalten. Und es soll in diesem An-
fangskapitel nichts vorweggenommen, nichts der empirischen
Sehweise und Nachprüfung von vornherein entzogen werden.
Trotzdem brauchen wir einen *phänomenologischen Vorbegriff
und Gesamtbegriff* von »Angst«, der die Thematik unserer Darstellung ansagt und umgrenzt, der das mit dem Wort »Angst«
Gemeinte einem nicht zu engen, aber auch nicht zu weiten Vor-
verständnis erschließt.
Martin Heidegger (1927) definiert den formalen Sinn der phänomenologischen Forschung folgendermaßen: »Das, was sich zeigt,
so wie es sich von ihm selbst her zeigt, von ihm selbst her sehen
lassen«.[1] Angst zeigt sich von ihr selbst her sicher demjenigen am
deutlichsten, der sie durchmacht oder durchgemacht hat – sekundär dann auch und manchmal kaum weniger eindringlich in der
Fremdwahrnehmung des leiblichen Ausdrucks. Haben wir aber
die Gewähr, daß jeder, der sagt: »Ich habe Angst«, oder jeder
Beobachter, der sagt: »Der Mensch scheint mir Angst zu haben«,
dasselbe meint? Gibt es andererseits nicht viele andere Wörter
in unserer Sprache, die das gleiche oder ähnliches wie »Angst«
bedeuten, z. B. Furcht, Bangen, Entsetzen, Schauder, Grauen,
Schrecken und noch manche andere? Woher haben wir die Gewißheit oder mindestens die Vermutung, daß »Angst« entsprechend dem Titel unserer Arbeit eine Art Zentralbegriff ist, dem
sich andere »Angstwörter«[2] unterordnen, auf den sich angstähnliche, aber anders bezeichnete Erlebnisse beziehen lassen? Hat
nur der Mensch Angst, oder haben auch die Tiere in einem vergleichbaren Sinn Angst? Solche gewiß nicht unberechtigten Fragen erweisen die Schwierigkeit, das, was sich als Angst oder verwandte Phänomene von ihm selbst her zeigt, auch von ihm selbst
her »sehen« zu lassen, womit für den Bereich der Wissenschaft
nur die *sprachliche* (nicht etwa die bildnerische) Darstellung gemeint sein kann.

Wir könnten also keine Phänomenologie der Angst dem Bericht über empirische Forschungen als notwendiges Vor- und Gesamtverständnis vorausschicken, ohne uns auf Untersuchungen sprachwissenschaftlicher Art einzulassen. Wir müßten uns zunächst einmal des Sinnes und der Bedeutung der verwendeten Angstwörter (Semantik) und in gewissem Umfang auch ihrer sprachgeschichtlichen Herkunft und formalen Variation in verschiedenen Sprachen (Linguistik) versichern, um den Zugang zur Sache selbst, d. h. zum Phänomen »Angst« und verwandten Phänomenen, zu gewinnen. Dabei müßten wir unterscheiden: die Umgangssprache, ihre Sublimierung in der Dichtung, die Terminologien der wissenschaftlichen Disziplinen (philosophische Anthropologie, Psychologie, Psychiatrie u. a.), und das alles in verschiedenen Sprachen! Ein Programm, das wir unmöglich erfüllen können. Nur in bescheidenen Ausschnitten kann gesagt werden, was Linguistik und Semantik zur Phänomenologie der Angst beitragen. Als semantisches Problem, d. h. ohne Stellungnahme zur Tragweite und Wahrheit der betreffenden Aussagen, behandeln wir in diesem Kapitel auch die entsprechenden Begriffe bei Hegel und Schelling, vor allem aber die große, alles Spätere in Schatten stellende Angstlehre des dänischen religiösphilosophischen Schriftstellers Sören Kierkegaard[3] und ihre existentialontologische Fortsetzung bei Martin Heidegger.[4] Wir wollen von diesen Denkern erfahren, was das Wort »Angst« in seiner ganzen Tiefe und Fülle bedeuten kann, in welchen Sinnzusammenhängen es – nicht im oberflächlichen Alltagsgerede, sondern als Frucht wesentlichen Denkens – zu erscheinen vermag. Solche Vorbereitung möchte uns davor bewahren, das Angstproblem nur in den notwendigen perspektivischen Verkürzungen zu sehen, die sich stets bei der empirischen Erforschung eines beliebigen Gegenstandsbereiches dieser Welt aufdrängen. Schließlich ist auch nur durch phänomenologisch geklärtes Innewerden (d. h. durch Reflexion auf das eigene Innenleben, auf dessen Mitsein mit anderen »Subjekten« und auf die religiös und dichterisch gestaltete »Subjektivität«) erfaßbar, was sich dem Experiment, überhaupt jeder Feststellung von außen entzieht: der numinose, metaphysiknahe, transzendente Charakter des Angsterlebens. Kurze Hinweise müssen auch hier genügen, um an *diesen* Angstaspekt, den manche Philosophen und Theologen zentral setzen, zu erinnern. Was wir in der Semantik der Angst aber tun, kommt nicht darüber hinaus: Möglichkeiten ihrer Sinngebung an Sprachsymbolen durchzuspielen. Daß solches Durchspielen nur die Vorbereitung einer eigentlichen Theologie und Philosophie der Angst sein könnte, wissen wir. Doch liegt eben eine Theologie-Philosophie der Angst, wie sie neben Kierkegaard und Heidegger in den letzten Jahren z. B. auch Paul Tillich und Viktor von Gebsattel in Angriff genommen haben, nicht in unserer Absicht. Wir wollen zunächst nur einmal wissen, was Angst und vergleichbare Angstwörter in unserer Sprache alles bedeuten können. Dabei soll auch schon der *Wandel* dieses Bedeutens auf verschiedenen Sinn- und Entwicklungsstufen zum Vorschein kommen und so das »Werden der Angst« bereits auf der semantisch-phänomenologischen Ebene angesprochen werden. Natürlich werden sich bei derartigen Erörterungen die Grenzen zur Philosophie und Theologie als fließend erweisen – was uns leitet, ist aber tatsächlich nur die lückenhafte, bloß exemplarische Bestandsaufnahme möglicher Sinngebungen, nicht die letzte Frage nach Wesen und Wahrheit dessen, was wir »Angst« nennen.

Angst und Furcht

Als linguistisch-semantisches Problem drängt sich in aller deutschen Literatur die Unterscheidung von Angst und Furcht auf.[5] Die philosophisch-theologischen Autoren (Kierkegaard, Heidegger, Tillich) machen einen grundsätzlichen Unterschied, dessen phänomenale Basis aber keineswegs so solide ist, wie das nach den Behauptungen der Theologen und Philosophen, denen sich auch der eine oder andere Psychologe anschließt (z. B. Ph. Lersch), der Fall zu sein scheint: Angst sei die unbestimmte, gegenstandslose, anonyme, unmotivierte Emotion, Furcht die bestimmte, auf einen bedrohlichen Gegenstand oder eine gefährliche Situation gerichtete, benennbare, entsprechend motivierte Gefühlslage, eben Furcht »vor etwas«. Mario Wandruszka[6] weist nach, daß die prinzipielle Unterscheidung von Angst und Furcht oder anderen vergleichbaren Wörtern in den europäischen Sprachen durch die Umgangssprache und die Sprache der Dichter und Denker nicht gedeckt wird. Sie stützt sich also auf eine künstliche Terminologie. Die Wörter »Angst« und »Furcht« werden meistens gleichbedeutend verwendet, bei manchen Schriftstellern sogar im umgekehrten Sinn, nämlich so, daß Furcht und nicht Angst die allgemeine, vage, gegenstandslose Gestimmtheit einer nicht näher identifizierbaren Gefahrensituation bezeichnet. Noch bei Nietzsche und einigen gegenwärtigen deutschen Schriftstellern »ist Furcht das Umfassende, die Grundstimmung, die grundlos aus der Tiefe des menschlichen Herzens heraufsteigt, im Gegensatz zur banalen Angst vor ...« Furcht war lange Zeit gleichbedeutend mit grund- und objektloser Angst. Für Kant war Angst eine Sprosse auf einer Stufenleiter der Furcht: »Bangigkeit, Angst, Grauen, Entsetzen sind Grade der Furcht, d. i. des Abscheues vor Gefahr«[7], während sich heute literarisch-wissenschaftlich die Tendenz durchsetzt, Angst als Grundphänomen zu bezeichnen, als dessen Spezifizierung die anderen »Angstwörter«, u. a. auch »Furcht«, gelten. Seit Kant habe sich, so Wandruszka, die »Angst« immer weiter auf Kosten der »Furcht« ausgebreitet. »Angst« werde heute vor allem da gesagt, wo der leibseelische Zustand als solcher, mehr als der Anlaß im Vordergrund steht; und vielfach werde, anders als bei Kant, »Angst« als Steigerung der »Furcht« verstanden.

Der leibseelische Zustand des sich bedroht fühlenden Menschen entspricht einer sehr alten, indogermanischen Sprachwurzel: *angh* gleich eng, einengen, schnüren.[8] Das deutsche Wort »Angst« ist ein Lehnwort, es stammt aus dem lateinischen *angustia* = Enge, Beengung, Bedrängnis. *Angustia* geht auf lateinisch *ango* = zuschnüren, beklemmen und griechisch ἄγχειν = würgen, drosseln, ängstigen zurück. Auch im Hebräischen sind Angst und Enge ursprünglich eins. Die Wortgeschichte von »Angst« verweist also auf eine mit Gefahr- und Bedrohungserlebnissen häufig verbundene, leibliche Befindlichkeit, auf die der meist in den Brustraum und in den Hals lokalisierten Enge. Das heißt nicht, daß nicht auch andere Befindlichkeiten mit dem Angsthaben eins sein können, wie z. B. Schwindel oder Schwäche in den Knien oder Frösteln oder bitterer Geschmack im Mund. Es bedeutet nur, daß Engigkeitsempfindungen nach indogermanischem Sprachgebrauch eine bevorzugte Stellung im leiblichen Gesamtaspekt der Angst einnehmen.[9]

Außerdem kennen die Sprachen Engigkeitsempfindungen auch als Ausdruck nichtängstlicher, anderweitig unlustvoller, gespannter Emotionen oder Emotionsbereitschaften. So leiten sich die englischen Wörter für »Zorn« und »zornig« von der Sprachwurzel *ang* ab: *anger, angry*. Im Englischen, dessen populäre und wissenschaftliche Begriffssprache für jede ernsthafte Beschäftigung mit moderner Angst-Psychologie und -Psychopathologie in Betracht gezogen werden muß, haben Wörter wie *anxious* und *anxiety* in der Umgangssprache und im literarischen Sprachgebrauch neben der Bedeutung »ängstlich« und »Angst« mindestens ebenso häufig den Sinn von »begierig auf ...« bzw. »heftiges Begehren von etwas«. Ähnliches gilt im klassischen Latein, das schon eine mit »Begier« gleichbedeutende *anxietas* kennt, auch im modernen Italienisch, nicht jedoch im Deutschen, Französischen und Spanischen.

Die englischsprachige Psychopathologie verwendet heute den Terminus *anxiety* vorwiegend im Sinne unserer »Angst«, und zwar etwa so, wie es der Psychiater Aubrey Lewis beschreibt[10]:

Anxiety ist ein emotionaler Zustand von subjektiv gespürter Furcht *(fear)* oder verwandten Gefühlen *(terror, horror, alarm, fright, panic, trepidation, dread, scare)*, deutlich unterschieden von »Zorn«, weniger deutlich von »Depression«.

Der *anxiety* genannte Gefühlszustand ist unlustvoll, wie das Gefühl des bevorstehenden Todes oder Kollapses.

Anxiety bezieht sich auf die Zukunft, entspricht einer Drohung, einer aktuellen Gefahr.

Doch entspricht dem *anxiety* genannten Zustand keine reale oder adäquate Gefahr.

Mit *anxiety* sind subjektive und objektive körperliche Veränderungen verbunden – subjektiv vor allem Beengungsempfindungen.

Hier haben wir es also mit einer wissenschaftlichen Definition des Angst-Begriffes zu tun, die den allgemeinen und literarischen Sprachgebrauch einerseits einengt (nichts mehr von Begier!), andererseits erweitert (auf Zustände, die sonst *horror, panic* usw. genannt werden). Jede Wissenschaft macht sich ihre eigene Sprache zurecht. Diese von Lewis vorgeschlagene Angst-Sprache paßt für die Psychiatrie, indem sie z. B. die Irrealität der gespürten Bedrohung betont. Die Sozialpsychologie in Form der Terrorforschung, auch die Psychologie der Katastrophen aber müßte bei ihrem Angst-Begriff über diese Einschränkung auf irreale oder inadäquate Gefahren hinweggehen. Für die mit Tierexperimenten arbeitende behavioristische Psychologie wäre die Lewissche Definition, da auf subjektiven Erlebnissen fußend, vollends unbrauchbar. In jedem Fall scheint sich im Englischen – was den wissenschaftlichen Sprachgebrauch betrifft – ähnlich wie im Deutschen eine terminologische Konzentration auf das Wort *anxiety* ereignet zu haben, um damit unter Vernachlässigung zahlreicher phänomenologisch-sprachlicher Differenzen die humane wie auch animalische Reaktion auf Bedrohung abstrakt in den Griff zu bekommen.[11] Die englische Angst-Definition enthält *nicht* die Unterscheidung von objektbezogener Furcht und objektloser Angst, sondern spricht unbestimmt von Drohung und Gefahr. Drohend kann mir nicht nur ein furchterregendes Objekt, sondern nicht minder ein innerer Zustand objektloser Angst erscheinen. Für die empirischen Wissenschaften vom Menschen, die sich auf das »Subjekt« einlassen (hier vor allem Psychopathologie, Geschichte, Kultur- und Sozialpsychologie), ist in der Tat die von den Philosophen geforderte strenge Scheidung von Furcht und Angst schwer durchzuführen. Es gibt kaum eine Angst, die nicht ein, wenn auch noch so vages Wovor hätte, und gewiß keine ernsthafte, sei es real begründete oder unbegründete Furcht, die nicht ihr Wovor, ihre Objektbezogenheit überbordete durch Angst als »ein mit dem Menschen gegebenes Urgefühl« (K. Schneider[12]).

Wir haben uns nun auch unsererseits auf einen *Vorbegriff von Angst* festgelegt: Wir verstehen unter »Angst« die *Gesamtheit der menschlichen Bedrohtheitserlebnisse, soweit sie mit emotionaler und leiblicher Verstimmung verbunden sind:* die motivlosen, scheinbar motivlosen, die real und angemessen motivierten wie die irreal und unangemessen motivierten, die auf gegenwärtige wie auf künftige Gefahr bezogenen, die qualitativen und quantitativen Abschattungen von permanenter Ängstlichkeit bis zum akuten Schreck, die dispositionellen wie die aktuellen Verfassungen. Wir wählen mit Bedacht diesen weiten, umfassenden und deswegen wenig bestimmten Angst-Begriff, um darin die Ergebnisse empirischer Forschung möglichst unbeeinflußt von Vormeinungen und Vorurteilen unterbringen zu können. Und wir möchten unseren Angst-Begriff nicht einmal ausschließlich auf den Menschen beschränken, sondern die Vermutung offenlassen, daß auch das höher organisierte Tier – ablesbar an seinem Verhalten in Gefahr – von der gespürten Angst der Kreatur betroffen ist. Von »Furcht« sprechen wir wesentlich seltener, und zwar nur dann, wenn das Bedrohtheitserlebnis weniger emotional als rational, mehr gegenstands- als ichbezogen erscheint, ähnlich wie dies K. Schneider vorschlägt.

Angst und Furcht bei Hegel, Schelling, Kierkegaard und Heidegger

Bei Hegel wird »Furcht« thematisch in der 1807 erschienenen *Phänomenologie des Geistes,* und zwar in dem berühmten Kapitel über »Herrschaft und Knechtschaft«[13] abgehandelt. Die Furcht des Knechtes vor dem Herrn kommt in der Furcht vor dem Tod als dem absoluten Herrn auf die Spitze: »Dies Bewußtsein hat nämlich nicht um dieses oder jenes, noch für diesen oder jenen Augenblick Angst gehabt, sondern um sein ganzes Wesen; denn es hat die Furcht des Todes, des absoluten Herrn, empfunden. Es ist darin innerlich aufgelöst worden, hat durchaus in sich selbst erzittert, und alles Fixe hat in ihm gebebt.« Die Todesfurcht macht zu dienender Arbeit bereit, aus der das Ding als bleibender, bestehender Gegenstand durch ein »Bilden« entsteht und worin das dienende, verknechtete Bewußtsein seine Selbständigkeit und seinen wahren eigenen Sinn wiederfindet. Dies geht nach Hegel nicht ohne furchtsame »Zucht des Dienstes und des Gehorsams« ab. Das knechtische Bewußtsein muß, um wieder zu sich selbst zu kommen, zunächst seinen Eigensinn ganz und gar aufgeben: »Hat es nicht die absolute Furcht, sondern nur einige Angst ausgestanden...«, sind »nicht alle Erfüllungen seines natürlichen Daseins wankend geworden...«, bleibt ein Rest von Knechtschaft übrig. Für Hegel ist also durchaus noch die »Furcht« das wesensbestimmende, umfassende, der Freiheit, dem Zusichselbstkommen vorgeordnete Phänomen, während »Angst« nur die partielle, gegenständliche Bedrohtheit anzeigt, der es »um dieses oder jenes« geht.

Schelling hingegen hat, modernen Sprachgebrauch vorwegnehmend, in dem etwas später als die *Phänomenologie des Geistes* entstandenen, vielfach umgearbeiteten Fragment *Die Weltalter* dem Worte »Angst« eine grundlegende und universale Bedeutung zugeschrieben.[14] Seine Auffassung von der Angst steht im Zusammenhang mit den theologisch-philosophischen Entwürfen eines Gott unterworfenen chaotischen Urgrundes, der nicht nur für den Menschen, sondern für jedes lebende Geschöpf Konflikte, Leiden, Schmerzen und Schrecknisse aus sich hervortreibt: »Alles, was wird, kann nur in Unmuth werden, und wie Angst die Grundempfindung jedes lebenden Geschöpfes, so ist alles, was lebt, nur im heftigen Streit empfangen und geboren« (*Weltalter*, S. 322). Das Lebendige empfindet in schweren Träumen und wilden Phantasiegebilden die Schrecknisse seines eigenen Wesens – die entsprechende Empfindung ist die der Angst. Schelling sagt, »daß der wahre Grundstoff alles Lebens und Daseyns eben das Schreckliche ist« (*ebd.*, S. 339). Wort und Begriff der Angst erhalten bei diesem der Romantik zugerechneten Denker bereits eine umfassende, existentielle, der Freiheit und »Verklärung« vorgeordnete Bedeutung. Angst als *Grundempfindung* aller Kreatur wird sehr viel später – bei Martin Heidegger – aus solcher ahnungsvollen Unbestimmtheit zur deutlich charakterisierten *Grundbefindlichkeit des menschlichen Daseins*.

Die Schrift Sören Kierkegaards *Begrebet Angest* (Der Begriff Angst) erschien 1844 in Kopenhagen unter dem Pseudonym Vigilius Haufniensis.[15] Das Werk eines religiös-philosophischen Denkers, ist sie in der Absicht geschrieben, eine psychologische Überlegung in Richtung auf das dogmatische Problem der Erbsünde zu sein. Adams Sünde und die Sünde aller Späteren ist psychologisch nicht erklärbar, ist »qualitativer Sprung«. Aber die Voraussetzungen und Konsequenzen des »Sünde« genannten Ungehorsams gegen Gott sind psychologisch deutbar, und zwar mit Hilfe des Begriffes Angst, der damit in eine enge Beziehung zur menschlichen Schuld rückt: »Das Verhältnis der Freiheit zur Schuld ist Angst« (S. 112). Das Werk ist also im Grunde theologisch konzipiert und einer oft komplizierten begrifflichen Systematik verschrieben. Doch enthält es eine Fülle von Einsichten, die man heute der Tiefen- und Entwicklungspsychologie zurechnen würde. Man hat gesagt, es sei geradezu der Vorläufer moderner Tiefenpsychologie. In gewisser Hinsicht ist es die Selbstanalyse eines genialen Mannes, der in seinem Tagebuch von sich schrieb: »Das ganze Dasein ängstet mich, von der kleinsten Mücke bis zu den Geheimnissen der Inkarnation«, und dessen innere Biographie durch zeitlebens nie verarbeitete Schuldkomplexe bestimmt war. Wir heben bei Kierkegaard die entwicklungsgeschichtliche Linie der Angst-Entstehung, ihren später von Sigmund Freud und Alfred Auersperg wiederentdeckten Werdegesichtspunkt hervor.

Was bedeutet das dänische Wort *angest,* dessen Übersetzung in »Angst« offenbar unproblematisch ist, für Kierkegaard? Wir zitieren ihn selbst: »Man sieht den Begriff Angst nahezu niemals in der Psychologie behandelt, ich muß daher darauf aufmerksam machen, daß er ganz und gar verschieden ist von Furcht und ähnlichen Begriffen, die sich auf etwas Bestimmtes beziehen, wohingegen Angst die Wirklichkeit der (sc. individuellen, die Verf.) Freiheit als Möglichkeit für die Möglichkeit (sc. das generell Menschenmögliche, die Verf.) ist. Man wird darum beim Tier Angst nicht finden, eben weil es in seiner Natürlichkeit nicht als Geist bestimmt ist« (S. 40).

Für Kierkegaard ist Angst also eine Bestimmung des Geistes, nicht der Seele oder des beseelten Leibes. Trotzdem weiß und betont er, daß Angst in einer speziellen Form, nämlich als die dämonische Angst vor dem Guten, auch medizinisch »mit Pulver und Pillen und dann auch mit Klistieren« behandelt werden kann, weil sie sich hinter überspannter Sensibilität, Reizbarkeit, Hysterie und Hypochondrie verbirgt (S. 125, 142). Dann weiß Kierkegaard auch, daß es eine Angst in der Schöpfung, in der nichtmenschlichen Kreatur gibt, die nach der Schrift ein »ängstliches Harren der Kreatur« (Röm. 8, 19) ist. Sie sei jedoch erst durch Adams Fall in die Welt gekommen (S. 57 f.). Daß menschliche Angst Geist voraussetzt, heißt, daß sie in bestimmter Weise Schuldangst ist.[16] Die eigentliche Angst ist für Kierkegaard keinesfalls die vor etwas Äußerlichem – das wäre »Furcht« –, es ist der Mensch selbst, der sie erzeugt (S. 161). Und zwar erzeugt er sie, indem er sich in Freiheit den sich ihm offenbarenden, unendlichen Möglichkeiten aussetzt und dadurch in einen dem Höhenschwindel vergleichbaren Zustand gerät, in den Schwindel der Angst.

»Angst kann man vergleichen mit Schwindel. Der, dessen Auge es widerfährt, in eine gähnende Tiefe niederzuschauen, er wird schwindlig. Aber was ist der Grund? Es ist ebensosehr sein Auge wie der Abgrund; denn falls er nicht herniedergeschaut hätte ... Solchermaßen ist die Angst der Schwindel der Freiheit, der aufsteigt, wenn der Geist die Synthesis setzen will (sc. von Leib und Seele, die Verf.) und die Freiheit nun niederschaut in ihre eigene Möglichkeit und sodann die Endlichkeit packt, sich daran zu halten. In diesem Schwindel sinkt die Freiheit zusammen« (S. 60 f.).

Um seine durch Libido und sexuelle Scham in Frage gestellte leib-seelisch-geistige Identität – würde man modern sagen – in multivalenter Entscheidungssituation zu wahren, greift der Mensch, statt sich dem Unendlichen gläubig anzuvertrauen, zu einer endlichen Lösung und wählt – das Böse. Damit ist die Grenze der psychologischen Betrachtungsweise erreicht: Adam, der erste Mensch, tut aus dem angstvollen Schwindel der Freiheit heraus einen Sprung in die Sünde, der als solcher eine Grundentscheidung gegen Gott und damit psychologisch nicht mehr faßbar ist:

»Den gleichen Augenblick ist alles verändert, und indem die Freiheit sich wieder aufrichtet, sieht sie, daß sie schuldig ist« (S. 61).

Somit meint Kierkegaard keine Schuld- oder Gewissensangst im herkömmlichen Sinne, die der Tat als »schlechtes Gewissen« oder als Furcht vor Strafe folgt. Natürlich kennt er diese Gewissensangst, sie ist für ihn aber nicht die ursprüngliche, sondern eine abgeleitete Angst. Jene ist Angst, sich frei zu entscheiden und sich damit der Möglichkeit des Falls auszusetzen – insofern dem Höhenschwindel zu vergleichen, der dem möglichen Sturz in den Abgrund vorangeht. Für diese in ihrem Ursprung spirituelle, aus der Freiheit geborene Angst ist in der Tat das leibliche Korrelat des Schwindels – zum mindesten symbolisch – angemessener als das zur äußeren Bedrängnis passende Korrelat der Beengung. Diese Angst ist außerdem, anders als die gewöhnliche, von äußerer Bedrohung induzierte, wie Kierkegaard nicht müde wird zu betonen, »zweideutig« (wir würden heute sagen: ambivalent), »süße Beängstigung«, »eine sympathetische Antipathie und eine antipathetische Sympathie«. Sie kommt beim Weibe in den Augenblicken der Empfängnis und der Geburt auf den Höhepunkt; in der Ohnmacht der Angst ist das Individuum zugleich schuldig wie unschuldig (S. 72 f.). Der Mensch liebt und fürchtet seine Angst (S. 41) usw. Der Abgrund schreckt ab und lockt in einem. Wir verstehen diese Zweideutigkeit der Angst, diese »Angstlust«, wie später die Psychoanalytiker sagen, am besten, wenn wir bedenken, daß für den mit puritanischer Härte erzogenen Kierkegaard Sünde weitgehend mit bewußt gewordener Sexualität zusammenfällt: »Durch Adams Sünde ist die Sündhaftigkeit in die Welt gekommen und die Geschlechtlichkeit, und diese ist dazu gekommen, für ihn die Sündigkeit zu bedeuten« (S. 67).

Damit kommen wir zu dem entwicklungspsychologischen Gedanken, der, hier bei Kierkegaard mit religiös-philosophischer Spekulation vermischt, zum erstenmal in der Lehre von der Angst anklingt, um viel später von Freud, ebenfalls mit spekulativen, aber diesmal mehr naturwissenschaftlichen Gedanken vermischt (vermutlich ohne Kenntnis der Kierkegaardschen Schrift), wiederaufgenommen zu werden:

Das Menschenkind ist bei Kierkegaard noch »unschuldig«, aber in zweierlei Hinsicht schon mit Angst behaftet, da zum Geisthaben bestimmt: in der Scham, die ein Wissen von der geschlechtlichen Besonderung ist, aber noch kein Trieb zum anderen Geschlecht. In dieser Scham ist bereits Angst, weil versehrte Schamhaftigkeit zum tiefsten und vor allem unerklärlichsten Schmerz werden kann (S. 68 f.). Außerdem besteht die Angst der kindlichen Unschuld im »Trachten nach dem Abenteuerlichen, dem Ungeheuerlichen, dem Rätselhaften« ... »Diese Angst ist dem Kinde so wesentlich eigen, daß es sie nicht entbehren mag; ob es gleich sie ängstigt, sie verstrickt es doch in ihre süße Beängstigung« (S. 40). Es ist die Angst des träumenden Geistes, die in der – idealisiert gesehenen – Kindheit waltet.

Sie wird – biblisch *und* soziogenetisch – geweckt, aus ihrer Unbewußtheit gerissen durch das *Verbot*. Das Verbot ängstigt Adam, weil es die Möglichkeit der Freiheit in ihm weckt, die bloße Möglichkeit zu *können*, die zunächst noch nicht weiß, was sie kann. Dem Verbot folgt die Strafandrohung – die Vorangst der Unschuld ist auf ihrem Höhepunkt, »als wäre sie verloren« (S. 43). Wenn hier, im Anfang von Kierkegaards Schrift, Verbot und Strafandrohung als absolute, göttliche Setzungen erscheinen, so wird später (S. 74 ff.) für den historischen in der Gesellschaft lebenden Menschen – unter Vorwegnahme der psychoanalytischen Lehre vom gesellschaftlich bedingten Über-Ich – gesagt, daß »das Individuum in Angst, nicht davor schuldig zu *werden*, sondern davor für schuldig zu *gelten*, schuldig wird« (kursiv von den Verf.). Es ist also so – von Kierkegaard als Maximum des Entsetzlichen bezeichnet –, »daß das Individuum aus Angst vor der Sünde die Sünde hervorbringt«, und zwar in höherem Maß als für Adam bei dem historisch-gesellschaftlichen Menschen, für den anstelle des göttlichen Verbotes das gesellschaftliche Tabu tritt. Aus Urangst wird Sozialangst! Außerdem ist die Angst des sich schuldig wissenden Menschen stärker reflektiert, bewußter als

die des ersten Menschen: »Daß die Angst im späteren Individuum reflektierter ist zufolge seines Anteils an der Geschichte
des Geschlechtes (sc. der Menschheit, die Verf.), ... das kommt
daher, daß die Angst nunmehr auch in einem anderen Sinne in
die Welt kommt. Die Sünde ist mit der Angst hineingekommen,
aber die Sünde brachte wiederum die Angst mit sich« (S. 52).
Der vollzogene »Sündenfall«, beim historisch-gesellschaftlichen
Menschen der Bruch absoluter Norm und gesellschaftlicher Ta-
buierung des Sexuellen, sollte eigentlich die ursprüngliche Angst
beseitigen und durch Reue ersetzen (S. 105). Aber mit der Ver-
fehlung, mit der Schuld wird die Angst nicht nur bewußt reflektiert, sondern es kommt Angst noch in einem anderen Sinn in die
Welt des Schuldiggewordenen: Wäre die Reue aufrichtig, so
bliebe in der Tat kein Platz für Angst. Die Reue aber »unterhält
eine hinterlistige Verbindung mit ihrem Gegenstand, kann nicht
fortsehen von ihm, ja will das nicht« (S. 106); d. h. in so mancher
»Reue« lebt die unersättliche Begier fort – eine wahrhaft tiefenpsychologische Einsicht! Ihrem Wesen nach ist die Angst immer
im Verhältnis zum Möglichen, d. h. zum Zukünftigen. Das bleibt
sie auch, nachdem das Unheil geschehen ist: »Ängstige ich mich
so vor einem vergangenen Unglück, dann ist es nicht, insofern es
vergangen ist, sondern insofern es sich wiederholen, d. h. zukünf-
tig werden kann. Ängstige ich mich vor einem vergangenen Vergehen, dann ist es, weil ich es nicht in ein wesentliches Verhältnis
zu mir gesetzt habe als vergangen und es auf die eine oder andere
betrügerische Weise daran hindere, vergangen zu sein. Ist es
nämlich wirklich vergangen, so kann ich mich nicht ängstigen,
sondern allein bereuen« (S. 93). Ängstigt man sich vor Strafe, so
liegt auch darin der ursprüngliche Bezug der Angst auf Mögliches
und Künftiges (S. 94). Und schließlich gilt auch *nach* dem Schul-
diggewordensein: »Wie tief ein Individuum auch gesunken ist, es
kann doch noch tiefer sinken, und dieses ›kann‹ ist der Angst Gegenstand« (S. 117).
Die Angst, die demnach *nach* dem Schuldigwerden keineswegs
aufhört, tritt in vielgestaltigen Formen und Verhüllungen zutage.
Sie kann scheinbar »ausbleiben« – wir würden sagen: verdrängt
werden – beim oberflächlich-geistlosen Menschen, den sie erst als
tiefer Schauder angesichts des Todes befällt (S. 98). Sie kann
»Schicksalsangst« sein beim antiken Heiden, für den sich ihr wesentlicher Bezug zur individuellen Schuld hinter Notwendigkeit

und Zufall verbirgt. Sie kann den gesetzestreuen Juden statt zu erlösender Reue zu einem begehrlichen Starren auf die gefürchtete Schuld und, wie den Heiden zum Orakel, zum nutzlosen Opfer verleiten (S. 106). Sie ist Angst vor dem Bösen wie auch Angst vor dem Guten, welch letztere Kierkegaard »das Dämonische« nennt, was für ihn Unfreiheit, nervöse Störung, Verschlossenheit, Bruch der Kontinuität (»das Plötzliche«), Ausbleiben der Innerlichkeit, Leugnung des Ewigen im Menschen oder dessen phantastische Imagination u. a. bedeutet. Wir können diese erstaunliche, manchmal überspitzt wirkende Entfaltung des »Begriffes Angst« in die verschiedensten menschlichen Haltungen und Fehlhaltungen hinein nicht im einzelnen nachzeichnen. Erwähnt sei nur noch *eine,* von Kierkegaard geradezu dramatisch geschilderte, extreme Konsequenz der menschlichen Angst-Schuld-Verstrickung, in der eine ganz unverhüllte, qualvolle, aller »Süße« entbehrende Angst die Szene beherrscht, und zwar im Zusammenhang mit ohnmächtiger Reue, die das immer neue Schuldigwerden nicht zu verhindern vermag.

Kierkegaard spricht von der Reue, die beim Fortschreiten der Schuld dieser »Schritt für Schritt« folgt, »jedoch allezeit einen Augenblick zu spät« . . . »Sie hat die Zügel des Regiments verloren und allein die Kraft behalten, sich zu grämen. Hier ist die Angst auf ihrem Gipfel. Die Reue hat den Verstand verloren, und die Angst ist potenziert zur Reue. Die Folge der Sünde schreitet voran, sie schleift das Individuum mit sich gleich einem Weibe, das ihn Büttel an den Haaren hinter sich herschleift, während sie in Verzweiflung schreit. Die Angst läuft vorweg, sie entdeckt die Folge, ehe denn sie kommt, so wie man es an sich selber spüren kann, daß ein Wetter im Anzug ist; die Folge kommt näher, das Individuum zittert wie ein Roß, das keuchend anhält an der Stelle, da es einmal gescheut. Die Sünde siegt. Die Angst wirft sich verzweifelt in der Reue Arme, die Reue wagt das Letzte. Sie faßt die Folge der Sünde als Strafleiden, die Verlorenheit als Folge der Sünde. Sie ist verloren, ihr Urteil ist gesprochen, ihre Verwerfung ist gewiß, und die Schärfung des Urteils ist, daß das Individuum durchs Leben hin geschleift werden soll zur Stätte des Gerichts. Mit anderen Worten, die Reue ist wahnsinnig geworden. Was hier angedeutet ist, gibt das Leben wohl Gelegenheit zu beobachten. Ein solcher Zustand findet sich selten bei den ganz und gar verdorbenen Naturen, sondern im allgemeinen allein bei den tieferen« (S. 119).

Was hier beschrieben wird, ist eine ausgesprochen skrupulöse, melancholische Verfassung, Pathologisches als Extrem menschlicher Möglichkeiten, wahrscheinlich Zeugnis der eigenen neurotischen Schwermut des großen Dänen, aber auch Ausdruck seiner Tiefe und Unerbittlichkeit gegen sich selbst. Er selbst nennt diese Verfassung »die Angst auf ihrem Gipfel«, und so haben wir das Recht, in der angstmelancholischen »Remanenz« (Tellenbach[17]), dem qualvollen, unentrinnbaren, stets aufs neue ängstigenden Zurückbleiben hinter der ethisch-religiösen Selbstforderung den End- und Höhepunkt der Kierkegaardschen Angst-Lehre zu erblicken, soweit Angst täuscht und vernichtet.

Angst hat aber für Kierkegaard zuletzt keinen bloß destruktiven Aspekt. Sie ist die Möglichkeit der Freiheit, sie ist »schlechthin bildende Kraft des Glaubens, indem sie alle Endlichkeiten verzehrt, alle Täuschungen an ihnen entdeckt« (S. 161). »Wer in Wahrheit durch die Möglichkeit erzogen worden ist, der hat das Entsetzliche genauso gut gefaßt wie das Freundliche« (S. 162). Wer sich in Angst durch die Möglichkeit bilden läßt, ist ohne Glauben zwar der Gefahr des Selbstmordes ausgesetzt. Dem anderen jedoch, der ebenfalls in der Angst bleibt, sich aber von ihren »unzähligen Fälschereien« (S. 165) nicht betrügen läßt, wird sie zum dienenden Geist. Ein solchermaßen gebildeter und gereifter Mensch ist auch gefeit gegen alles äußere Schicksal, gegen alles bloß zu Fürchtende: »Das Schicksal im äußerlichen Sinne, seine Wendung, seinen Niederbruch kann solch eine Individualität nicht fürchten; denn die Angst in der Seele hat allbereits selbst das Schicksal gebildet und ihr schlechthin alles fortgenommen, was irgendein Schicksal fortnehmen kann« (S. 166). Und endlich: »Mit Hilfe des Glaubens erzieht die Angst die Individualität dazu, in der Vorsehung auszuruhen« (S. 167 f.).

Das von Kierkegaard entworfene »Werden der Angst« führt in der Tat durch alle Regionen des Menschseins: von den ersten Anfängen im quasi träumenden Bewußtsein des – gewiß idealisierten – Kindes über die lockende Verbotsübertretung und die sexuelle Scham des Heranwachsenden zur Gewissensangst des Schuldiggewordenen mit ihren »unzähligen Fälschereien« zum Angstparoxysmus des schuldbewußten Schwermütigen bis hin zur akzeptierten Angst als Schule des Absoluten.

Es ist hier nicht der Ort, den Kierkegaardschen Entwurf auf seine philosophisch-anthropologische Tragweite und Wahrheit zu prüfen oder seine theologische Problematik zu erörtern. Worum es in unserem Zusammenhang geht, ist der Hinweis auf die bisher reichste und differenzierteste Entfaltung, die dem Phänomen »Angst« zuteil wurde. Wir verdanken Kierkegaard nicht nur die konsequente Systematik eines am Möglichen und Zukünftigen orientierten, um das (sexuelle) Schuldigwerden zentrierten Angst-Begriffes, sondern auch zahlreiche höchst konkrete und realistische Einsichten in die unbewußte Dynamik der Angst, in ihren hintergründigen, das ganze menschliche Dasein affizierenden Charakter, in ihre proteischen Verwandlungen, ihr bewegtes Werden, das zu Verzweiflung und Wahnsinn wie zur Läuterung und existentiellen Reife führen kann. In jedem Falle warnt uns die Lektüre Kierkegaards davor, von »Angst« simplifizierend zu sprechen, als handele es sich um ein bloßes Gefühl oder um etwas schlechthin Pathologisches, oder um ein bloßes Verhaltensmuster, warnt uns, die methodischen Vereinfachungen der empirischen Wissenschaften für absolut zu nehmen und zu vergessen, daß Angst in der Tat eine von den verschiedensten Aspekten aus zu sehende menschlich-kreatürliche »Grundbefindlichkeit« ist.

Auch in Martin Heideggers existentialer Ontologie, in der die Frage nach dem Sein vom menschlichen Dasein her aufgerollt wird, spielt die »Angst« eine wichtige Rolle. Sie ist die »Grundbefindlichkeit«, die das Dasein vor es selbst bringt, es am Verfallen in die Uneigentlichkeit hindert, aber in ihrer existenzerschließenden Bedeutung meist unverstanden und hinter konkreten Furchterlebnissen verborgen bleibt. Wahre Angst ist selten, oft physiologisch bedingt. Sie ist das ursprüngliche, gegenstandslose Phänomen, in dem sich das Dasein *vor* dem In-der-Welt-sein und zugleich *um* sein In-der-Welt-sein ängstigt. Insofern ist ihr Bedrohliches nichts und nirgends. Sie ist das schlechthin Unheimliche, worin die Welt von uns wegrückt, das Seiende entgleitet und wir haltlos zurückbleiben. Die Angst offenbart das Nichts. Doch birgt für den späteren Heidegger diese enthüllende Angst in sich auch die Scheu vor dem Geheimnis des Seins und den »ständigen Gegenhalt aller Tapferkeit«. »Furcht« ist der Daseinsangst gegenüber das abgeleitete Phänomen. Diese mißversteht sich als »Furcht vor ...« infolge der Tendenz des Daseins, im Welthaften und im Man aufzugehen, seine Eigentlichkeit und Einzigkeit zu vergessen. Wahre Angst vereinzelt, holt das Dasein aus der durchschnittlichen Alltäglichkeit zu sich selbst zurück. Sie kann aber aus den alltäglichsten Situationen aufsteigen und den Menschen zur Besinnung auf sein eigentliches Sein rufen. Die Furcht hingegen ist ein Modus der Befindlichkeit, der die Gefährdung und Bedrohung des »Seins bei« anzeigt, d. h. dessen, worum es dem Dasein als besorgendem geht, z. B. um Haus und Hof oder um anderes, innerweltlich Begegnendes. Denn: »Zumeist und zunächst *ist* das Dasein aus dem her, *was* es besorgt.« Furcht wirft den Menschen also gerade nicht auf sein eigentliches Sein zurück, sondern auf das, worin er alltäglich aufgeht. Das Fürchten versteht Heidegger aus der existentialen Räumlichkeit: Es erschließt Bedrohliches, das innerhalb der Nähe herannaht, aber nicht in weiter Ferne näherkommt und einen jeden Augenblick treffen, aber auch vorübergehen kann. Im Gegensatz zur »eigentlichen« Angst erschließt Furcht das Dasein vorwiegend in privativer, d. h. mindernder Weise: sie verwirrt und macht kopflos.[18]

Die Angst und das Numinose

Unverkennbar, daß die »Grundbefindlichkeit« der Angst bei Kierkegaard, Heidegger, übrigens auch bei Jaspers[19], eine spirituelle Note, eine Art mystischer Weihe, eine Heilspotenz besitzt, eine tiefe Irrationalität, die sie von aller banalen Angst oder Furcht unterscheidet und die wir in den Angst-Analysen der Empiriker vergeblich suchen. Die Denker erheben damit aber nur etwas in die Helle des Begriffs, was uralten, dunklen Bildern und Mythen und einer durch Aufklärung nie ganz auszurottenden Ergriffenheit entspricht: daß Angst und Furcht *auch* oder sogar ursprünglich Ehrfurcht, fromme Scheu, angstvolles Zittern vor der Gottheit, numinosen Schauder bedeuten. Die Mythologien aller Völker sind voll von angsterzeugenden, furchterregenden, grausigen Begebenheiten. In säkularisierter Form lebt dieser mythologische, mit Lust gemischte, spannungsvolle Schauder fort im modernen »Thriller«, in Horrorfilmen, Kriminalromanen und dergleichen.[20] Im Schauder vor dem Übermenschlichen (heute: vor dem *Un*menschlichen) spiegelt sich die Hilf- und Wehrlosigkeit des archaischen Menschen gegenüber den unberechenbaren, nicht zu manipulierenden Naturgewalten wider, zugleich sein staunendes Ergriffensein von den Mächten und Kräften des Kosmos. Opfer und magische Praktiken konnten den Zorn der Götter besänftigen und Schaden abwenden, waren aber bestimmten Gruppen, Zauberer- und Priesterkasten, vorbehalten, deren Macht und Geheimnis ihrerseits zu ehrfürchtiger Unterwerfung aufforderte. Angst-Ehrfurcht gilt in den patriarchalisch-feudalen Sozialstrukturen aber auch dem *pater familias* und seinen Erhöhungen im Gottkönigtum politischer Herrscher. Angst ist da überall gemischt mit Bewunderung, Ergriffenheit, ja Liebe. Was Kierkegaard an der adamitischen Urangst zu entdecken glaubte und beim historischen Menschen in die Kindheit verlegte, ihren zweideutigen Lustcharakter, finden wir hier in der numinosen Angst tausendfach belegbar wieder: eine »sympathetische Antipathie« und eine »antipathetische Sympathie«! In der numinosen Angst sind absolute Hilflosigkeit und Geborgenheit im Absoluten aufeinander bezogen: Die mit menschlichen Mitteln nicht behebbare, angsterregende Hilflosigkeit ruft übermenschliche Mächte und Kräfte zu Hilfe. Wo Geborgenheit in solcher Hilfe erfahren wird, ist die Angst der Hilflosigkeit im Hegelschen Sinne »aufgehoben«, die Furcht zwar vertrieben, aber in gewissem Sinne doch noch gegenwärtig, eben als »Ehrfurcht«. Geborgenheit ohne ein Nachzittern der Angst wäre keine Geborgenheit, sondern Indifferenz. Der Mensch unserer Zeit bleibt kraft gesteigerten Bewußtseins seiner Eigenmacht und faktischer Naturbeherrschung der aus kosmischer Hilflosigkeit geborenen numinosen Angst und ihrem Pendant, der numinosen Geborgenheit, in gleicher Weise fern. Seine relative Sicherheit verdankt er sich selbst. Daß es auch für ihn in vieler Beziehung eine große unaufhebbare Hilflosigkeit und Verlorenheit gibt, gesteht er sich nur ungern oder gar nicht ein. Er sucht angst- und furchtfreie Geborgenheit in seinen eigenen Apparaturen und Veranstaltungen. Vielleicht wurzelt gerade in diesem Streben und im Nichtwahrhabenwollen der großen unaufhebbaren Hilflosigkeit des Menschen die von v. Gebsattel vermerkte zunehmende Aufdringlichkeit des Angstphänomens. Daß Angst nicht umgehbar ist, sondern sich in diesen und jenen Formen und Verkleidungen an allen möglichen Stellen meldet, hat Kierkegaard eindrücklich klargemacht, zugleich aber auch darauf hingewiesen, daß Angst erlösend sein kann »kraft des Glaubens«, d. h. durch Innewerden ihrer numinosen Bedeutung. Diese letztere Lösung des Angstproblems ist heute nicht mehr »gefragt«. Dafür redet und schreibt man unendlich viel über Angst und genießt dabei die Geborgenheit der stillen Gelehrtenklause oder des gesellig beschwingten Symposions – u. U. sogar mit einem leichten Schauder.

In jedem Falle lebt in der numinosen Angst das von dem Theologen und Religionsforscher Rudolf Otto beschriebene *mysterium tremendum,* die zitternmachende, furchterweckende Seite des »Heiligen«.[21] Doch sagt Ernst Benz ganz richtig, daß die numinose Angst viele Stufen hat, »je nachdem, in welcher Sphäre der Begegnung mit dem Transzendenten sie primär erfahren wird«. Sie reicht von dumpfen Natur- und Schicksalsängsten über primitive Strafbefürchtungen (Höllenstrafen), mit deren Hilfe sich Priesterkasten Einfluß erwerben, über die skrupulösen Gewissensängste sensibler Naturen bis zum »Urleiden der Gottverlassenheit« (von Rad[22]), wie es sich in den Klagepsalmen des Alten Testaments ausspricht und dem Gekreuzigten die Eingangsworte des 22. Psalms eingab: »Mein Gott, mein Gott, warum hast du mich verlassen?« Dieser Psalm mit seinem »trostlosen Angstgeschrei« (Delitzsch[23]) nennt alle möglichen menschlichen Daseinsnöte, wie Krankheit, Feinde, Armut, falsche Anklage und Verhöhnung, als Konkretisierungen der Angst. Sie sind Ausdruck der totalen Hilflosigkeit, für die es hienieden keinen Retter gibt: »Sei nicht ferne von mir, denn Angst ist nahe; denn es ist hier kein Helfer« (V. 12). Die Angst wirft schreckliche Phantasmen auf, Drohgestalten gefährlicher Tiere, wie sie in der Welt des Alten Testamentes als Repräsentanten des Satans gelten (V. 13 u. 14). In den folgenden Versen 15 und 16 erscheint sie verleiblicht in körperlichen Qualen: »Ich bin ausgeschüttet wie Wasser, alle meine Gebeine haben sich zerstreut; mein Herz ist in meinem Leibe wie zerschmolzenes Wachs. Meine Kräfte sind vertrocknet wie eine Scherbe, und meine Zunge klebt an meinem Gaumen, und du legst mich in des Todes Staub« (in der Übersetzung von Luther). Die Verbindung von starkem psychologischen Realismus mit einem lebendigen Gottesverhältnis bleibt eindrucksvoll, auch wenn die Anteile persönlicher Erfahrung und traditioneller Sprache in dieser und in anderen Psalmdichtungen nicht klar zu scheiden sind. Numinose Angst ist in jedem Falle kein Hirngespinst, sondern eine überwältigende Erfahrung.

Aus der Realität dieser Erfahrung den Schluß zu ziehen, daß alle

Religiosität ein Produkt der Angst sei, wie das schon in der antiken Aufklärung geschah, ist nicht überzeugend, ebensowenig die der Sache nach ähnliche These Freuds, daß Religion einer »kollektiven Zwangsneurose« gleichzusetzen sei. Die Begegnung mit dem Transzendenten schließt den Angst-Aspekt ein, läßt sich aber nicht auf diesen Aspekt einengen. Sie beginnt häufig mit Furcht, um dann in wunderbare Tröstung und Beglückung umzuschlagen, so z. B. bei den Engelserscheinungen des Alten und Neuen Testamentes. Die Religionsgeschichte zeigt aber auch immer wieder Versuche der Eindämmung der Angst durch Reglementierung des Verhältnisses zwischen den Menschen und den transzendentalen Mächten, wobei quasi juristische Vorstellungen entwickelt werden (E. Benz). Schließlich ist für die individuelle »psychische Gesundheit« der pädagogische und seelsorgerische Mißbrauch numinoser Angst zu Zwecken der »Repression« von Bedeutung – eine im christlich-kirchlichen Bereich auch heute noch nicht überall und gänzlich überwundene Praktik. Daß hieraus krankheitswertige Fehlhaltungen, z. B. in Gestalt von skrupulöser Depressivität oder von zwangsneurotischen Störungen, entstehen können, ist unbestritten. Man spricht geradezu von einer »ekklesiogenen Neurose«, deren letzten Ermöglichungsgrund jedoch die bei aller Aufgeklärtheit unausrottbare Disposition zu numinoser Angst darstellt. Formen einer Religiosität, bei der zwanghafte Angst-Abwehr dominiert, werden in dem Werk von O. Pfister *Das Christentum und die Angst* ausführlich beschrieben und analysiert.[24]

Anmerkungen

1 Heidegger, Martin, *Sein und Zeit*. Tübingen [10]1963, S. 34.
2 Vgl. Wandruszka, Mario, *Angst und Mut*. Diesem Autor, der die Bezeichnung »Angstwörter« verwendet, verdanken wir eine kurzgefaßte, aber ungemein kenntnisreiche Bearbeitung der mit den Begriffen Angst und Furcht und verwandten Ausdrücken zusammenhängenden linguistischen und semantischen Fragen. Bei Wandruszka wird klar, daß eine Phänomenologie schlecht beraten ist, die den Sprachgebrauch vernachlässigt und sich durch eigenwillige Setzungen den von der Sprache (den Sprachen) vorgegebenen Begriffshorizont verstellt.

3 Kierkegaard, Sören, *Der Begriff Angst.* Aus dem Dänischen (1844) übersetzt von Emanuel Hirsch. Düsseldorf 1952.

4 Heidegger, Martin, a. a. O., und *Was ist Metaphysik?* Frankfurt [8]1960.

5 Wandruszka, M., a. a. O., S. 14 f.

6 *ebd.,* S. 49 f.

7 Kant, Immanuel, »Anthropologie in pragmatischer Hinsicht« I. In: *Vermischte Schriften.* Leipzig 1912, S. 447.

8 Vgl. Kluge, F., und A. Götz, *Etymologisches Wörterbuch der deutschen Sprache.* Berlin 1953, S. 23, 171.

9 Ähnliche auf lat. *angustia, anxietas, angor* zurückzuführende Angstwörter lauten: franz. *angoisse, anxiété,* ital. *angioscia, anxietà,* span. *congoja, angustia, anxiedad,* engl. *anguish, anxiety.* Daneben besitzen die toten und die lebenden europäischen Sprachen zahlreiche Wörter für Angst, Furcht und verwandte Zustände, die aus ganz anderen, z. T. nicht geklärten sprachlichen Wurzeln stammen, lateinisch z. B. *terror, timor, formido, metus, pavor. pavor,* von dem sich franz. *peur* und ital. *paura* herleiten, kommt von dem Verbum *paveo* = ich fahre zusammen, hat also wie *angustia* einen Bezug auf die leiblichen Begleiterscheinungen von Schreck und Angst, und zwar in diesem Fall auf charakteristische motorische Entäußerungen. Andere lateinische Angstwörter, wie *timor* und *metus,* werden von den Schriftstellern häufig im Sinne von Ehrfurcht, ehrfurchtsvollem Schauder, also in numinos-religiöser Bedeutung gebraucht.
Vgl. dazu Schwidder, W., »Angst und Neurosenstruktur«. In: *Z. f. Psychosom. Med. 6,* 1959/60, S. 91.

10 Lewis, Sir Aubrey, »Problems Presented by the Ambiguous Word ›Anxiety‹ as Used in Psychopathology«. In: *Ann. Psychiatr. 5* (1967), S. 105.

11 Im Französischen ist die terminologische Verwirrung hinsichtlich des Angst/Furcht-Komplexes noch größer. Nach P. Pichot (»Die Quantifizierung der Angst«, in: *Angst,* Bern und Stuttgart 1967, S. 37) bedeuten *inquiétude* (Unruhe), *anxiété* (Ängstlichkeit) und *angoisse* (Angst) Steigerungsformen der Furcht vor etwas in der Zukunft Liegendem. Janet (zit. nach A. Lewis) verstand unter *angoisse* eine diffuse emotionale Störung ohne bestimmten Gedankeninhalt. Für gegenständliche Furcht in verschiedenen Graden und Nuancen werden Wörter wie *peur, crainte, frousse, frayeur, effroi* verwendet (E. Pichon, zit. nach A. Lewis).

12 Vgl. Schneider, Kurt, *Klinische Psychopathologie.* Stuttgart [5]1959, S. 55 f.: »Es gibt mancherlei Arten von *Angst.* In neuerer Zeit ist es oft üblich, nur die motivlose Angst so zu heißen, die motivierte aber ›Furcht‹. Wir folgen jedoch der Sprache, von deren Brauch man nie ohne Not abweichen soll, und diese kennt ja auch eine Angst ›vor‹.

Angst gibt es also motiviert und motivlos, dagegen ist Furcht stets motiviert, reaktiv.« Scheinbar motivlose Angst kann sich ihr Motiv nicht eingestehen oder es nicht wissen. Doch gibt es auch wahrhaft motivlose Ängste. Angst ist »als ein mit dem Menschsein gegebenes Urgefühl« zu betrachten. »Bedenkt man das menschliche Dasein, so ist es viel erklärungsbedürftiger, daß der Mensch meist keine Angst hat, als daß er manchmal Angst hat.« Motivierte Angst »vor« klingt im ganzen elementarer, gefühls- und triebhafter. Furcht klingt rationaler, überlegungsmäßiger. Angst und Schreck gehören eng zusammen: »Zu Beginn der motivierten Angst steht immer ein seelischer Schreck: die schreckhaft erfaßte bedrohliche Bedeutung einer Wahrnehmung. Die körperlichen Begleit- und Folgeerscheinungen jeder Art Angst sind die gleichen wie beim Schreckerlebnis. Bei nicht akuter Angst sind sie undeutlicher, doch fehlen nie eine Unruhe, ein Druck, eine peinvolle Spannung.«

13 Hegel, Georg W. F., *Phänomenologie des Geistes.* Hrsg. v. J. Hoffmeister, Philos. Bibl. Bd. 114, S. 129 ff., Hamburg [6]1952.

14 Schelling, Friedrich W. J., »Die Weltalter«. In: *Sämtliche Werke* I, 8. Bd., S. 194. Stuttgart und Augsburg 1861.

15 Die Schrift *Der Begriff Angst* von S. Kierkegaard wird im Text mit den Seitenzahlen vorgenannter Ausgabe zitiert.

16 Daß Angst und Schuld eng zusammengehören, ist eine alte Weisheit. Dafür ein reizvoller Beleg aus den Predigten von Abraham a Santa Clara im 17. Jahrhundert, den Wandruszka, *a. a. O.*, S. 59, zitiert: Es handelt sich um die »forchtsamen Narren«. Ihre Ängstlichkeit wird realistisch geschildert und auf ihr schlechtes Gewissen zurückgeführt: »Man wird einige Hasenherzen finden, die bei der Nacht nicht können allein liegen; andere trauen ihnen nicht einmal die Hand aus dem Bett zu recken; andere erschröcken, wann sie nur eine Maus hören, wann nur ein Bett kracht; einen jeden Block und Stock sehen sie für einen Bau-Bau oder Gespenst an. O forchtsame Narren! – Was ist Ursach dieser eurer Zaghaftigkeit? Niemand anders als das böse Gewissen.«

17 Tellenbach, Hubert, *Melancholie.* Berlin–Göttingen–Heidelberg 1961.

18 Vgl. Heidegger, M., *Sein und Zeit.* Dort findet sich eine anschauliche phänomenologische Beschreibung der gegenstandsbezogenen Furcht und verwandter Erscheinungen. S. 140 f.: »Das Wovor der Furcht hat den Charakter der Bedrohlichkeit. Hierzu gehört ein Mehrfaches: 1. Das Begegnende hat die Bewandtnisart der Abträglichkeit. Es zeigt sich innerhalb eines Bewandtniszusammenhanges. 2. Diese Abträglichkeit zielt auf einen bestimmten Umkreis des von ihr Betreffbaren. Sie kommt als so bestimmte selbst aus einer bestimmten Gegend. 3. Die Gegend selbst und das aus ihr Herkommende ist

als solches bekannt, mit dem es nicht ›geheuer‹ ist. 4. Das Abträgliche ist als Drohendes noch nicht in beherrschbarer Nähe, aber es naht. In solchem Herannahen strahlt die Abträglichkeit aus und hat darin den Charakter des Drohens. 5. Dieses Herannahen ist als solches innerhalb der Nähe. Was zwar im höchsten Grade abträglich sein kann und sogar ständig näher kommt, aber in der Ferne, bleibt in seiner Furchtbarkeit verhüllt. Als Herannahendes in der Nähe aber ist das Abträgliche drohend, es kann treffen und doch nicht. Im Herannahen steigert sich dieses ›es kann und am Ende doch nicht‹. Es ist furchtbar, sagen wir. 6. Darin liegt: das Abträgliche als Nahendes in der Nähe trägt die enthüllte Möglichkeit des Ausbleibens und Vorbeigehens bei sich, was das Fürchten nicht mindert und auslöscht, sondern ausbildet.«

S. 142: »Zur Begegnisstruktur des Bedrohlichen gehört die Näherung in der Nähe. Sofern ein Bedrohliches in seinem ›zwar noch nicht, aber jeden Augenblick‹ selbst plötzlich in das besorgende In-der-Welt-Sein hereinschlägt, wird die Furcht zum *Erschrecken*. Am Bedrohlichen ist sonach zu scheiden: die nächste Näherung des Drohenden und die Art des Begegnens der Näherung selbst, die Plötzlichkeit. Das Wovor des Erschreckens ist zunächst etwas Bekanntes und Vertrautes. Hat dagegen das Bedrohliche den Charakter des ganz und gar Unvertrauten, dann wird die Furcht zum *Grauen*. Und wo nun gar ein Bedrohendes im Charakter des Grauenhaften begegnet und zugleich den Begegnischarakter des Erschreckenden hat, die Plötzlichkeit, da wird die Furcht zum *Entsetzen*. Weitere Abwandlungen der Furcht kennen wir als Schüchternheit, Scheu, Bangigkeit, Stutzigwerden.«

Ders., *Was ist Metaphysik?* Frankfurt a. M. [8]1960, S. 31 f.: »Angst ist grundverschieden von Furcht. Wir fürchten uns immer vor diesem oder jenem bestimmten Seienden, das uns in dieser oder jener bestimmten Hinsicht bedroht. Die Furcht vor ... fürchtet jeweils auch um etwas Bestimmtes. Weil der Furcht diese Begrenztheit ihres Wovor und Worum eignet, wird der Fürchtende und Furchtsame von dem, worin er sich befindet, festgehalten. Im Streben, sich davor – vor diesem Bestimmten – zu retten, wird er in bezug auf anderes unsicher, d. h. im Ganzen ›kopflos‹.

Die Angst läßt eine solche Verwirrung nicht mehr aufkommen. Weit eher durchzieht sie eine eigentümliche Ruhe. Zwar ist die Angst immer Angst vor ..., aber nicht vor diesem oder jenem. Die Angst vor ... ist immer Angst um ..., aber nicht um dieses oder jenes. Die Unbestimmtheit dessen jedoch, wovor und worum wir uns ängstigen, ist kein bloßes Fehlen der Bestimmtheit, sondern die wesenhafte Unmöglichkeit der Bestimmbarkeit. Sie kommt in einer bekannten Auslegung zum Vorschein.

In der Angst – sagen wir ›ist es einem unheimlich‹. Was heißt das ›es‹ und ›einem‹? Wir können nicht sagen, wovor einem unheimlich ist. Im Ganzen ist es einem so. Alle Dinge mit mir selbst versinken in eine Gleichgültigkeit. Dies jedoch nicht im Sinne eines bloßen Verschwindens, sondern in ihrem Wegrücken als solchem kehren sie sich uns zu. Dieses Wegrücken des Seienden im Ganzen, das uns in der Angst umdrängt, bedrängt uns. Es bleibt kein Halt. Es bleibt nur und kommt über uns – im Entgleiten des Seienden – dieses ›kein‹.
Die Angst offenbart das Nichts.
Wir ›schweben‹ in Angst. Deutlicher: die Angst läßt uns schweben, weil sie das Seiende im Ganzen zum Entgleiten bringt. Darin liegt, daß wir selbst – diese seienden Menschen – inmitten des Seienden uns mitentgleiten. Daher ist im Grunde nicht ›dir‹ und ›mir‹ unheimlich, sondern ›einem‹ ist es so. Nur das reine Da-sein in der Durchschütterung dieses Schwebens, darin es sich an nichts halten kann, ist noch da.
Die Angst verschlägt uns das Wort. Weil das Seiende im Ganzen entgleitet und so gerade das Nichts andrängt, schweigt im Angesicht seiner jedes ›Ist‹-Sagen. Daß wir in der Unheimlichkeit der Angst oft die leere Stille gerade durch ein wahlloses Reden zu brechen suchen, ist nur der Beweis für die Gegenwart des Nichts. Daß die Angst das Nichts enthüllt, bestätigt der Mensch selbst unmittelbar dann, wenn die Angst gewichen ist. In der Helle des Blickes, den die frische Erinnerung trägt, müssen wir sagen: wovor und worum wir uns ängsteten, war ›eigentlich‹ – nichts. In der Tat: das Nichts selbst – als solches – war da.«
In *Nachwort* (1943) schreibt Heidegger (S. 46 f.): »Die Bereitschaft zur Angst ist das Ja zur Inständigkeit, den höchsten Anspruch zu erfüllen, von dem allein das Wesen des Menschen getroffen ist. Einzig der Mensch unter allem Seienden erfährt, angerufen von der Stimme des Seins, das Wunder aller Wunder: *daß Seiendes ist.* Der also in seinem Wesen in die Wahrheit des Seins Gerufene ist daher stets in einer wesentlichen Weise gestimmt. Der klare Mut zur wesenhaften Angst verbürgt die geheimnisvolle Möglichkeit der Erfahrung des Seins. Denn nahe bei der wesenhaften Angst als dem Schrecken des Abgrundes wohnt die Scheu. Sie lichtet und umhegt jene Ortschaft des Menschen, innerhalb deren er heimisch bleibt im Bleibenden. Die ›Angst‹ vor der Angst dagegen kann sich so weit verirren, daß sie die einfachen Bezüge im Wesen der Angst verkennt. Was wäre alle Tapferkeit, wenn sie nicht in der Erfahrung der wesenhaften Angst ihren ständigen Gegenhalt fände?«
19 Jaspers, Karl, *Philosophie,* 2. Bd. Berlin 1932, S. 265 ff. Jaspers unterscheidet als »wesensverschieden« die banale »Daseinsangst« von der »existentiellen Angst« als »Angst um das eigentliche Sein« ohne

äußere Bedrohung. Von der existentiellen Angst heißt es: »Der Mut zur Angst und ihrer Überwindung ist Bedingung für das echte Fragen nach dem eigentlichen Sein und für den Antrieb zum Unbedingten. Was Vernichtung sein kann, ist zugleich der Weg zur Existenz« (S. 267).

20 Alewyn, Richard, »Die literarische Angst«. In: *Aspekte der Angst,* S. 24, Stuttgart 1965.

21 Otto, Rudolf, *Das Heilige.* Gotha [13]1925, S. 12 f. R. Otto verweist auf hebräische Ausdrücke für Furcht, die mehr ist als Furcht, nämlich heilige Scheu, z. B. »emat Jahveh« = »Gottesschrecken«, den Jahveh wie einen Dämon aussenden kann und der dem Menschen lähmend in die Glieder fährt (so Hiob 9,34 und 13,21). Ferner zum Folgenden: Benz, E., »Die Angst in der Religion«. In: *Die Angst,* Zürich 1959, S. 189.

22 von Rad, Gerhard, *Theologie des Alten Testaments.* Bd. I. München 1962, S. 412 f.

23 Delitzsch, Franz, *Biblischer Kommentar über die Psalmen.* Leipzig [3]1873, S. 213 f.

24 Pfister, Otto, *Das Christentum und die Angst.* Zürich 1944. Nicht die Religion im ganzen, sondern einzelne historische Gestalten christlicher Religiosität, wie die altprotestantische Orthodoxie (S. 402), werden als »kollektive Zwangsneurose« gekennzeichnet.

2 Zur Biologie und Physiologie der Angst

Im gebräuchlichen Sinne »biologisch« sind die den Lebewesen zugehörigen Eigenschaften, die sie nach Gestalt, molekularer Feinstruktur und Funktion von unbelebten Objekten unterscheiden. Dazu gehören auch Verhaltensweisen und – beim Tier am Ausdrucksverhalten ablesbare, beim Menschen verbalisierbare – Befindlichkeiten, soweit sie Menschen und Tieren, zumindest den stammesgeschichtlich verwandten Wirbeltieren, gemeinsam sind. Kann man von einer Mensch und Tier verbindenden Biologie der Angst sprechen, wo doch Angst für uns eine durch Sprache artikulierte Erlebnisweise darstellt? Man ist dazu berechtigt, meinen wir. Angst wird uns beim Menschen nicht *nur* durch Sprache kund, sondern auch durch die gefahrbezogenen motorischen Verhaltensweisen der Flucht, der Vermeidung, des Sichanklammerns, der Gegenaggression, durch eine charakteristische unwillkürliche Schreckmotorik, ferner durch nicht nur subjektiv spürbare, sondern auch objektiv registrierbare Reaktionen des vegetativen Nervensystems. Im Hinblick auf gefahrbezogene motorische Verhaltensweisen und autonom-vegetative Reaktionen finden wir mindestens bei den höheren Wirbeltieren angstanaloge Verhaltensweisen und Reaktionen. Außerdem sind die experimentell-konditionierenden Methoden der Angst-Erzeugung beim höheren Wirbeltier und beim Menschen durchaus vergleichbar. Deshalb dürfen wir von einer Biologie der Angst sprechen, nämlich im Sinne eines Ensembles von angstanalogen Verhaltens- und Reaktionsweisen bei Mensch *und* Tier. Es ist gar kein Zweifel, daß hier eine kreatürliche Gemeinsamkeit besteht, die auf den Schutz vor Gefahren ausgerichtet ist, von welcher Seite sie auch immer kommen. Dieser Tatsache muß jede Anthropologie der Angst Rechnung tragen.

Verhaltensbiologie (Ethologie)
angstanaloger Zustände beim Tier

Nach H. Hediger[1] herrscht im ganzen Tierreich die Bedrohung durch Feinde und eine entsprechende Fluchtbereitschaft. Man hat es dabei mit einem instinktbiologischen Funktionskreis zu tun, der nicht wie Hunger und Sexualität periodisch, sondern permanent eingeschaltet ist und ständige Wachsamkeit bzw. leichte Erweckbarkeit im Schlaf erfordert. Doch gibt es Tiere, die, sei es durch Domestikation, sei es durch ein dauerndes Leben in feindfreiem Gebiet, die instinktiven Fluchttendenzen vermissen lassen, wahrscheinlich im Laufe der Stammesgeschichte eingebüßt haben. Freilich hat das Fehlen dieses Instinktes bei den meisten freilebenden tierischen Lebewesen den Tod des Individuums und der Art zur Folge. Mit Hilfe von Attrappenversuchen konnte für eine Reihe von Tieren der Nachweis geführt werden, daß solche Fluchttendenzen angeboren und an sensorische Auslöseschemata gebunden sind. Auslösend sind meist bestimmte optische Gestaltcharaktere des Hauptfeindes. Außerdem aber gibt es erworbene Auslösemechanismen für Flucht, die sich beispielsweise aus dem seinerseits angeborenene Reagieren auf Warnlaute der Eltern entwickeln, so bei Dohlen. Wildtiere zeigen das von Hediger so benannte Phänomen der »Fluchtdistanz«, d. h. sie wenden sich erst zur Flucht, wenn die Annäherung des Feindes eine bestimmte, verhältnismäßig konstante Distanz überschritten hat. Die Fluchtdistanz gehört zu den erlernten Komponenten des Fluchtverhaltens. Sie nimmt beim Gejagtwerden zu. Einige Tiere, z. B. die Hauskatze, werden in auswegloser Lage aggressiv, andere verfallen in eine Art Schreckstarre, z. B. gejagte Spatzen. Manche Tiere haben für verschiedene Gefahrensituationen verschiedene Fluchtweisen in Bereitschaft, z. B. Hühnervögel gegenüber Boden- und Luftfeinden (Leyhausen[2]). Für den machtvollen Stoß ins Vegetativum, den äußerste Gefahrenlagen, wohl über angstanaloge Affekte, auch bei Tieren verursachen, ist das eindrucksvollste Beispiel der tödliche Schreck-Basedow, der bei Wildkaninchen auftritt, wenn sie von Frettchen aus ihren Gängen getrieben werden (Eickhoff, 1949; zitiert nach Hediger).*

So kann auch bei Tieren Angst oder ein angstanaloger Zustand die Grenzen des biologisch Nützlichen sprengen und zu Zuständen objektiv sinnloser Panik führen. Das Pferd scheut vor einem

* Der bei manchen primitiven Stämmen vorkommende, kaum zu bezweifelnde Voodoo-Tod ist wohl auch ein äußerster, deletärer Angsteffekt. Körperlich nicht erklärbar, rafft er Menschen dahin, die sich verhext wähnen oder unter dem Bewußtsein einer schweren Tabu-Verletzung leiden (vgl. Murphy, J. M., und A. H. Leighton [Hrsg.], *Approaches to Cross-Cultural Psychiatry*, Ithaca und New York 1965, S. 95 und 125).

46

vom Wind bewegten Stück Papier. »Nervöse«, geprügelte Hunde werden schreckhaft, flüchtig, bissig aus geringsten Anlässen. Vor allem zeigen tollwutbefallene Tiere gefährliche Mischungen von Angst und Aggression. Nach Leyhausen ist Angst bzw. das biologische Angst-Verhalten ein zwar angeborener, aber *trainierbarer Instinkt*. Mensch und Tier besitzen die entsprechenden motorischen Reaktionsmuster angeborenerweise, ebenso die Disposition zu den autonomen Begleiterscheinungen. Es sei sogar eine endogene, rhythmisch-automatische Produktion von Angst oder besser von Angst-Bereitschaft im Zentralnervensystem zu vermuten. Man dürfe voraussetzen, daß die Evolution jeder Tierart eine Angst-Produktion angezüchtet hat, die ihrer realen Gefährdung im Durchschnitt proportional ist. Art, Grad und motorische Auswirkung wie die sensorische Empfindlichkeit und Anpassung an Gefahrensignale sind aber in Grenzen variabel und durch Lernprozesse modifizierbar. Leyhausen weist auch auf die seine These stützende Tatsache hin, daß es bei Mensch und Tier geradezu eine Appetenz, ein Bedürfnis nach angstauslösenden Situationen gibt: die Fluchtspiele der Tier- und Menschenkinder, vielleicht auch die Vorliebe für das Risiko gefährlicher Sportarten.

Die Analogie tierischer und menschlicher Angst geht aber noch weiter: Der intraspezifischen Aggression (Lorenz), d. h. der Feindschaft innerhalb einer Art, entspricht die intraspezifische Angst. Artgenossen greifen ja nicht nur an, sondern werden jeweils auch vom Angegriffenen gefürchtet. So werden ältere, stärkere Tiere von jüngeren, schwächeren gefürchtet. Es gibt einen Antagonismus von Angst und Aggression. Aber nur der Mensch ist so weit »fortgeschritten«, daß er sich darauf vorbereitet, in diesem Antagonismus seine eigene Art auszurotten! Das Tier, auch das domestizierte, hält sich im allgemeinen von der Vernichtung seiner Artgenossen zurück. Wenn in Verbänden von Wirbeltieren, z. B. innerhalb eines Hühnerhofs oder in Affenhorden, aber auch in der menschlichen Gesellschaft, *Rangordnungen* herrschen, so – biologisch betrachtet – auf Grund des Wechselspiels von Angriff und Furcht. Der Antagonismus von intraspezifischer Angst und Aggression ist, meint Leyhausen, geradezu die Grundlage aller, auch der menschlichen sozialen Rangordnungen.

Angst-Bereitschaft hat bei Tier und Mensch einen nachweisbar genetischen, chromosomal tradierten Aspekt (Slater und

Shields[3]): Englischen und amerikanischen Forschern, wie Broadhurst (1967), gelang es, Ratten- und Hundestämme herauszuzüchten, die sich in bezug auf angstanaloge Reaktionen markant verschieden verhalten und ihre Reaktionsweise über Generationen beibehalten. Einflüsse mütterlichen Verhaltens auf dem Wege über das Lernen konnten experimentell ausgeschlossen werden. Aber auch die menschliche Zwillingsbiologie ergibt Anhaltspunkte für das Vorhandensein einer erblichen Angst-Komponente. Slater und Shields berichten über vergleichende Untersuchungen an menschlichen Zwillingspaaren, von denen jeweils *ein* Partner an neurotischer Angst leidet. Gegenüber anderweitigen Neurosen ergibt sich bei den homozygoten (eineiigen) Zwillingen für das Merkmal einer erheblich gesteigerten Ängstlichkeit die hohe Konkordanzrate von 65 % gegenüber 13 % bei dizygoten (zweieiigen) Paaren. Niemand denkt daran, humane Angst aus *rein* erblich-genetischen Voraussetzungen abzuleiten und die Umgebungseinflüsse auf ihre Entstehung abzuleugnen. Die Hypothese einer biologischen, instinktähnlichen Grundlage auch der menschlichen Angst-Disposition erhält aber durch die Befunde der Genetik eine starke Stütze.
Angstanaloge Verhaltensweisen führen nicht nur zur Flucht und Aggression bei unmittelbarer Gefährdung, sondern auch zur Vermeidung von gefährlichen Situationen und Objekten, die nicht unmittelbar gegenwärtig sind, also zu einem antizipierenden Verhalten. Dieses antizipierende Vermeidungsverhalten wird in der Natur wie auch im Experiment durch situative Einflüsse gelernt, verstärkt und ausgelöscht. Darüber wird im nächsten Kapitel über die experimentalpsychologisch-lerntheoretische Begründung von Angst-Reaktionen zu sprechen sein.
Nun gibt es aber noch eine weitere, höchst wichtige, in der Angst-Literatur meist stiefmütterlich behandelte oder ganz übergangene ängstliche Verhaltensweise bei Tier und Mensch: die Trennungs-Angst, die nach dem englischen Kinderpsychiater J. Bowlby[4] ebenfalls auf angeborenen Reaktionsmustern beruht. Die meisten Vögel und Säugetiere zeigen von Natur aus das Phänomen des *attachment,* der Anhänglichkeit und des Bedürfnisses nach physischer Nähe bei zueinander gehörigen Individuen, am stärksten, aber nicht ausschließlich zwischen dem Jung- und Muttertier. Nicht nur bei Vögeln, sondern auch bei Säugern entsteht diese Beziehung der Nähe und des körperlichen Kontaktes

auch ohne die orale Situation des Gefüttertwerdens durch das Muttertier (Harlow und Harlow[5]). Bei erwachsenen Tieren stiftet die sexuelle Paarung, aber keineswegs ausschließlich, anhaltende Beziehungen der Nähe und des körperlichen Kontaktes. Aber erwachsene Tiere streben nach Nähe, auch ohne daß eine sexuelle Beziehung im Spiele wäre. Das Anhänglichkeitsverhalten ist ontogenetisch früher vorhanden als das sexuelle und im Verlaufe des Lebens viel kontinuierlicher in seiner Wirkung als dieses. Bowlby vermutet mit gutem Grund, daß es sich bei dem Bedürfnis nach körperlicher Nähe um einen angeborenen Trieb handelt, der durch Schutz gegenüber Raubtieren Selektionswert gewonnen hat. Das isolierte Tier wird leichter zum Opfer von Raubtieren als das zu anderen gesellte. An Jungtieren kann man sehr schön beobachten, daß sie in Gegenwart des Muttertieres bei irgendwelchen alarmierenden Reizen, etwa lauten Geräuschen, viel weniger beunruhigt sind und ihre Sicherheit rascher wiedergewinnen als in Abwesenheit der Mutter (Lidell, zitiert nach Bowlby). Getrennte Partner suchen wieder zusammenzukommen. Finden sie sich nicht mehr, so bieten sie Zeichen angstvoller Erregung und Unruhe. Ähnlich wie die Annäherung fremder Tiere, z. B. nicht zur Mutter gehöriger Jungtiere, abgewehrt wird, setzen sich Pärchen dritten Eindringlingen gegenüber zur Wehr. Der schwächere Partner klammert sich dabei an den stärkeren oder flieht, während der stärkere den Eindringling angreift.

Vergleichende Studien an Kindern (Douglas und Bloomfield, zitiert nach Bowlby) ergaben höhere Ziffern für Angstträume und ängstlich-anklammerndes Verhalten bei Kindern mit längeren Trennungserfahrungen als bei Kontrollgruppen. Auch beim Menschen scheint Trennungs-Angst eine elementare, instinktähnliche Verhaltensweise zu sein, die sich aus der Versagung oder Bedrohung eines angeborenen Bedürfnisses nach physischer Nähe entwickelt bzw. den dazu gehörigen Schutzinstinkt darstellt. Freud hatte die Trennungs-Angst des Kindes Jahrzehnte zuvor, von anderen Beobachtungen und theoretischen Vorstellungen ausgehend, entdeckt.

Die Physiologie der Angst

Von einer Physiologie der Angst kann man insofern sprechen, als Angst bei Mensch und Tier mit Veränderungen der körperlichen

Funktionen verbunden ist. Die physischen Begleiterscheinungen der Angst liegen zum großen Teil, aber nicht ausschließlich, auf dem Gebiet des vegetativen, auch »autonom« oder »viszeral« genannten Nervensystems. Sie sind nach allem, was wir wissen, kaum oder nur in geringem Grade spezifisch, sondern in ähnlicher Form auch bei anderen Affektzuständen festzustellen, z. B. bei Wut, depressiver Verzweiflung, sexueller Erregung. Sie betreffen überwiegend den sympathischen Teil des vegetativen Nervensystems, greifen aber auch auf die parasympathischen Zentren und peripheren Reaktionen über. Auf Grund anatomischer und elektrophysiologischer Befunde kennt man seit einigen Jahrzehnten das »aufsteigende Aktivierungssystem« in der Substantia reticularis des Hirnstammes, das die höheren Hirnzentren stimuliert und in einen Zustand unspezifischer Erregung, im Englischen *arousal* genannt, versetzt. Die Aktivierung bzw. Hemmung steht im Dienste der Schlaf-/Wachregulation und der Aufrechterhaltung eines durchschnittlichen Vigilanzzustandes bei normalem, klarem Bewußtsein. Sie korrespondiert aber auch mit den triebhaft-emotionellen Abläufen, in denen hohe Grade von Affekt mit hohen Graden von *arousal* gekoppelt sind.

Die Hirnorte für das Affekt- und Triebleben sind nach neueren Untersuchungen recht ausgedehnt und in sich hoch differenziert. Sie liegen vor allem in den zentralen und zugleich medial gelegenen, stammes- und entwicklungsgeschichtlich alten Gebieten, die man als »limbisches System« bezeichnet, ferner in den Kernregionen des Hypothalamus und in Teilen des Thalamus opticus. Von diesen Orten gehen teils stimulierende, teils hemmende Einflüsse auf das Trieb- und Affektleben aus. Schon vom limbischen System, also vom übergeordneten Hirnort, laufen Verbindungen zum vegetativen Nervensystem. Im Tierexperiment konnte von einigen Stellen der genannten Orte aus, z. B. von den hinteren, zum sympathischen Nervensystem gehörigen Partien des Hypothalamus und von den zum limbischen System gezählten Mandelkernen durch elektrische Reizung angstanaloges, panikartig wirkendes Verhalten ausgelöst werden (Smythies[6]). Die auf eng umgrenzte Elektrokoagulationen abzielenden, neurochirurgischen Verfahren – stereotaktische Eingriffe – machen es erforderlich, probatorische elektrische Reizungen des Gehirns, besonders der unterhalb der Rinde gelegenen Zentren, auch beim Menschen vorzunehmen. Bei solchen probatorischen Stimulationen kommt es aber nur sehr selten zu emotionalen Reaktionen: unter 1500 Reizungen nur 14mal (Obrador[7]). Ängstliche Reaktionen ergeben sich dabei wiederum, ähnlich wie beim Tier, bei Stimulation der hinteren hypothalamischen Region und des Thalamus opticus. Umgekehrt konnten pathologische Angstzustände durch Eingriffe an den dorsomedialen Kernen des Thalamus beseitigt werden, aber auch durch Eingriffe am Stirnhirn (präfrontale Leukotomie nach Moniz). Die zentrale Repräsentation des Trieb- und Affektlebens einschließlich der Angstreaktionen ist bisher zwar in manchen Einzelheiten bekannt, im ganzen aber doch noch wenig durchsichtig. Sie ist in jedem Fall auf weite Hirnbereiche verteilt und sowohl anatomisch wie physiologisch hoch differenziert. Neurophysiologische Erregungs- und Hemmungsprozesse halten sich in diesem System die Waage. Bei extremen Affekten, auch ausgeprägten Angst-Zuständen überwiegt die neurophysiologische Erregung – *over-arousal* nach Malmo (zitiert nach Lader[8]).

Die körperlichen Begleiterscheinungen der Angst beim Menschen – auf vergleichbare Erscheinungen beim Versuchstier werden wir im folgenden Kapitel hinweisen – sind sehr vielgestaltig, von Fall zu Fall verschiedenartig und zum Teil aus der Alltagserfahrung bekannt. Sie betreffen, um nur das Wichtigste zu nennen, den Kreislauf (Pulsbeschleunigung, Blutdruckerhöhung, Haut-, insbesondere Gesichtsblässe), die Atmung (Beschleunigung, Luftnot bis zu asthmaähnlichen Zuständen), die Schweißsekretion (vermehrtes Schwitzen), die Speichelsekretion (Verminderung, Mundtrockenheit), den Magen-/Darmtrakt (Appetitlosigkeit, Magendruck, Durchfall und Verstopfung), das Urogenitalsystem (vermehrtes und häufigeres Wasserlassen, Menstruationsstörungen), ferner Zittern der Extremitäten, insbesondere feinschlägiges Fingerzittern, vermehrte, aber meist nicht gleichmäßig verteilte Muskelspannungen, gelegentlich aber auch verminderte Muskelspannung bis zum Tonusverlust (»weiche Knie«), Erweiterung der Pupille, Hemmung des Lichtreflexes der Pupille. Subjektiv wird über innere Unruhe und Spannung, Kopfdruck und Kopfschmerz, Schwindelgefühl, Schlafstörungen, Präkordialangst, Herzdruck und Herzklopfen, Würgegefühl im Hals u. a. m. geklagt (vgl. Labhard[9]). Einige von diesen körperlichen Begleiterscheinungen der Angst lassen sich mit zuverlässigen Meßmethoden nachweisen und für vergleichende Untersuchungen verwenden (Lader), so die Tachykardie (»Herzjagen«), die Blutdruckerhöhung, die Verminderung des Pulsvolumens an den Fingern als Zeichen peripherer Gefäßverengung, die venöse Blutrückstauung im Vorderarm, die mittels der plethysmographischen Methode darstellbar ist. Viel benützt wird in der psychophysischen Emotionsforschung die Feststellung des galvanischen Hautwiderstandes der Handinnenfläche, deren Herabsetzung Zeichen einer verstärkten Tätigkeit der Schweißdrüsen ist. Mittels Elektromyographie kann man bei ängstlichen Patienten eine gegenüber Kontrollgruppen höhere Muskelspannung im Stirnmuskel nachweisen, weniger deutlich in den Vorderarmmuskeln. Diese physiologischen Effekte sind jedoch nicht immer konstant und im allgemeinen gegenüber normalen Kontrollgruppen nur dann sicher different, wenn nicht die Ruheaktivität gemessen wird, sondern bei Belastungen irgendwelcher Art, allerdings auch dann nicht widerspruchslos. Konstanter und zuverlässiger ist folgende psychophysiologische Eigenschaft ängstlicher Patienten gegenüber Kontrollgruppen festzustellen: die verzögerte Anpassung ihrer physiologischen Reaktionen an wechselnde Reizkonstellationen. Dies wurde am Blutdruck, an der Muskelspannung, am venösen Blutstrom des Vorderarmes und an der Pupillengröße nachgewiesen. Auch das psychogalvanische Reflexphänomen zeigt bei ängstlichen Personen, die durch starke Geräusche erschreckt werden, eine langsamere Rückkehr zur Norm als bei normalen Versuchspersonen. Während normale Personen sich an Serien solcher Gehörreize rasch gewöhnen und die anfängliche Erhöhung der Schweißsekretion alsbald zurückgeht, können sich Patienten mit Angstzuständen nach Maßgabe des psychogalvanischen Reflexphänomens kaum an solche fortgesetzten Reize gewöhnen. Nach M. König[10] lassen sich ängstlich-agitierte Melancholiker von apathisch-gehemmten durch eine Vergrößerung der Blutdruckamplitude bei den ersteren unterscheiden. Doch sind die psychophysiologischen Zusammenhänge dieser Differenz bis heute noch nicht eindeutig geklärt. Sie könnte auf der vermehrten Adrenalinausschüttung bei Angst-Zuständen beruhen, andererseits könnte die motorische Agitiertheit einen erhöhten Sympathikotonus, der ebenfalls zur Amplitudenvergrößerung führt, bedingen.

Mit dem Stichwort »Adrenalinausschüttung« haben wir einen weiteren, sehr wichtigen Aspekt der psychophysiologischen

Frage berührt, den *neuroendokrinologischen.* Der englische Physiologe Cannon hat im Jahre 1929 am Versuchstier (Katze) nachgewiesen, daß emotionelle Erregung, nämlich Angst und Wut, mit einer Ausschüttung des Hormones des Nebennierenmarkes Adrenalin ins Blut verbunden ist. Adrenalin und das chemisch nah verwandte Noradrenalin, Abkömmlinge des Eiweißbausteines L-Tyrosin, im Englischen und jetzt zunehmend auch im Deutschen als »Katecholamine« zusammengefaßte Wirkstoffe, sind Sympathikomimetica, Erregungsstoffe für das sympathische Nervensystem und seine Endorgane. Noradrenalin wird außer im Nebennierenmark auch in den sympathischen Nerven gebildet, fungiert als Überträgerstoff zwischen den Nervenenden und dem Erfolgsorgan. Die Katecholaminwirkung ist entsprechend den zahlreichen Funktionen des sympathischen Nervensystems sehr vielseitig. Ihre Steigerung durch rapid vermehrte Ausschüttung in die Blutgefäße kann nach Cannons Lehre teleologisch einer lebenserhaltenden Zweckdienlichkeit zugeordnet werden: Sie ist eine Notfall- *(emergency-)* Reaktion, die den Organismus bei drohender Gefahr zu außerordentlichen Leistungen, zu Kampf oder Flucht *(fight or flight)* befähigt, so z. B. durch adrenerge Steigerung der Herzleistung und der Muskeldurchblutung sowie durch Intensivierung des Kohlenhydratstoffwechsels. Adrenalin und in geringem Grade Noradrenalin werden auch bei Angst-Zuständen stärkeren Ausmaßes vermehrt abgegeben und bewirken zudem, wenn man sie von außen dem Organismus injiziert, Angst-Zustände mit den vegetativen Begleiterscheinungen der Hautblässe, des Herzklopfens und mit Muskelzittern. Beim Menschen wurde eine vermehrte Katecholaminausscheidung im Urin zum erstenmal 1954 von Euler und Lundberg an Flugzeugpiloten und -insassen während des Fluges nachgewiesen und mit der Angst-Spannung dieser Personen in Verbindung gebracht (Levi[11]). Seitdem ist eine entsprechende hormonale Reaktion beim Menschen in den verschiedensten angstauslösenden Situationen demonstriert worden, z. B. auch bei Examenskandidaten. Die diesem Gegenstand gewidmeten Arbeiten der Forschergruppe um den schwedischen Physiologen Lennart Levi haben dargetan, daß es sich dabei nicht um einen spezifischen Effekt handelt, sondern um das neuroendokrinologische Korrelat jeglicher, auch lustvoller Emotionssteigerung. Man hat Versuchspersonen aufregende Filme gezeigt: Ob tragisch, gruselig, komisch oder sexuell stimulierend – bei der großen Mehrzahl der Versuchspersonen ergab sich eine verstärkte Adrenalinausscheidung, während das bei einem harmlosen Landschaftsfilm nicht der Fall war. Auch länger dauernde Affekt- und Streßeinwirkungen wurden in Betracht gezogen. Gruppen von Armeeangehörigen hatten 72 Stunden lang ohne Schlafpausen exakte Schießleistungen zu erbringen, ältere Offiziere dazu noch Stabsarbeiten zu verrichten. Die Adrenalinausscheidung folgte generell einem 24-Stunden-Rhythmus mit durchschnittlichen Werten, die nur bei zwei emotionell stark erregten Versuchspersonen bei weitem überschritten wurden: bei einem jungen Offizier vor allem, der in eine panikartige Klaustrophobie (»Budenangst«) geriet und Adrenalinwerte im Urin aufwies, wie sie sonst nur bei bestimmten inner- und außerhalb der Nebennieren lokalisierten Geschwülsten (Phäochromozytomen) gefunden werden.

Die Bedeutung der Katecholamine für die Psychophysiologie der Affekte, besonders der ausgeprägten Angst-Zustände, ist sichergestellt. Sie erklärt manche, wohl die meisten der bekannten körperlichen Begleiterscheinungen der Angst, z. B. die Herzbeschleunigung, die Blutdruckerhöhung, die Hautblässe, das vermehrte Schwitzen. Diese Nebenwirkungen sind ja zum großen Teil nichts anderes als Erscheinungen einer gesteigerten Sympathicuserregung, die wiederum Folge einer vermehrten Produktion der im sympathischen Nervensystem dominierenden Hormone ist. Wenn einzelne Autoren zwischen der psychophysischen Wirkung des Adrenalins und des Noradrenalins unterscheiden wollen, indem sie das Adrenalin der Angst und das Noradrenalin dem Zorn zuordnen, so ist das eine fragwürdige, nur wenig gestützte Hypothese. In jedem Fall stehen die Katecholamine heute im Vordergrund der endokrinologischen Affektforschung. Das heißt aber nicht, daß nicht auch andere Hormone an der Entbindung und am Ablauf elementarer, biologisch fundierter Affekterregungen beteiligt wären. Die Hormone der Schilddrüse (Thyroxin), Nebenschilddrüse, des Vorderlappens der Hirnanhangsdrüse, des Pankreas (Insulin) und nicht zuletzt die der Keimdrüsen stehen in verschieden gearteten, komplizierten, im ganzen noch wenig durchschauten Wechselbeziehungen zum Trieb- und Affektleben. Nicht nur das Nebennierenmark, sondern auch die Nebennierenrinde sondert ein Hormon ab, das neben vielen anderen lebenswichtigen Wirkungen auch den Antrieb und die Stimmungslage beeinflußt: das Hydrokortison, dessen therapeutische Verwendung, etwa beim Gelenkrheumatismus, nicht ganz selten unerwünschte Stimmungsschwankungen bis zu

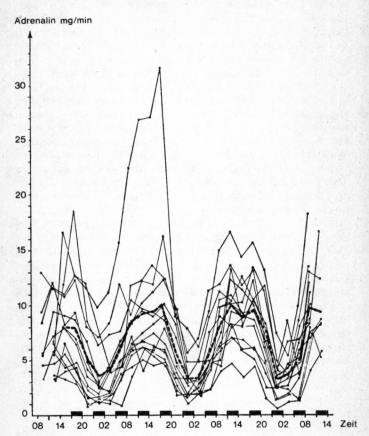

Versuchspersonen wurden 72 Stunden lang einem Streß- und Schlafentzugs-Experiment unterzogen, wobei die Adrenalin-Ausscheidung gemessen wurde. Es stellte sich heraus, daß sie generell einem 24-Stunden-Rhythmus folgte. Nur bei zwei Vpn wurden überdurchschnittliche Werte gefunden; der Extremwert stammt von einem jungen Offizier, bei dem Klaustrophobie und Panikgefühle auftraten.

55

ausgesprochenen Psychosen nach sich zieht. Das Hydrokortison gehört zu einer Gruppe von Nebennierenrindenhormonen, die Glukokortikoide genannt werden. Eine Beziehung zwischen gesteigerter Angst und erhöhter Sekretion von Glukokortikoiden ist erwiesen. Der Angst-Affekt scheint sich dabei über die Hypophyse auszuwirken, die ein die Nebennierenrinde stimulierendes Hormon abgibt. Zusammenhänge dieser Art sollen sich freilich nur bei Zuständen höchster Angst nachweisen lassen, während andererseits ein erhöhter Blutspiegel von Adrenokortikotropin, dem die Nebennierenrinde stimulierenden Hormon der Hirnanhangsdrüse, auch ohne Angst vorhanden sein kann. Auf diese und andere höchst verwickelte Zusammenhänge zwischen dem Hormonhaushalt, den Wechselbeziehungen endokriner Drüsen einerseits und den normalen wie auch pathologischen Affekt- und Triebzuständen kann hier nicht näher eingegangen werden. Wir möchten auf das Werk des Schweizer Psychiaters Manfred Bleuler *Endokrinologische Psychiatrie* (1954) sowie auf seinen gleichnamigen Handbuchbeitrag (1964) verweisen.[12] Bleuler war es, der den Begriff des »endokrinen Psychosyndroms« prägte, in der Erkenntnis, daß in den Beziehungen zwischen Endokrinium und Psyche nur eine geringe und oft fragwürdige Spezifität herrscht, wobei sich das endokrine Psychosyndrom in der Hauptsache in »dauerhaften oder unvermittelt und periodisch auftretenden und wieder zurückgehenden Änderungen von Einzeltrieben, der Triebhaftigkeit, des Erregungsniveaus von Stimmungen« äußert. In diesem Syndrom spielen in der Tat auch ängstliche Zustände verschiedener Qualität und Intensität gelegentlich eine dominierende Rolle, ohne daß man sich jedoch auf eine gesetzmäßige Zuordnung endokriner Dysfunktionen zu bestimmten Affekten wie Angst, Furcht und Schreck festlegen könnte.

Der Schreck und seine physiologischen Korrelate

»Beim *Schreck* unterscheidet man die rein reflexartige Schreckreaktion von der Reaktion auf das *Erlebnis* des Schreck*inhaltes*. Im ersten Fall erschrickt man *durch* etwas, im zweiten *über* etwas« (K. Schneider[13]). Wir wollen im folgenden nur über das Erschrecken *durch* etwas referieren, das allein von antizipierenden Angst-Reaktionen deutlich unterscheidbar ist. Das Erschrecken *über* den Inhalt einer Wahrnehmung, z. B. einer schlechten Nachricht, ist mit Angst nah verwandt, ja eigentlich nur eine jähe Form von Angst mit deren zukunftsbezogener Charakteristik. Das Erschrecken *durch* etwas ist rein gegenwärtig, ausgelöst meist durch einen unerwarteten, durch Plötzlichkeit und Intensität überwältigenden Sinneseindruck, einen jähen Schmerz, lauten Knall, grellen Lichtblitz. Solches Erschrecken ist eine sehr elementare, von höheren Instanzen der Persönlichkeit wenig beeinflußbare, individuell und situativ wenig unterschiedene Reaktion, wenn es auch mehr oder weniger schreckhafte Menschen gibt. Eine völlige Schreckunempfindlichkeit dürfte bei psychisch gesunden, voll wachen, bewußtseinsklaren Menschen nicht existieren. Wegen seiner Allgemeinheit und primitiv-biologischen Gesetzmäßigkeit eignet sich das Schreckverhalten zu experimentellen Untersuchungen. Solche Untersuchungen hat St. Wieser (1961[14]) vorgelegt, der das motorische Verhalten erschreckter Personen mittels Filmapparaturen studierte: Auf den unerwarteten Knall einer Startpistole in nächster Nähe am Ohr der Versuchsperson kommt es zunächst zu einer Abfolge von motorischen Reflexen mit einer Latenzzeit von 57tausendstel bis zu einer halben Sekunde, beginnend mit einem unwillkürlichen Augenschluß über Muskelverspannungen im Hals- und Gesichtsgebiet, Öffnen des Mundes, Bewegungen des Kopfes bis zu Bewegungen des Rumpfes und der Gliedmaßen, die als »Zusammenfahren« subjektiv erlebt werden und von außen sichtbar sind. Der Reflexablauf pflanzt sich vom Kopf bis hinab zu den Füßen fort. Ist diese Reflexkette abgelaufen, kommt es zu einer »phobischen Meidereaktion«, die die Versuchsperson von der Schallquelle wegstreben läßt, anschließend daran zu einer orientierenden Zuwendungsbewegung in Richtung auf den Versuchsleiter und schließlich zu nun schon bewußtseins- und willensnäheren Bewegungserscheinungen, die als Verlegenheitsbewegungen imponieren und je nachdem mehr konventionell oder individuell geprägte Einflüsse erkennen lassen. Ihre volle Fassung und Willensbeherrschung gewinnt die Versuchsperson aber erst nach 5 bis 10 Sekunden wieder. Im subjektiven Erleben vollzieht sich in Sekundenschnelle ein Übergang von einer kurzen Bewußtseinsveränderung, in der lediglich der Knall und das eigene Zusammenfahren als unangenehmes, aber undifferenziertes Erlebnis registriert werden, bis zu einer individuell verschiedenartigen, manchmal ängstlich gefärbten Erregung. Der primären motorisch-reflektorischen Schreckreaktion folgt also eine sekundäre nach, die eher der Angst verwandt ist und zu deren vegetativ-vasomotorischen Begleiterscheinungen, wie Vertiefung der Atmung und Herzklopfen, auch Zittern gehört. Leider enthält die sonst sehr aufschlußreiche Studie von Wieser keine genaueren Angaben über die vegetativen Begleiterscheinungen.

Anmerkungen

1 Hediger, H., »Die Angst des Tieres«. In: *Die Angst.* Zürich und Stuttgart 1959, S. 7.

2 Leyhausen, P., »Zur Naturgeschichte der Angst«. In: *Die politische und gesellschaftliche Rolle der Angst.* Hrsg. v. Wiesbrock, H., Frankfurt a. M. 1967, S. 99.

3 Slater, E., und J. Shields, »Genetical Aspects of Anxiety«. In: *Studies of Anxiety.* Ashford 1969, S. 62.

4 Bowlby, J., »Psychopathology of Anxiety, The Rôle of Affectional Bonds«. In: *Studies of Anxiety.* Ashford 1969, S. 80.

5 Harlow, A. F., und M. K. Harlow, »The Affectional System«. In: *Behavior of Non-human Primates.* Bd. 2. New York 1965.

6 Smythies, J. R., »The Neurophysiology of Anxiety«. In: *Studies of Anxiety.* Ashford 1969, S. 32.

7 Obrador, S., »Neurosurgical Aspects of Anxiety«. In: *Studies of Anxiety.* Ashford 1969, S. 138.

8 Lader, H., »Psychophysiological Aspects of Anxiety«. In: *Studies of Anxiety.* Ashford 1969, S. 53.

9 Labhard, F., »Der psychosomatische Aspekt der Angst«. In: *Angst.* Bern und Stuttgart 1967, S. 149.

10 König, M., »Kreislaufuntersuchungen an depressiven Patienten«. In: *Angst.* Bern und Stuttgart 1967, S. 107.

11 Levi, L., »Neuro-endocrinology of Anxiety«. In: *Studies of Anxiety.* Ashford 1969, S. 40.

12 Bleuler, M., »Endokrinologische Psychiatrie«. In: *Psychiatrie der Gegenwart.* Bd. I/1. B. Berlin–Heidelberg–New York 1964, S. 161.

13 Schneider, K., *Klinische Psychopathologie.* Stuttgart ⁷1966, S. 63.

14 Wieser, St., *Das Schreckverhalten des Menschen.* Bern und Stuttgart 1961.

3 Experimentelle Psychologie der Angst

Die Beiträge vorwiegend amerikanischer Psychologen zu einer naturwissenschaftlichen Psychologie der Angst stützen sich auf zwei Pfeiler: auf die von dem russischen Physiologen Pawlow begründete Lehre von den bedingten Reflexen und auf eine spezifisch amerikanische Richtung der Psychologie, den Behaviorismus, d. h. eine auf Mensch und Tier anwendbare Lehre vom Verhalten, die ohne oder mit einem Minimum an Introspektion auskommt. Beiden Grundkonzeptionen ist gemeinsam, daß sie eine experimentelle Nachprüfung von Hypothesen ermöglichen, die als »psychisch« oder »psychophysisch« aufgefaßte Sachverhalte betreffen. Das Bestreben des Pawlowismus wie auch des Behaviorismus und des bestimmte Erlebnisfunktionen und seelisch-geistige Strukturen einschließenden Neo-Behaviorismus geht dahin, die angeborenen und erworbenen Anpassungsleistungen des Organismus gegenüber der Umwelt mittels einfacher Grundannahmen und durchsichtiger Theorien zu erklären. Der Pawlowismus beschreitet dabei, seiner Herkunft entsprechend, mehr physiologische und anatomische, speziell neurophysiologische und neuroanatomische Wege; der psychologische Behaviorismus entwickelte sich in den letzten dreißig bis vierzig Jahren in der Richtung einer mit physiologischen Theorien zwar zu vereinbarenden, aber von solchen Theorien unabhängigen »Lerntheorie«, die in sich noch keine einheitliche Gestalt angenommen hat. Auch das Angst-Phänomen oder besser: das angstanaloge Verhalten höherer Organismen wurde lerntheoretisch vielfach mit anthropologisch keineswegs uninteressanten Ergebnissen bearbeitet. Man darf allerdings nicht von der Erwartung ausgehen, daß sich durch noch so subtile Reaktionsexperimente an Ratten, Katzen, Hunden oder auch an Menschen neue Einblicke in die Sinnhorizonte der Angst eröffnen – das leistet nur die auf Introspektion gestützte phänomenologische Methode. Doch hat alles Menschliche in seiner ichhaften, personalen Gestalt und Offenheit für die Welt und ihre Sinnhorizonte einen kreatürlichen Unterbau, der den Menschen entwicklungs- und stammesgeschichtlich mit seinen verwandten tierischen Mitgeschöpfen verbindet. Wenn wir etwas über biologisch fundierte Instinkte und

Affekte, über die Bildung elementarer Verhaltensweisen, ihre Eingewöhnung und Auslöschung, über Automatismen und reflexartige Reaktionen, denen wir auch als Menschen unterworfen sind – wenn wir über diese ganze kreatürliche Seite unseres Daseins etwas Näheres erfahren wollen, bietet die Arbeit der Lernpsychologen eine höchst bedeutungsvolle Wissensquelle. Diese Quelle auch nur annähernd auszuschöpfen, kann nicht die Absicht der folgenden kurzen und summarischen Übersicht sein. Wir stützen uns in der Hauptsache auf die Darstellungen von L. Blöschl, W. D. Fröhlich, K. Eyferth, C. F. Graumann, E. E. Levitt, Ch. D. Spielberger.[1]

I. P. Pawlow entdeckte 1901 am Tier die »bedingten Reflexe«*, indem es ihm gelang, die sonst nur durch den Anblick und Geruch von Futter unbedingt auslösbare Speichelsekretion durch neutrale Signalreize in Gang zu bringen. Der durch die sinnliche Präsenz von Nahrung hervorgerufene Reflex der vermehrten Speichelabsonderung kann dadurch zu einem bedingten gemacht werden, daß mit der Nahrungsdarbietung zu wiederholten Malen ein Glockenzeichen oder ein anderes Signal erfolgt, worauf nach einiger Zeit vermehrter Speichel auf den bloßen Signalreiz hin ohne gleichzeitiges Futterangebot abgesondert wird. Später erkannte Pawlow, daß nicht nur einzelne distinkte Reize, sondern die ganze Umgebung zum bedingenden Faktor für die Auslösung von Reflexen werden kann. Das von Pawlow gefundene und neurophysiologisch gedeutete Prinzip des bedingten, durch einen Lernprozeß erworbenen Reflexes läßt sich nun nicht nur auf relativ einfache Lebensvorgänge, wie die Speichelabsonderung, sondern auch auf sehr viel komplexere Verhaltensweisen von Organismen anwenden. Solche Verhaltensweisen zeigen eine bestimmte, selektive Zielrichtung, z. B. auf Nahrungsaufnahme, auf den Sexualpartner, auf Aggression oder Flucht auslösende Objekte und dergleichen. Ihnen ist ein bestimmtes Intensitäts- oder Energieniveau eigen. Man unterstellt ihnen einzelne voneinander unterscheidbare »Triebe«, wenn auch mannigfaltige Interferenzen und Mischungen von Trieben, z. B. von Sexualität und Aggression, anerkannt werden müssen. Außerdem bestehen Gründe zu der Annahme eines allgemeinen, nicht spezifizierten energetischen Triebniveaus, das man als »Antrieb« bezeichnet.

* Vgl. dazu auch D. S. Blongh/P. McBride Blongh, *Psychologische Experimente mit Tieren.* Frankfurt a. M. 1970 (suhrkamp wissen 7).

Triebe als selektive, auf spezifische Objekte bezogene Antriebsarten gibt es beim Menschen praktisch in unbegrenzter Zahl: Alles kann zum Triebobjekt werden. Nur die *angeborenen* Triebe lassen sich bei Mensch und Tier auf eine bestimmte Anzahl reduzieren und auf die Befriedigung biologischer Grundbedürfnisse fixieren: Hunger, Durst, Sexualität, physische Nähe zu Artgenossen, Bewegung, Ruhe, um die wichtigsten Grundtriebe zu nennen. Aber schon der ursprüngliche, angeborene Charakter eines so allgegenwärtigen Antriebsverhaltens wie das der Aggressivität ist umstritten. Es gibt eine Meinung, die dahin geht, daß Aggression erlernt wird als Reaktion auf die Versagung (Frustrierung) anderer Grundbedürfnisse. Doch sollte man sich darüber klar sein, daß *alles* Erlernte und Erlernbare eine entsprechende Fähigkeit oder Disposition voraussetzt, die ihrerseits

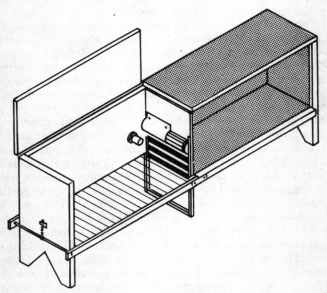

Die Millersche Versuchsvorrichtung zur Feststellung des Lernens von Angstreaktionen. Über den Gitterboden des hellen Abteils erhalten die Versuchstiere (Ratten) einen elektrischen Schlag, im dunklen Abteil nicht. Die Tür in der Zwischenwand kann durch eine drehbare Rolle oder durch einen Hebel von der Ratte geöffnet werden.

nur als angeboren zu denken ist. Nicht jeder Organismus kann jede beliebige Verhaltensweise erlernen.

Objektbezogene Furcht und auch mehr oder minder objektlose Angst zeigen sich im Tierexperiment als erlernter Trieb, der zu Flucht- und Vermeidungsreaktionen treibt und zugleich mit Symptomen vegetativer und motorischer Erregung einhergeht. Man kann anstatt von erlerntem Trieb auch im Sinne von Leyhausen von »trainierbarem Instinkt« sprechen, wenn man die angeborene Grundlage alles Erlernten im Auge behält.[2] Der amerikanische Psychologe N. E. Miller hat für das Lernen von Angst-Reaktionen bei Ratten 1948 eine einfache Versuchsanordnung verwendet, die seither zum Grundexperiment der Angst-Erzeugung geworden ist. Für die Versuchstiere wird ein zweigeteilter Käfig bereitgehalten. Die eine, weiß gestrichene Kammer hat einen Metallrost als Boden, durch den elektrische Schläge appliziert werden können. Sie ist von der danebenliegenden, schwarz gestrichenen Kammer durch eine Zwischenwand getrennt, die vom Versuchsleiter entfernt, aber auch von der Ratte mittels einer drehbaren Rolle oder eines Hebeldruckes geöffnet werden kann. Im Vorversuch überzeugt man sich davon, daß das Versuchstier ohne elektrische Reizung und bei geöffneter Tür keine der beiden Kammern bevorzugt. Dann wird ein Tier nach dem anderen in der Kammer mit dem Rost zehnmal hintereinander elektrisiert. Wenn es sogleich in die offene Kammer nebenan flieht, schließt sich die Tür hinter ihm, und das Tier hat 30 Sekunden in dem elektrizitätsfreien dunklen Käfigabteil Ruhe. Es lernt dabei zunächst einmal, sich in den harmlosen, reizlosen Raum zu flüchten. Diese einfache Fluchtreaktion lernen alle Versuchstiere. Darauf wird jedes Tier fünfmal in die Kammer mit dem Rost gebracht, der nicht mehr unter Strom steht. Wenn sich jetzt das Tier der geschlossenen Tür zum Nebenabteil nähert, wird diese vom Versuchsleiter sogleich geöffnet, so daß es Einlaß in den ungefährlichen Raum erhält. Sich auch ohne neue Elektrisierung in den geöffneten Nebenraum zu flüchten, lernen wiederum alle Versuchstiere. In einer weiteren Versuchsreihe von 16 Durchgängen ohne Stromschläge lernt aber nur mehr die Hälfte der Versuchstiere, sich der Rolle oder des Hebels zu bedienen, um in den gefahrlosen Nebenraum zu entkommen, falls die Tür nicht vom Versuchsleiter geöffnet wird. Die restlichen Tiere, die das nicht lernen, zeigen ein angstanaloges Verhalten, indem sie urinieren, koten, sich krümmen, ohne daß erneute elektrische Schläge auf sie einwirken. Die unmittelbare, unbedingte Fluchtreaktion angesichts bereits einwirkender Schädigung kann also analog zu den Pawlowschen Versuchen auf eine neutrale Situation konditioniert werden, nämlich auf die hell gestrichene Kammer mit ihrem nun nicht mehr elektrisierenden, nicht mehr schmerzzufügenden Boden. Der gespannte, auf motorische Abfuhr drängende, von unangenehmen vegetativen Begleiterscheinungen schon beeinflußte Zustand aktiviert die Hälfte der nicht mehr geschockten Tiere dazu, sich durch instrumentales Verhalten (Rollendrehung oder Hebeldruck) Zugang zur Nebenkammer zu verschaffen, in der sie vor elektrischen Schlägen sicher sind. Diesen Tieren wurde also etwas andressiert, sie wurden dahingehend konditioniert, daß sie schon bei drohender Schmerzzufügung einen gerichteten Trieb entwickelten, der die Vermeidung der Gefahrenquelle zum Ziel hat. Spätere Versuche von Miller ergaben eine Intensivierung dieses Meidetriebs bei steigender Schmerzeinwirkung, gemessen an der Reaktionsgeschwindigkeit bzw. an der Herabsetzung der Latenzzeit. Man könnte nun das Verhalten elektrisch gereizter oder bedrohter Ratten psychologisch-anthropomorph beschreiben, indem man etwa sagte, das geschockte Tier »erinnert sich«, ähnlich wie das gebrannte Kind an die Ofenplatte, an die in der hellen Kammer erlittenen Schläge. Zugleich »erinnert« es sich aber auch daran, daß es daneben einen Raum der Schmerzlosigkeit gibt, in den es bei offener Tür direkt, bei geschlossener Tür durch Lösung eines Sperrmechanismus entfliehen kann. Gerät das Tier erneut in den Schockraum, so »gemahnt es« dessen Konfiguration und Farbe sogleich an den zu erwartenden, nächsten elektrischen Schlag: es »erwartet« ihn voller Angst. Die Angst wird aber sogleich gemindert oder aufgehoben, wenn dem Tier das vorsorgliche Entkommen in den Nebenraum gelingt. Ist es »zu dumm«, um die Öffnung des Sperrmechanismus zu bewerkstelligen, so bleibt es seiner Angst ausgeliefert, die sich nunmehr in heftigen vegetativen Reaktionen und einem hilflosen Sichkrümmen äußert. Dem lerntheoretischen Ansatz zufolge läßt sich der ganze geschilderte Ablauf aber auch ohne Rückgriff auf eine beim Tier nicht beweisbare Erlebnispsychologie angemessen beschreiben und erklären, sofern man einige wenige einfache Grundannahmen macht:

Schmerzreize rufen ebenso wie biologische Mangelzustände (Hunger, Durst, Sexualität, Schlafmangel) das physiologische Bedürfnis wach, sie zu reduzieren oder auszuschalten. Beim Schmerz kann das durch Flucht, Gegenaggression, aber auch durch Vermeidung gefährlicher Situationen geschehen.

Ein derartiges, der Reduktion äußerer Schmerzen dienendes, dafür instrumentales Verhalten erfährt durch seinen Erfolg eine Bekräftigung *(reinforcement)*, d. h. es wird zu einer immer rascher und zuverlässiger anspringenden, immer besser angepaßten Reaktion; es verkürzen sich meßbar die Latenzzeiten zwischen Reiz und Reaktion. Erfolg wirkt dabei analog einer zur Wiederholung des Verhaltens treibenden »Belohnung« *(reward)*, Mißerfolg wie eine unzweckmäßiges Verhalten unterbindende »Bestrafung« *(punishment* – Belohnung und Bestrafung natürlich nicht im moralischen Sinne!). Vergleichbar ist der Vorgang einer Dressur »mit Zuckerbrot und Peitsche«. Jedes physiologische Bedürfnis, wie das der Schmerzreduktion, zeitigt zweierlei Wirkungen: Es aktiviert und energetisiert den Organismus im Sinne einer allgemeinen Antriebssteigerung *(drive)* und setzt durch diese Aktivierung Lernprozesse in Gang, die mittels zielgerichteter selektiver Reaktionen die Bedürfnisreduktion, wenn auch auf Umwegen, erreichen. Dies geschieht zumeist nach dem Prinzip von *trial and error* (Versuch und Irrtum).

Lernprozesse verlaufen assoziativ nach dem Prinzip der räumlichen und zeitlichen Kontinuität: Entsprechend der Lehre von Pawlow verknüpfen sich Reaktionen, die als unbedingte vorgebildet sind, mit neutralen Reizen bzw. Situationen, die wiederholt in räumlicher und zeitlicher Nähe zu der die unbedingte Reaktion auslösenden Reizsituation gesetzt wurden. Auf diese Weise entstehen neue Reiz-/Reaktionsmuster, die sich von den ursprünglichen unbedingten Reaktionen räumlich und zeitlich gelöst haben.

Macht man die ebengenannten Voraussetzungen, so wird es ohne Zuhilfenahme erlebnispsychologischer Annahmen verständlich, daß auch das Tier nach unangenehmen Erfahrungen Reaktionsmuster oder Gewohnheiten *(habits)* entwickelt, die die Gefahr vorwegnehmen und es zu einem Meideverhalten motivieren. Das Meideverhalten entsteht nicht durch vorstellungsmäßige Erwartung des kommenden Übels, die wir beim Tier vielleicht vermuten, aber nicht beweisen können, sondern nach den Regeln der Lerntheorie durch eine Kausalkette, die von der ursprünglichen, angeborenen unbedingten Schmerz-/Fluchtreaktion über die assoziativ erworbene Verknüpfung des Fluchtverhaltens mit räumlich und zeitlich nahen, aber unschädlichen Reizkonstellationen zur Auslösung des Fluchtverhaltens durch eine bloße Signalsituation führt. Der Motor dieses ganzen Geschehens ist nach Hull eine durch das physiologische Bedürfnis des Organismus nach Schmerzreduktion hervorgerufene unspezifische und ungerichtete Energetisierung des Verhaltens, die sich durch Motivierung des entsprechenden Flucht- und Meideverhaltens instrumental auswirkt. Nach der Hullschen Theorie kann es sich dabei auch um die Energetisierung und Aktivierung bereits bestehender fester Reiz-/Reaktionsverbindungen (habits) handeln. Die neutrale Reizsituation, die schließlich das Meideverhalten auslöst, erlangt jedenfalls durch ihr wiederholt gestiftetes Vorher Signalfunktion, ohne daß deshalb die humanpsychologische, erlebte Beziehung von Zeichen und Bezeichnetem gegeben sein muß. Eingeschliffen, verstärkt, mit immer kürzeren Latenzzeiten versehen werden vielmehr die Reaktionsmuster der Flucht und Vermeidung durch ihren unmittelbaren Erfolg, der in der Beseitigung oder im Ausbleiben von Schmerzreizen besteht. Wenn nicht nur die Flucht dem Schmerz ein Ende setzt, sondern die Meidereaktion von vornherein durch Ausbleiben des Schmerzes bekräftigt wird, so ist damit aber auch für das Tier eine, wenn auch nicht bewußt erlebte, so doch immanente, innere Zeitstruktur des Verhaltens vorausgesetzt. Ähnliches gilt auch für jene Tierindividuen, die sich zur Erlernung der Meidereaktion, d. h. im obigen Experiment zur Drehung der Rolle oder zum Niederdrücken des Hebels, nicht fähig zeigen und ohne erneuten Schock die vegetativen und motorischen Symptome der Angst bieten. In beiden Fällen wird durch die präventive Fluchtaktivität bzw. das passive Erleiden offensichtlicher Pein der nicht eintretende Schmerzreiz vorweggenommen, antizipiert, und zwar auf Grund eines Lernens, das die Nachwirkung von Vergangenem voraussetzt. Das Vergangene, die wiederholt durchgemachten elektrischen Reize, muß Spuren hinterlassen, Verhaltens- und Befindensweisen gebahnt haben, die als angstanaloges Verhalten und Empfinden antizipiert und reaktualisiert werden. Das menschliche Bewußtsein hat nach E. Husserl eine erlebnismäßig faßbare Zeitstruktur: Intentional auf einen realen oder irrealen Gegenstand gerichtet, begreift es stets den Bezug auf das Vergangene wie den Vorgriff auf das Zukünftige in sich ein: Intention ist nicht ohne Retention und Protention. Am Beispiel menschlicher Furcht und Angst ist das ohne nähere Erläuterung einsichtig. Das subjektive Erleben der sich angstvoll krümmenden, auf dem Boden des Käfigs herumrutschenden Ratte, die auf elektrische Schläge wartet, kennen wir nicht. Wir können ihr kein intentional-retentional-protentionales Erleben zuschreiben; es gibt jedenfalls keine wissenschaftlich zu nennende Operation, wie beim Menschen die Registrierung und Interpretation sprachlicher Äußerungen, die es ermöglichen würde, menschenähnliches Erleben beim Tier festzustellen. Doch spricht die behavioristische Verhaltensbeobachtung ihre eigene Sprache, hat ihren eigenen Verweisungszusammenhang. In diesem apersonalen, ahistorischen, naturhaften Verweisungszusammenhang spielt ebenfalls die Zeitstruktur, der Rückgriff auf das Vergangene und der Vorgriff auf das Zukünftige eine Rolle, die wir mit A. Auersperg als »Physiogenese« bezeichnen. Charakteristisch für die Physiogenese im Gegensatz zum bloßen Nacheinander der transeunten Zeit ist die Vorwegnahme des Künftigen, wie sie sich beim Tier im angstanalogen Verhalten eindrucksvoll dokumentiert und experimentell darstellen läßt. Auch das Tier ist nicht total, wie Nietzsche meinte, »an den Pflock des Augenblicks gebunden«.

Die Konditionierung von Furcht und Angst beschäftigt die amerikanische Psychologie schon seit Jahrzehnten. Dem Schöpfer des Behaviorismus J. B. Watson gelang es 1920 zusammen mit R. Rayner, die angeborene Furchtreaktion eines 11 Monate alten Knaben gegenüber plötzlichem Lärm auf eine vorher nicht gefürchtete Ratte umzukonditionieren, so daß das Kind dann auch ohne begleitenden Schallreiz auf den bloßen Anblick der Ratte hin mit Furcht reagierte. Von der Ratte übertrug sich die Furcht des Kleinen auf Kaninchen, Hund, Pelzmantel. Es kam also zu der seither viel untersuchten *Reizgeneralisierung,* deren Modalität auch für die Psychopathologie der Phobien von großer Bedeutung ist. Die Reizgeneralisierung wird nach Dollard und Miller (1950; zitiert nach Levitt[3]) durch Verstärkung der Angst gefördert. Je intensiver die Angst, desto geringer wird die Unterscheidungsfähigkeit zwischen ähnlichen Objekten bzw. Reizsituationen und desto stereotyper die Reaktionsweise. Damit erhält die für Angst-Zustände, etwa in Paniksituationen, so typische Verallgemeinerungstendenz im Hinblick auf bedrohliche oder vermeintlich bedrohliche Umweltcharaktere bis hin zu illusionären Verkennungen eine plausible, auch experimentell stützbare Deutung.

Die Verwendung von Schmerzreizen im Tierexperiment mit dem Ziel, angstanaloges Verhalten zu studieren, geht vor allem auf den Psychologen O. H. Mowrer zurück, der im Jahre 1950 formulierte: »Angst (Furcht) ist die bedingte Form der Schmerzreaktionen, die die äußerst nützliche Funktion hat, dasjenige Verhalten zu motivieren und zu bekräftigen, das die Wiederholung des Schmerz hervorrufenden (unbedingten) Reizes zu vermeiden oder zu verhindern trachtet« (zitiert nach Graumann[4]). Furcht bzw. Angst steckt ja schon in der unmittelbaren Schmerzperzeption, insofern in deren zeitlichem Verlauf die Befürchtung impliziert ist, daß der Schmerz andauern oder sogar sich verstärken wird. Beim Versuchstier sind die vegetativen und motorischen Symptome von Schmerz und Angst von vornherein nicht unterscheidbar. Aus dieser Sicht ist verständlich, daß Mowrer in einer späteren Arbeit (1964[5]) sagen kann: »Wenn ein schädlicher Reiz aktuell auf den Organismus einwirkt, ist Empfindlichkeit für die Reizung nützlich, indem sie das Fluchtverhalten aktiviert; wenn die schädliche Reizung vorweggenommen wird, ist das Trauma en miniature in Form von Furcht wiederhergestellt. Der so affizierte Organismus wird zur Flucht vor dieser abgeleiteten Form des Unbehagens angestachelt und gelangt in diesem Tun auch meistens so weit, das Trauma zu vermeiden, dessen Vorwarnung die Furcht war.« Diese Auffassung erinnert an Freud, der in der Angst eine »Selbstimpfung des Ichs« gegen den unabgeschwächten Einbruch innerer Triebängste sah. Doch ist, ebenfalls nach Mowrer, unter bestimmten Bedingungen die Vorerwartung des Schmerzreizes schwerer zu ertragen, »nervöser« machend als der die Erwartungs-Angst beendende Schmerzreiz selbst. Daß Mowrer, einer der führenden amerikanischen Psychologen, die Erzeugung von Angst nicht eindeutig auf konditionierte Schmerzreaktionen oder auf Reaktionen auf andere unangenehme und intensive Sinnesreize zurückführt, geht mit aller wünschenswerten Klarheit aus seinen späteren Arbeiten hervor, die sich speziell mit der *humanen* Angst beschäftigen und ihren wesentlichen Bezug in dem schuldhaften Bruch gesellschaftlicher und personaler Normen erblicken.

An Versuchstieren ist die außerordentliche Stabilität einmal gelernter Vermeidungsreaktionen aufgefallen, wie ja auch menschliche Phobiker oft erst nach besonderen therapeutischen Prozeduren von ihren irrationalen Ängsten loskommen. Hunde, die durch Verabreichung elektrischer Schläge darauf dressiert waren, den Schmerzreiz durch Überspringen einer Hürde zu vermeiden, legten dieses Verhalten nicht ab, auch wenn sie nie mehr elektrische Schläge erhielten. Bei diesen Tieren verkürzte sich sogar die Latenzzeit so weit, daß sich keine vegetativen Reaktionen ausbilden konnten und somit eine echte, vom augenblicklichen Unbehagen unabhängige Erwartungs-Angst entwickelt haben mußte. Man hat zur Erklärung dieses Verhaltens angenommen, daß die mit der Zeit zu erwartende Löschung der erworbenen Furcht durch Ausbleiben jeglicher Sanktionen gerade durch die überstürzt einsetzende Vermeidungsreaktion hintangehalten wird (Solomon et al., 1953; zitiert nach Graumann[6]) – ein Gedanke, der später von dem englischen Psychologen Eysenck im Zusammenhang mit seiner Theorie der Verhaltenstherapie wieder aufgegriffen wurde.

Zur experimentell induzierten *Löschung* von Furcht- und Angstreaktionen, deren therapeutische Wichtigkeit einleuchtet, haben wiederum amerikanische Psychologen wichtige Beiträge geliefert, die sich in der Behandlungspraxis auswerten lassen: Löschung durch »antizipatorische Entspannung« (Miller), durch andere Triebe, wie Hunger, durch Gewähren von Sicherheit (W. Fröhlich[7]).

Angst und angstanaloges Verhalten wird nicht nur in der einen Richtung von schmerzhaften oder anderen unangenehmen Erfahrungen her durch Lernprozesse konditioniert, sondern wirkt auch umgekehrt auf Lernprozesse jeglicher Art zurück. Zwischen Angst und Lernen bestehen komplizierte Kreisprozesse, die an kybernetische Modelle erinnern und um deren Aufhellung sich vor allem zwei amerikanische Psychologenschulen, die von Iowa und Yale, bemüht haben. Damit rücken nun aber auch Probleme in den Vordergrund, die sich nicht mehr allein am Versuchstier lösen lassen, sondern den Menschen als Versuchsperson und als Beobachtungsobjekt in den Vordergrund stellen. Für das Verständnis einer experimentellen Humanpsychologie der Angst ist es notwendig, daß wir uns kurz mit den Versuchen einer *Quanti-fizierung* der Angst beim Menschen beschäftigen.

Quantitative Bestimmung menschlicher Angst

Praktisch kommen für den Zweck einer in Zahlen ausdrückbaren Messung von Angst-Graden nur *psychologische Maßstäbe* in Betracht. Hier und da empfohlene, scheinbar exaktere Messungen der physiologischen Begleiterscheinungen sind mit dem schwerwiegenden Mangel behaftet, daß es eine exklusiv für den Angst-Affekt charakteristische Physiologie nicht gibt, vielmehr nur unspezifische somatische Korrelate psychischer Erregung, an denen man das Dominieren von Angst nicht ablesen kann. Auch sind die gemessenen physiologischen Variablen so stark eigengesetzlichen Schwankungen im Tagesverlauf, individuellen Variationen und anderen schwer kontrollierbaren Einflüssen unterworfen, daß sie für vergleichende Messungen von Angst kaum zu verwerten sind.

Die Psychologie liefert projektive Tests, in denen die Versuchsperson (Vp) unstrukturiertes oder unbestimmt gestaltetes Material von sich aus mit Gestalt- und Sinndeutungen zu versehen hat. Der bekannteste projektive Test dieser Art ist der von Rorschach erfundene Tintenklecks-Test. Dieser und andere projektive Tests vermitteln zwar Einblicke in Quantitäten und Intensitäten von Emotionen, lassen auch direkte oder symbolisch ausgedrückte Angst in ihrem Inhalt zum Ausdruck kommen, sind aber zum allergrößten Teil auf verstehende Interpretationen angewiesen und mathematisch schwer auswertbar. Die Versuche, rein formale Rorschachsyndrome der Angst zu entwickeln, haben bisher nicht zu zuverlässigen Ergebnissen geführt (R. Cohen[8]). Leichter anwendbar und auch zuverlässiger sind die Tests in Form von Fragebogen (engl. *inventory,* franz. *questionnaire*). Sie enthalten Fragen, sogenannte *items,* die meist von der Vp selbst, seltener von anderen Auskunftspersonen beantwortet werden müssen. Ihre Items beziehen sich auf Symptome der Angst, wie Herzklopfen, Einschlafstörungen, Zittern und auch Gefühle, die direkt das Erleben von Angst oder indirekt Selbstunsicherheit, gesteigerte Empfindlichkeit, Sorgen und dergleichen betreffen. Sie können auch Objekte und Situationen anbieten, angesichts deren erfahrungsgemäß häufig Angst auftritt. Die Fragen werden in Alternativform gestellt, so daß sie nur mit Ja oder Nein beantwortet werden können. Andere Fragebogensysteme verlangen von den Vpn eine Gradabschätzung der Angst, ob sie in bestimmten Situationen mehr oder minder hohe Grade von Furcht oder Angst empfinden *(rating scales)*. Oder man bietet Eigenschaftswörter zum Ankreuzen an, von denen nach alltäglicher und klinischer Erfahrung angenommen wird, daß sie mit ängstlichen oder nichtängstlichen Verfassungen übereinstimmen. Die Items beziehen sich sowohl auf Angst als Zustand *(state)* wie auf Ängstlichkeit als Persönlichkeitszug *(trait)*.* Aus den Fragen selbst geht nicht immer klar hervor, ob eine gegenwärtige ängstliche Verfassung oder die allgemeine Angst-Bereitschaft gemeint ist. Die Fragen können insofern näher präzisiert werden. Doch gilt für die ganze Fragebogenmethodik, was Pichot[9] sagt: »Es handelt sich eher um Persönlichkeitstests als um Instrumente zur Erfassung der Symptomatologie.« Eine grundsätzliche, die Objektivität des ganzen Verfahrens in Frage stellende Problematik liegt darin, daß sich die Fragen an das Selbstbild der Vp wenden. Wie ein Mensch seine Eigenschaften und Neigungen aber beurteilt und einschätzt, ist in hohem Maße von ihrem sozialen Kurswert abhängig. In unserer Gesellschaft stehen Stabilität, Besonnenheit, klarer Kopf in schwierigen Situationen, ruhiges, unnervöses, nicht ängstliches Verhalten in höherem Ansehen als die gegenteiligen Eigenschaften. Auch bei gutem Willen, wahrheitsgetreu zu antworten, wird sich bei vielen Vpn die Tendenz durchsetzen, einem positiven, sozial gebilligten Selbstbild entsprechend zu antworten, wodurch das Ergebnis verfälscht wird. Nun kann man Alternativfragen so geschickt anordnen, daß beide Alternativen in gleichem Maße sozial erwünscht oder unerwünscht sind. Aber auch dann bleibt noch eine Fehlerquelle: Es hat sich nämlich herausgestellt, daß verschiedene Personen eine verschieden stark ausgeprägte Neigung haben, in Fragebogentests überwiegend mit Ja oder mit Nein zu antworten. Gerade die Ängstlichen sollen zum Ja-Sagen neigen. Man hat gesagt, daß sowohl in den projektiven Tests wie in den Inventorien Angst bzw. Ängstlichkeit gar nicht direkt geprüft, sondern lediglich die Bereitschaft getestet wird, unaggressive, aber sozial abgewertete

* Diese wichtige Unterscheidung geht auf R. B. Cattell zurück (vgl. Spielberger Hrsg., S. 34 ff.)

Items aus der von J. A. Taylor entwickelten Manifest Anxiety Scale (MAS).

Ich stelle häufig fest, daß mich etwas bedrückt.

RICHTIG   FALSCH

Ich bringe stets genügend Energie auf, wenn ich von einer Schwierigkeit betroffen bin.

RICHTIG   FALSCH

Gewöhnlich bin ich ruhig und nicht so leicht aus der Fassung zu bringen.

RICHTIG   FALSCH

Ich habe einmal im Monat oder öfter Durchfall.

RICHTIG   FALSCH

Items aus der IPAT * Anxiety Scale.

Ich benötige meine Freunde häufiger, als sie mich zu benötigen scheinen.

SELTEN   MANCHMAL   OFT

Ich bringe stets genügend Energie auf, wenn ich von Schwierigkeiten betroffen bin.

JA   NICHT IMMER   NEIN

Ich fühle mich manchmal gezwungen, aus keinem besonderen Grund Sachen zu zählen.

RICHTIG   WEISS NICHT GENAU   FALSCH

Items aus dem Fragebogen zur Messung der Prüfungsangst (Test Anxiety Questionaire = TAQ) nach Mandler und Sarason (1952).

Wie stark ist Ihre Angst, wenn Sie sich einer Prüfung unterziehen müssen?

sehr stark	mittel	gar nicht

Wie stark schwitzen Sie, wenn Sie sich einem Gruppen-Intelligenztest unterziehen müssen?

sehr stark	mittel	gar nicht

* IPAT = Institute for Personality and Ability Testing

Beispiele von Testfragen (Items) aus drei amerikanischen Fragebogen zur Feststellung von Angst.

Haltungen zu äußern (R. Cohen). Eine Absicherung gegen bewußt falsche Angaben bilden die eingestreuten sogenannten Lügenfragen, die ein sozial abgewertetes Verhalten betreffen, dessen sich aber jedermann hier und da einmal schuldig zu machen pflegt. Verneinen solcher Fragen spricht gegen die Glaubwürdigkeit der Vp. Hohe Angstbereitschaft korreliert nach Cohen (1972) in hohem Grade aber auch mit Persönlichkeitseigenschaften, die sog. »sensitizers« im Gegensatz zu »repressors« (Byrne) besitzen. Sensitizers in diesem Sinne sind Menschen mit allgemein erhöhter Konfliktempfindlichkeit, mit mehr unangenehmen als angenehmen Erinnerungen und der Bereitschaft, eigenes Versagen zuzugeben.

Der Beck-Pichot-Fragebogen

Items A – U nach Beck, Ward, Mendelson, Erbraugh

A   (0)   Ich bin nicht traurig.
    (1)   Es ist mir verleidet, oder: Ich bin traurig.
    (2)   Ständig ist es mir verleidet, oder: Ich bin immer traurig, und kann nichts dagegen tun.
    (2)   Ich bin so traurig oder unglücklich, daß es mir wehtut.
    (3)   Ich bin so traurig oder unglücklich, daß ich es nicht mehr aushalten kann.

B   (0)   Ich bin nicht besonders pessimistisch oder entmutigt in bezug auf meine Zukunft.
    (1)   Ich fühle mich mutlos in bezug auf meine Zukunft.
    (2)   Ich glaube, daß ich nichts zu erhoffen habe.
    (2)   Ich glaube, daß ich nie mehr aus meinen Sorgen herauskomme.
    (3)   Ich habe den Eindruck, daß meine Zukunft hoffnungslos aussieht und daß sich meine Lage nicht bessern wird.

C   (0)   Ich habe nicht das Gefühl, versagt zu haben.
    (1)   Ich habe das Gefühl, mehr versagt zu haben als andere Leute.
    (2)   Ich glaube, ich habe wenig zustande gebracht, was einen Sinn oder Wert hat.
    (2)   Wenn ich mein Leben betrachte, sehe ich nichts als Versagen.
    (3)   Ich glaube, ich habe komplett versagt.

D   (0)   Ich bin nicht besonders unzufrieden.
    (1)   Ich langweile mich meistens.
    (1)   Ich habe an nichts mehr dieselbe Freude wie früher.
    (2)   Überhaupt nichts mehr verschafft mir Befriedigung.
    (3)   Ich bin mit allem unzufrieden.

E (0) Ich fühle mich nicht besonders schuldig.
  (1) Ich empfinde mich sehr oft als schlecht oder wertlos.
  (2) Ich fühle mich schuldig.
  (2) Ich empfinde mich jetzt praktisch immer als schlecht oder wertlos.
  (3) Ich betrachte mich als sehr schlecht oder wertlos.
F (0) Ich habe nicht den Eindruck, eine Strafe zu verdienen.
  (1) Ich glaube, daß mir etwas Schlimmes passieren könnte.
  (2) Ich habe den Eindruck, daß ich jetzt oder bald bestraft werde.
  (3) Ich glaube, daß ich es verdiene, bestraft zu werden.
  (3) Ich will bestraft werden.
G (0) Ich bin nicht enttäuscht von mir.
  (1) Ich bin enttäuscht von mir.
  (1) Ich habe mich nicht gern.
  (2) Ich kann mich nicht ausstehen.
  (2) Ich hasse mich.
H (0) Ich habe nicht den Eindruck, schlechter als andere Leute zu sein.
  (1) Ich achte sehr gut auf meine eigenen Irrtümer oder Fehler.
  (2) Ich mache mir Vorwürfe für alles, was nicht klappt.
  (2) Ich habe den Eindruck, viele schlimme Fehler zu haben.
I (0) Ich denke nicht daran, mir etwas anzutun.
  (1) Ich denke manchmal daran, mit etwas anzutun – aber ich werde es nicht tun.
  (2) Ich glaube, ich wäre besser tot.
  (2) Ich habe genaue Pläne, Selbstmord zu machen.
  (2) Ich glaube, für meine Familie wäre es besser, wenn ich tot wäre.
  (3) Ich würde mich töten, wenn ich es könnte.
J (0) Ich weine nicht mehr als gewöhnlich.
  (1) Ich weine häufiger als gewöhnlich.
  (2) Ich weine jetzt die ganze Zeit und kann nicht aufhören damit.
  (3) Auch wenn ich es möchte, kann ich jetzt nicht mehr weinen, wie ich es früher tat.
K (0) Ich bin gereizter als sonst.
  (1) Ich bin rascher verärgert (oder gereizt) als gewöhnlich.
  (2) Ich bin ständig gereizt.
  (3) Alles, was mich gewöhnlich geärgert hat, berührt mich nicht mehr.
L (0) Ich habe das Interesse für andere Leute nicht verloren.
  (1) Ich interessiere mich weniger als gewöhnlich für andere Leute.
  (2) Ich habe fast alles Interesse für andere Leute verloren und habe wenig Mitgefühl für sie.
  (3) Ich habe alles Interesse für andere Leute verloren, sie sind mir total gleichgültig.

M (0) Ich kann mich so leicht entscheiden wie gewöhnlich.
  (1) Ich bin jetzt weniger selbstsicher und versuche, Entscheidungen aus dem Wege zu gehen.
  (2) Ich kann keine Entscheidungen mehr treffen, ohne daß man mir dabei hilft.
  (3) Ich kann überhaupt keine Entscheidungen mehr treffen.
N (0) Ich habe nicht das Gefühl, schlechter auszusehen als gewöhnlich.
  (1) Ich befürchte, daß ich gealtert oder unvorteilhaft aussehe.
  (2) Ich habe das Gefühl, daß ich zunehmend schlechter und unvorteilhafter aussehe.
  (3) Ich habe den Eindruck, häßlich und abstoßend zu wirken.
O (0) Ich arbeite so leicht wie vorher.
  (1) Es braucht eine zusätzliche Anstrengung, an etwas heranzugehen.
  (1) Ich arbeite nicht mehr so gut wie gewohnt.
  (2) Ich muß mir sehr große Mühe geben, um etwas zu unternehmen.
  (3) Ich bin unfähig, auch nur die kleinste Arbeit zu verrichten.
P (0) Ich schlafe so gut wie gewöhnlich.
  (1) Am Morgen wache ich müder auf als sonst.
  (2) Ich wache ein bis zwei Stunden früher auf als sonst, und ich habe dann Mühe, wieder einzuschlafen.
  (3) Ich wache jeden Morgen sehr früh auf, und ich kann nicht mehr als fünf Stunden schlafen.
Q (0) Ich werde nicht rascher müde als gewöhnlich.
  (1) Ich werde rascher müde als gewöhnlich.
  (2) Alles, was ich tue, macht mich müde.
  (3) Ich fühle mich zu müde, um irgend etwas zu tun.
R (0) Mein Appetit ist nicht schlechter als gewöhnlich.
  (1) Mein Appetit ist nicht so gut wie gewöhnlich.
  (2) Mein Appetit ist jetzt viel schlechter.
  (3) Ich habe überhaupt keinen Appetit mehr.
S (0) Ich habe nicht an Gewicht verloren – oder, wenn ich abgenommen habe, seit ganz kurzer Zeit.
  (1) Ich habe mehr als 2 Kilo abgenommen.
  (2) Ich habe mehr als 4 Kilo abgenommen.
  (3) Ich habe mehr als 7 Kilo abgenommen.
T (0) Ich habe keine kürzliche Veränderung in meinen sexuellen Interessen bemerkt.
  (1) Ich interessiere mich weniger als gewöhnlich für Sexuelles.
  (2) Ich interessiere mich viel weniger für Sexuelles.
  (3) Ich habe jedes Interesse für Sexuelles verloren.
U (0) Meine Gesundheit beschäftigt mich nicht mehr als gewöhnlich.

(1) Ich bin sehr mit Unwohlsein und Schmerzen beschäftigt, zum Beispiel mit Bauchweh oder Verstopfung, oder mit anderen unangenehmen körperlichen Empfindungen.

(2) Meine körperlichen Empfindungen beunruhigen mich so sehr, daß es mir schwierig wird, an etwas anderes zu denken.

(3) Ich bin von meinen körperlichen Empfindungen vollkommen in Anspruch genommen.

Dienten die Items A – U in erster Linie der Feststellung von Depressionen, so die von Pichot ergänzten Items a – l der Feststellung von Angstmomenten innerhalb der Depression.

a (0) Ich fühle mich entspannt.
(1) Ich bin manchmal etwas aufgeregt.
(2) Ich bin oft bedrückt.
(3) Ich bin ständig bedrückt.

b (0) Es braucht wirklich viel, um mich zu beunruhigen.
(1) Ich rege mich über Kleinigkeiten auf.
(2) Ich bin ständig über etwas beunruhigt.
(3) Ich bin sicher, daß etwas passieren wird.

c (0) Ich habe nicht mehr Geldschwierigkeiten als gewöhnlich.
(1) Ich habe zur Zeit einige Geldsorgen.
(2) Ich befinde mich in einer sehr schwierigen finanziellen Situation.
(3) Ich habe nicht einmal mehr das Nötigste zum Leben.

d (0) Ich fühle mich frisch und munter wie immer.
(1) Ich kann nichts mehr so leicht tun wie vorher.
(2) Ich habe Mühe, an etwas heranzugehen, und ich bin sehr langsam.
(3) Ich brauche viel zu viel Zeit, um etwas zu tun, und ich komme nirgends hin damit.

e (0) Ich habe keine Mühe, an einer Arbeit zu bleiben oder zu lesen.
(1) Ich kann nur schwer bei einer Sache bleiben.
(2) Ich kann mich nur mit Mühe auf die kleinste Beschäftigung konzentrieren.
(3) Ich bin absolut unfähig, mich auf etwas zu konzentrieren.

f (0) Ich habe keine Gedanken, die mich verfolgen.
(1) Mir kommt oft dieselbe Idee, und ich kann ihr nicht ausweichen.
(2) Immer derselbe Gedanke verfolgt mich, wenn ich allein bin, und ich kann ihn nicht verscheuchen.
(3) Ich muß immer an dasselbe denken und kann gar nicht mehr auf das achten, was man mir sagt.

g (0) Ich habe denselben Appetit wie gewohnt.
(1) Ich esse bei allen Mahlzeiten mehr.
(2) Ich esse oft zwischen den Mahlzeiten.

(3) Ich muß ständig essen.
h (0) Es beruhigt mich, still zu bleiben.
  (1) Ich fühle mich beengt und muß mich bewegen.
  (2) Ich kann mich nicht mehr stillhalten.
i (0) Ich schlafe jeden Abend leicht ein.
  (1) Ich brauche oft längere Zeit, um einzuschlafen, nachdem ich mich hingelegt habe.
  (2) Ich kann abends nur sehr schwer einschlafen.
j (0) Was anderen passiert, berührt mich manchmal sehr.
  (1) Was anderen passiert, interessiert mich nicht mehr so sehr.
  (2) Ich habe Mühe, mich für jemanden zu interessieren, selbst für jemanden aus meiner Familie.
  (3) Ich kann mich für niemanden mehr interessieren, auch nicht mehr für jene, die mir am nächsten standen.
k (0) Ich bin sicher, daß ich gesund werden kann.
  (1) Ich habe eine Krankheit, die schwer zu heilen ist.
  (2) Ich habe kaum noch Hoffnung, gesund zu werden.
  (3) Niemand kann mir helfen, ich werde niemals gesund.
l (0) Ich habe den Eindruck, daß meine Gedanken so klar sind wie gewohnt.
  (1) Ich habe hie und da noch seltsame Gedanken, die ich aber verscheuchen kann.
  (2) Sobald ich allein bin, kommen wieder die gleichen Ideen, und ich kann sie nur sehr schwer verscheuchen.
  (3) Immer die gleichen Gedanken verfolgen mich ständig, und ich kann sie nicht verscheuchen.

Das Maß der Angst oder Ängstlichkeit einer untersuchten Person oder das entsprechende Durchschnittsmaß einer Gruppe wird durch einfaches Zusammenzählen der Werte ermittelt, die den einzelnen Angst-Indikatoren vorher zugeschrieben wurden. So kommt man z. B. zur Feststellung, daß eine Gruppe von unauffälligen Personen einen sehr viel niedrigeren Angst-Wert aufweist als eine Gruppe von psychiatrischen Patienten. Es gibt aber auch noch sehr viel kompliziertere mathematische Berechnungen, die sich der Korrelationsstatistik und Faktorenanalyse bedienen. Durch diese Methoden sollen die Häufigkeitsbeziehungen der einzelnen Variablen bzw. Angst-Indikatoren auf eine beschränkte Anzahl von Dimensionen oder Faktoren reduziert werden, so daß sich auf rechnerischem Wege Grundformen der Angst mit jeweils zusammengehörender Symptomatik herausstellen. So wurde der in den Vereinigten Staaten gebräuchlichste

Angst-Fragebogen, die *Manifest Anxiety Scale* (MAS) nach J. Taylor (1953), faktorenanalytisch aufgegliedert.[10] Es gibt übrigens auch eine deutsche Fassung der MAS, die *Saarbrücker Liste*. Der französische Psychiater Pichot hat einen amerikanischen Depressions-Fragebogen nach Beck und Mitarbeitern mit 21 der wichtigsten Symptome der Depression um 12 weitere Items erweitert, die sich zur Feststellung von Angst eignen. Die faktorenanalytische Bearbeitung des Beck-Pichotschen Fragebogens, angewendet auf 80 Patienten der Basler Psychiatrischen Universitätsklinik[11] ergab, was für den Kliniker nicht erstaunlich ist, daß ältere Patienten signifikant ängstlicher sind als jüngere. Außerdem zeigte die Untersuchung der Interkorrelation aller Faktoren dieses Tests eine Zweiteilung des Bildes der Angst bei Depressionen: Nicht nur, wie längst bekannt, die motorisch unruhigen Depressiven sind in der Regel zugleich auch ausgesprochen ängstlich, sondern Angst, und zwar mit hypochondrischer Färbung, findet sich auch gehäuft bei jener anderen Gruppe von Depressiven, die durch Hemmung, Verlangsamung und traurige Verstimmung charakterisiert ist.*

Im allgemeinen kann man wohl nicht sagen, daß die Versuche einer Quantifizierung der Angst bisher zu wesentlich neuen klinischen oder allgemeinpsychologischen Einsichten geführt haben. Dafür sind die Verhältnisse zu komplex, die Untersuchungsergebnisse zu widersprüchlich. Doch handelt es sich hierbei um eine Methode, die das Verdienst beanspruchen kann, die psychologische Beschäftigung mit Angst überhaupt in hohem Maße gefördert zu haben.

Angst und Lernen

Wenn wir uns nun den meßbaren Wechselbeziehungen zwischen Angst und Lernen zuwenden, so beginnen wir am besten doch wieder mit einem Tierexperiment. Die Amerikaner R. M. Yerkes und J. D. Dodson studierten an Mäusen den Einfluß von Schmerz und triebhafter Furcht – gemessen an der Intensität elektrischer

---

* Der auf S. 72 ff. abgedruckte Beck-Pichotsche Fragebogen erfaßt nur die depressive Angst, nicht die mehr isolierten phobischen Ängste, auch nicht die Sozialangst und sonstige mehr oder minder real begründete Befürchtungen (vgl. dazu die Kapitel über soziale Angst und Psychopathologie).

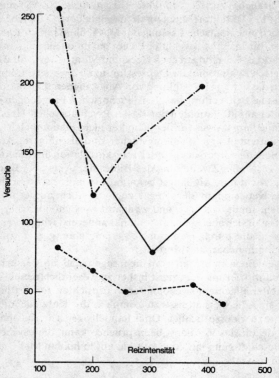

Die drei Kurven stellen das mit triebhafter Furcht variierende Lernvermögen von Mäusen dar, aus dem die amerikanischen Psychologen Yerkes und Dodson bereits 1908 das nach ihnen benannte »Gesetz« ableiteten. Das Lernvermögen ist um so höher oder besser, je niedriger der Wert der für die Lösung der Aufgabe benötigten Versuche ist (Ordinate). Die zur Aufgabenlösung treibende Spannung – wohl eine Mischung von Schmerz und Angst – wird durch elektrische Schläge verschiedener Intensität erzeugt (Abszisse). Die beiden oberen Kurven stellen die Verhältnisse bei großer und mittlerer Schwierigkeit dar. Hier bewährt sich das Yerkes-Dodson-Gesetz: Die rascheste Aufgabenlösung wird durch mittlere Reizintensitäten, d. h. durch einen mittleren Schmerz-Angst-Zustand, erzielt, während die Ergebnisse bei geringen und extremen Unlustspannungen, gemessen an der Intensität der verabfolgten elektrischen Schläge, deutlich schlechter sind. Die unterste Kurve bezieht sich auf einfache Aufgabenstellung (im vorliegenden Falle auf die Unterscheidung starker Helligkeitsunterschiede). Dabei gilt das Yerkes-Dodson-Gesetz offensichtlich nicht; die schnellste Aufgabenlösung ergibt sich bei höchster Reizintensität bzw. Unlust- oder Angst-Spannung.

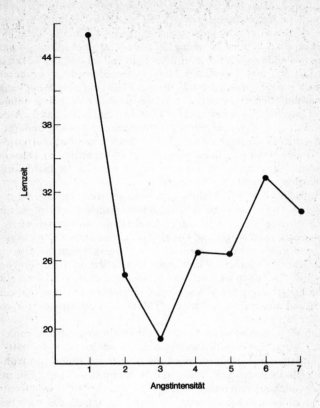

Angstintensität

Die von Matarazzo und Mitarbeitern an 101 männlichen Versuchspersonen gewonnene Kurve läßt erkennen, daß die Regel von Yerkes und Dodson auch für die Beziehung zwischen Lernen und allgemeiner Angstbereitschaft beim Menschen gilt. Die Vpn wurden nach der Taylorschen Manifest Anxiety Scale – diese ist auch für die Bestimmung habitueller Ängstlichkeit verwendbar – nach dem Grade ihrer Ängstlichkeit eingeteilt (Abszisse). Sodann wurde die Zeit gemessen, die eine jede Vp zur Erlernung einer bestimmten Aufgabe benötigt (Ordinate). Die auch hier etwa U-förmige Kurve zeigt, daß die in mittleren Graden Ängstlichen am schnellsten lernen. Spätere Untersuchungen von Stennet ergaben eine ähnliche kurvilineare Beziehung zwischen situativer Angst und Lernerfolg beim Menschen (aus: E. E. Levitt, *The Psychology of Anxiety*).

Schläge – auf die Fähigkeit, zwischen einer hellen, harmlosen und einer dunklen, elektrisierenden Käfigabteilung zu unterscheiden. Bei großen Helligkeitsunterschieden beider Kammern hatte die elektrische Schmerzerzeugung keinen deutlichen Einfluß auf das Unterscheidungslernen; deutlich wurde der Einfluß des Elektrisierens erst bei geringeren Helligkeitsgraden, d. h. größerer Schwierigkeit der Aufgabe. In diesem Falle folgte die Beziehung zwischen Trieb in Gestalt des Strebens nach Schmerzvermeidung oder psychologisch gesprochen »Furcht« einerseits und Lernen der richtigen, d. h. der schmerzvermeidenden Lösung andererseits einer U-förmigen Kurve: Bei geringen und hohen Reizintensitäten werden mehr Fehler gemacht als bei mittleren. Diesem schon 1908 erhobenen Befunde, zum wenn auch nicht ausnahmslos geltenden »Yerkes-Dodson-Law« verallgemeinert, entspricht die Alltagserfahrung, daß ein *gewisser* Druck, eine gewisse mittlere ängstliche Besorgnis hinsichtlich des Erfolges für Lernleistungen aller Art förderlich sein kann, während zuwenig, aber auch zuviel Angst und Druck das Lernen entweder nicht genügend motiviert oder allzusehr stört. Das hat sich auch beim Menschen experimentell bestätigen lassen: Sowohl Gruppen von Nicht-Ängstlichen wie auch von Allzuängstlichen, gemessen mit dem Fragebogen der MAS, lernen schlechter als Gruppen mit habituell mittlerer Ängstlichkeit (Matarazzo et al.; zitiert nach Levitt[12]).

Beim Menschen ist natürlich alles Lernen ein wesentlich komplexerer Vorgang als beim Tier. Sprache, Tradition, Gesellschaftssystem und Kultur beeinflussen menschliches Lernen von frühster Kindheit an vor allem durch Vermittlung der Eltern. Menschliches Lernen ist freier, kreativer, origineller, weit weniger in unwandelbare Instinktgrenzen gezwängt, als das auch bei den am weitesten entwickelten Säugetieren, den Primaten, der Fall ist. Von der Komplexität seiner Aufgaben wie auch von den individuellen und gesellschaftlichen Voraussetzungen her ist es weit schwieriger unter feste Regeln zu bringen als tierisches Lernen. Dies gilt auch für das vom Angst-Affekt getriebene Lernen, auf dessen Erhellung von den experimentierenden Psychologen unendlich viel Mühe verwendet worden ist. Menschenexperimente mit künstlich induzierter Angst können sich natürlich nur auf relativ harmlose Laboratoriumsbedingungen stützen: auf das Stellen von schwer lösbaren oder ganz unlösbaren Aufgaben, bei denen Mißerfolge die Vpn unsicher machen, auf Tests, die von Tadel, scharfer Kritik oder offenem Hohn begleitet, durch Androhung von Unannehmlichkeiten und was dergleichen Tricks mehr sind, verschärft werden – Tests, die sich dann bei ein und derselben Person oder Gruppe nicht gut wiederholen lassen und bei denen es stets ungewiß bleibt, wieweit sie von vornherein ernst genommen werden. Man testet mit physiologischen Methoden oder mit dem Angst-Fragebogen aber auch Personen, die unter echten Angst-Bedingungen stehen, z. B. Fallschirmspringer im Training, Patienten vor Operationen, auf dem Zahnarztstuhl, Examenskandidaten. Die Mehrzahl derartiger Experimente wurde angestellt, um Hypothesen über den energetisierenden Einfluß triebanaloger Angst auf die Lernfähigkeit zu prüfen. Dabei treten neben anderen Variablen vor allem die vom Organismus bereitgehaltenen oder durch frühere Erfahrungen erworbenen Reaktionsmuster wie auch die verschiedenen Komplexitätsgrade der betreffenden Aufgaben ins Spiel. Da überwiegend mit studentischen Vpn gearbeitet wurde, erwies sich die Prüfungsangst *(test anxiety)* als besonders geeignetes Untersuchungsobjekt. Sie wurde von Mandler und Sarason mit einem besonderen Fragebogen (TAQ gleich *Test Anxiety Questionnaire*) studiert.[13] Die Prüfungsangst des Menschen bietet Besonderheiten, die am Tier durch Schmerzreize oder andere biologische Streß-Situationen nicht reproduzierbar sind. Sie bezieht ihren spezifischen Charakter aus einem überindividuellen, kulturell-gesellschaftlich determinierten Leistungsstreben, aber auch aus den individuell sehr verschiedenen Dispositionen zu Ehrgeiz und Selbstsicherheit oder zu Verzagtheit und Entmutigung. Mandler und Sarason fanden zwei Typen der Aufgabenbewältigung unter Angst: einen sachbezogenen, für den die Prüfungssituation mit ihrer ängstlichen Spannung stimulierend und förderlich ist, und einen subjektbezogenen, der alsbald im Gefühl der Unfähigkeit und Hilflosigkeit versinkt und den somatischen Begleiterscheinungen affektiver Erregung, wie Schwitzen, Zittern und dergleichen, anheimfällt. Der genannte TAQ-Fragebogen differenziert zwischen diesen beiden, jedem Examinator bekannten Typen. Bei künstlich gesetzten Mißerfolgserlebnissen erbringen die sachbezogenen, weniger ängstlichen Vpn bessere Leistungen als die ängstlichen. Werden faktisch schwierige Aufgaben, die den Vpn fälschlich als leicht und bei durchschnittlicher Intelligenz gut zu bewältigen hingestellt wurden, Gruppen mit verschieden hohen Ängstlichkeitsgraden dargeboten, so schneiden wiederum die weniger Ängstlichen besser ab als die Ängstlichen. Die weniger Ängstlichen fühlen sich eben durch die unerwarteten Schwierigkeiten und Mißerfolge minder bedroht und verunsichert als die von Haus aus Ängstlichen. Verbindet man mit den Prüfungsaufgaben beruhigende Versicherungen, etwa derart, daß langsame Fortschritte und Fehler das Übliche seien, so verbessern solche Versicherungen deutlich die Leistung der Ängstlichen, während sie bei Nichtängstlichen das Gegenteil bewirken, wohl weil sie das persönliche Engagement und die Mühegabe verringern. Aus diesen und ähnlichen experimentellen Erfahrungen ziehen Mandler und Sarason den Schluß, daß die interferierende Rolle der Angst im Lernprozeß auf der Furcht des Lernenden vor dem Mißerfolg beruht.

Schwierig zu beurteilen sind komplexe Lernaufgaben, die mehrere Lösungen zulassen. Wie verhält sich die Vp unter solchen multivalenten Bedingungen? Nach der Theorie von Spence und der Iowa-Schule wird die jeweilig stärkere Reaktionsgewohnheit *(habit)* bevorzugt, d. h. dasjenige Reaktionsmuster, das sich durch frühere Erfahrungen am stärksten eingeprägt hatte. Wenn aber für bestimmte komplexe Aufgaben keine Hierarchie von *habits* existiert, sondern zugleich mehrere relativ schwache Reaktionsmuster angesprochen werden, ist die Folge die, daß unpassende, der Aufgabenlösung nicht dienliche Verhaltensweisen energetisiert werden, aus denen sich dann erst allmählich *die* oder *eine* richtige herauskristallisiert. Diese rückt dann an die Spitze der Hierarchie der Reaktionsgewohnheiten und wird von nun an sofort und eindeutig bevorzugt. Diese Verhältnisse lassen sich auch formelmäßig-mathematisch ausdrücken, sind aber bei der Vielzahl von Variablen menschlichen Verhaltens doch niemals bis zur Voraussagbarkeit durchsichtig zu machen.[14] Eine abweichende Auffassung der Yale-Schule haben wir anhand der Arbeiten von Mandler und Sarason schon gestreift: sie geht ebenfalls davon aus, daß Angst ein erworbener Trieb oder ein Triebanalogon ist, orientiert sich aber primär am Verhältnis der Vp zur Aufgabe und nicht an deren Komplexitäts- oder Schwierigkeitsgrad. Das aufgabenbezogene Individuum zeigt sich zu testrelevanten Lösungen disponiert, seine Angst wird durch Erfolgserlebnisse reduziert. Dominiert hingegen die Angst als

Furcht vor dem Mißerfolg, so bewirkt sie das Gegenteil, nämlich nicht ihre eigene Reduzierung durch Aktivierung testrelevanter Verhaltensweisen, sondern vielmehr das Auftreten test*irrelevanter* Reaktionen, zu denen neben unzweckmäßigen, panikartigen Handlungen auch das Bestreben gehört, sich der Aufgabe zu entziehen. In der Yale-Theorie wird also stärkeres Gewicht darauf gelegt, wie die Lern- bzw. Aufgabensituation von der Vp aufgefaßt wird, als auf den objektiven Komplexitäts- und Schwierigkeitsgrad der Aufgabe selbst. Sie ist insofern einer menschlichen Erlebnispsychologie näher als die Iowa-Theorie. Im Grunde aber handelt es sich bei diesen verschiedenen Auffassungen doch immer um das gleiche Problem, das schon von Yerkes und Dodson gesehen wurde und das sich auch aus der Alltagsbeobachtung ergibt: daß Angst einen zweideutigen Effekt auf Lernen und Leisten ausübt, auf der einen Seite fördernd, auf der anderen Seite störend, ja geradezu destruktiv wirkt. Doch ist es nicht regelmäßig so, daß hohe Angstgrade störender sind als mittlere oder niedrige. Interessante kinderpsychologische Experimente von Ruebush im Jahre 1960[15] haben ergeben, daß bestimmte Aufgaben, die zu ihrer richtigen Lösung langsames und bedächtiges Vorgehen und eine zwanghafte Genauigkeit voraussetzen, von ängstlichen Schulkindern besser bewältigt werden als von nicht-ängstlichen.

Habituelle Angst

Experimentelle und quantifizierende Methoden hat man auch zur *charakterologischen Bestimmung habitueller Angst* angewendet. Am bekanntesten sind die Befunde des englischen Psychologen Eysenck, der ein eigenes persönlichkeitspsychologisches Modell entwickelte und strukturelle Züge von ängstlicher Verstimmtheit, Neigung zu pathologischen Angstzuständen und Zwangserscheinungen darin lokalisierte: Solche teils noch als normal zu bezeichnenden Temperamentsvarianten, teils schon dysthymneurotische Leidenszustände finden er und seine Mitarbeiter auf Grund faktorenanalytischer Berechnungen in einem Sektor, der in der einen Dimension durch allgemeinen Neurotizismus (emotionale Instabilität), in der anderen durch Introversion gekennzeichnet ist. Die Introvertierten neigen nach Eysenck zu einer

»Übersozialisation« durch Aufbau eines übermäßig starken Über-Ichs im Sozialisationsprozeß. Diese Tendenz beruhe letztlich auf einem Überwiegen von Erregungsprozessen im autonomen Nervensystem bei Introvertierten. Wo solche mit Angst verbundenen Erregungsprozesse dominieren, entstehen Verhaltenskonditionierungen nach sozialen Mustern, die diese dysthymen Menschen skrupulös und übergewissenhaft werden lassen, während die extravertierten Menschen zwar unabhängig von inneren Gewissensängsten, aber auch ungeschützt durch derartige innere Kontrollmechanismen nicht skrupulös wirken, dafür aber um so mehr auf die unmittelbare Kontaktfindung und Kontrolle von seiten der sozialen Umwelt angewiesen sind.[16]

Nach den meisten experimental-psychologischen Ergebnissen ist jedoch die Existenz eines einheitlichen, zur Angst disponierenden Persönlichkeitstypus zu bezweifeln. Wohl bestehen experimentell, d. h. mittels der Fragebogenmethoden gewonnene Anhaltspunkte für die Annahme, daß die Neigung zu ängstlichen Affekten in enger Beziehung zu bestimmten anderen Persönlichkeitszügen steht: zu geringem Selbstbewußtsein, Schuldgefühlen, Tagträumen, verringerter Neugier als Ausdruck einer Furcht vor allem Neuen u. a. Doch ergeben die diesbezüglichen Untersuchungen noch kein einheitliches Bild. Widersprüchliche Befunde können hypothetisch durch verschiedene (verleugnende, projektive, regressive, zwanghafte, verdrängende) Abwehrstrategien gegenüber der inneren Bedrohung durch Angst erklärt werden – experimentell bewiesen ist aber in dieser Hinsicht noch nichts. Auch die bekannte, auf Sigmund Freud und Wilhelm Reich zurückgehende Lehre, daß sich fixierte Charakterzüge aus habituellen Abwehrmechanismen im Sinne der »Charakterpanzerung« entwickeln, entbehrt experimentell-empirischer Sicherung.

Von besonderen angstprovozierenden Situationen, die psychologisch genauer untersucht wurden, möchten wir neben der bereits besprochenen Prüfungsangst noch zwei weitere Angst-Situationen erwähnen: die präoperative Angst vor chirurgischen Eingriffen – eine vielen bekannte Angst, von der selten gesprochen wird. Hier haben Untersuchungen der amerikanischen Psychologen Janis und Rothenberg[17] ergeben, daß besonders niedrige und besonders hohe Grade präoperativer Furcht am häufigsten zu postoperativen emotionalen Störungen führen, während das seelische Gleichgewicht nach der Operation am besten gewahrt bleibt, wenn vorher ein mittlerer Grad von Angst die Anpassung an die neue Situation motiviert und fördert – eine curvilineare Beziehung, die der Yerkes-Dodson-Regel entspricht. Die postoperative Angst besteht nach Ansicht von Janis meist darin, daß die Patienten in unbelehrbarer Weise der Überzeugung sind, die Operation sei mißlungen und bleibender Schaden entstanden. Eine andere, wiederum experimentell erzeugte Angst ist Folge von Versuchen mit totaler sensorischer Isolierung und Abschaltung *(sensory deprivation)*. Diese von allen Sinnesreizen möglichst abgeschirmten, in lautlosem Dunkel gehaltenen Vpn klagen nicht selten über äußerst quälende Angstzustände, die bis zu

Die zweidimensionale Tafel der Temperamente, wie sie der englische Psychologe H. J. Eysenck aufstellte. Die eine Dimension zeigt die emotional-neurotische Labilität, die andere den Grad an Intro- bzw. Extraversion. Im Prinzip entspricht dieses Modell der alten Lehre von den vier Temperamenten: Melancholiker, Choleriker, Sanguiniker und Phlegmatiker.

unrealistischen Befürchtungen und halluzinatorischen Erlebnissen gehen. Hier soll es starke individuelle Verschiedenheiten geben, jedoch kaum eine Vp in solcher Situation von Angst ganz unbeeinflußt bleiben.[18]

P. J. Lang kommt in einer Gesamtwürdigung der experimentellen Angstforschung am Menschen zu der folgenden Aussage: Die zahlreichen Daten zeigen, daß Furcht *(fear)* nicht irgendeine »harte« phänomenale Gegebenheit ist, sondern ein »Gewebe« von *responses,* in denen *ein* Reaktionssystem tiefgreifenden Einfluß auf andere hat. Es seien daher integrierte Begriffe nötig; die vielfältigen experimentellen Daten fordern das. Die Beziehung zwischen Verhaltenssystemen ist in den Vordergrund gerückt; Angst wird nicht mehr als einheitliche Reaktion gesehen. Die Erlebnisseite, das Verhalten (Flucht, Vermeidung) und die vegetativen Reaktionen variieren nur in lockerer Abhängigkeit voneinander.[19]

Anmerkungen

1 Blöschl, Lilian, *Grundlagen und Methoden der Verhaltenstherapie.* Bern–Stuttgart–Wien 1969.
Fröhlich, Werner D., »Angst und Furcht«. In: *Handb. d. Psychol.* 2. Bd. Hrsg. v. H. Thomae. Göttingen 1965, S. 513.
Eyferth, Klaus, »Lernen als Anpassung«. In: *Handb. d. Psychol.* 1. Bd., 2. Halbbd. Hrsg. v. K. Gottschalk u. a. Göttingen 1964, S. 76.
Graumann, Carl F., *Einführung in die Psychologie. 1. Motivation.* Frankfurt a. M. 1969.
Levitt, E. E., *The Psychology of Anxiety.* Indianapolis, New York, Kansas City 1967.
Spielberger, Charles D., *Anxiety and Behavior.* New York und London 1966.
2 Leyhausen, P., »Zur Naturgesetzlichkeit der Angst«. In: *Die politische und gesellschaftliche Rolle der Angst.* Hrsg. v. Wiesbrock. Frankfurt a. M. 1967, S. 94.
3 Levitt, E. E., *a. a. O.,* S. 27f. u. 148f.
4 Graumann, C. F., *a. a. O.,* S. 64
5 Mowrer, A. H., »Pain, Punishment, Guilt, and Anxiety«. In: *Anxiety.* Hrsg. v. Hoch und Zubin. New York und London 1964, S. 34.
6 Graumann, C. F., *a. a. O.,* S. 64.
7 Fröhlich, W. D., *a. a. O.,* S. 528.

8 Cohen, R., »Versuche zur Quantifizierung der Angst«. In: *Aspekte der Angst*. Hrsg. v. v. Ditfurth. Stuttgart 1965, S. 89.
»Zum Begriff der Angst in der differentiellen Psychologie«. In: *Konstanzer Universitätsreden*, Nr. 39. Konstanz 1971.

9 Pichot, P., »Die Quantifizierung der Angst«. In: *Angst. Psychische und somatische Aspekte*. Hrsg. v. Kielholz, Bern und Stuttgart 1967, S. 37.

10 Einzelheiten und weitere Meßmethoden bei Fröhlich, W. D., *a. a. O.*, S. 534 ff., und bei Pichot, P., *a. a. O.*, S. 41 u. 54 ff.

11 Blaser, P., »Die Messung der Angst mit einem Fragebogen«. In: *Angst. Psychische und somatische Aspekte*. Hrsg. v. Kielholz. Bern und Stuttgart 1967, S. 69.

12 Levitt, E. E., *a. a. O.*, S. 120.

13 zit. nach Levitt, *a. a. O.*, S. 72 ff., 130 f.

14 zit. nach Levitt, *a. a. O.*, S. 114.

15 zit. nach Levitt, *a. a. O.*, S. 126 f.

16 vgl. Blöschl, *a. a. O.*, S. 87 ff.; ferner: Eysenck, H.-J., und S. Rachman, *Neurosen. Ursachen und Heilmethoden*. Berlin 1967, S. 171 ff.

17 zit. nach Levitt, *a. a. O.*, S. 171 ff.

18 Levitt, *a. a. O.*, S. 179 f.

19 Lang, P. J., »The Mechanics of Desensitization and the Laboratory Study of Human Fear«. In: Franks, C. M. (Hrsg.), *Behavior Therapy*. New York 1969.

4 Soziale Angst

»Die Entscheidung in der Grundfrage der Gegenwart: Zur Angst oder weg von ihr? enthält implicite in sich die Möglichkeit einer allseitigen Anwendung«.[1] Georg Lukács, von dem dieses Zitat stammt, sieht hier mit Recht eine gegenwärtige, allseitige Angstbereitschaft, die sich aber vor allem sozial konkretisiert: in der Angst als gesellschaftlichem Phänomen. Man könnte seinen Satz auch ganz banal verstehen, etwa als sei die Frage gestellt: Zur Krankheit oder weg von ihr?, Zum Frieden oder zum Krieg?, Zum Sattwerden oder zum Hunger? – und jeder Mensch wird Gesundheit, Frieden und satt werden und angstfrei leben wollen. Aber diese Selbstverständlichkeit ist natürlich nicht der wirkliche Sinn einer Alternative, die sich »Entscheidung in der Grundfrage der Gegenwart« nennt. Gefragt ist vielmehr: Was sind die Bedingungen für eine mögliche »Angstfreiheit« als Freiheit von jener Art von Angst, in der der Mensch den Menschen fürchtet?
Denn, was sollte er sonst wohl fürchten – Naturkatastrophen und technische Katastrophen natürlich ausgenommen? Menschen, die sich, wie Lukács schreibt, »als wehrlose Opfer transzendenter, unerkennbarer oder übernatürlicher Mächte« *(ebd.)* auffassen, gibt es wohl nur noch im Bereich jener vorrationalen Kulturen, in denen ein Dämonenglaube herrscht. Das besagt aber, daß wir davon ausgehen, daß es in unserem Orientierungsraum, insofern er die möglichen Furchtanlässe erschließt, eine Art von Realitätsorientierung gibt, die Carveth Read als *Wahrnehmungsglaube* bezeichnet.[2] Das heißt: Furcht flößt uns nur ein, was dem gesunden Menschenverstand und der Wissenschaft als wirklich vorhanden gelten kann. Unsere Art von Menschenverstand und Wissenschaft beruht dabei auf der sinnlichen Wahrnehmung und wird durch sie kontrolliert. Das Gegenteil davon ist der *Vorstellungsglaube:* sich Dämonen vorzustellen und ihr bösartiges Lauern auf Schadenstiftung. Sie müssen durch Abwehrriten, Amulette und Vermeidungen von Tabus aus unserem Privatraum ferngehalten werden – so daß wenigstens in der nächsten Nähe, am eigenen Körper ein angstfreier Raum entsteht, mögen auch die bösen Geister »draußen« weiter lauern.[3] Solche Vorstellungen sind angstbeladen, aber nur, wenn man an sie glaubt. Für uns

sind sie angstfrei. Wir wissen: Solche Dämonen gibt es nicht. Aber gerade hieran müssen wir erkennen, daß die empirische Erfahrung – die wir allgemein Realität nennen – gar nichts ausmacht. Wir vermuten, von unserer Position des Wahrnehmungsglaubens aus, daß man es einem »armen, angstgepeinigten Wilden« (wie auch die ersten christlichen Missionare meinten) doch nur vorzumachen brauche, daß man nicht krank wird, wenn man den Dämonen nicht opfert, die Tabus der Totemklasse nicht einhält, die Sitten und Rituale verletzt, die Symbole zerstört. Aber, da hier anders gedacht wird, da vor allem unsere rein wahrnehmungsgebundenen Kausalvorstellungen gar nicht akzeptiert sind, schließt ein solcher Dämonengläubiger daraus höchstens, daß die Europäer von den Dämonen verschont worden sind. Weshalb – darüber lassen sich dann sogar Theorien bilden. Was also die transvisiblen Mächte als Furchtquellen betrifft, so ist die Vorstellung von ihrer Existenz derart festgefahren, »internalisiert«, im Inneren des einzelnen mit fragloser Evidenz gewußt, daß ihre empirische Infragestellung nur zur Auffüllung weiterer Hilfsvorstellungen, zu theoretischer Hilfskonstruktion führt – aber nicht zum Gegenbeweis, nicht zur Preisgabe des Theorems.

Natürlich lebt auch der Dämonengläubige in der Welt der empirischen Realität, aber er kennt noch eine zweite, eine Überwelt. Das zeigt sich z. B. an dem weitverbreiteten Glauben an Ordale, an magische Gottesurteile. Wer normalerweise die Hand ins Feuer hält, verbrennt sich. Wer es aber unter Anrufung eines Schutzgeistes tut, so glaubt man, bleibe verschont. Das Spirituelle, die Unsichtbaren haben eine Art von Macht, die an kein Naturgesetz gebunden sei. Einen solchen Glauben kann kein Gegenbeweis erschüttern. Die Unsichtbaren können bestenfalls durch vertragsartige Verhaltenseinschränkungen, durch Freiheitsopfer in einem kleinen Umkreis abgewehrt werden. Die Angst vor unsichtbaren personalen Kräften ist offenbar irrational.[4]

Damit sind wir bei einer Schlußfolgerung, die vor allem Sigmund Freud ausgearbeitet hat: daß die rational nicht widerlegbare Angst, die Angst des Vorstellungsglaubens, tiefer liegende Wurzeln haben müsse. »Sobald der Mensch in eine Schwierigkeit gerät, hat er die Wahl, diese mit Hilfe seiner eigenen Erfindungskraft zu überwinden oder sich in sich selbst zurückzuziehen und sie in der Phantasie zu überwinden; er kann sich nach außen oder nach innen wenden: Letzteres ist die Methode der Magie oder, psychologisch ausgedrückt, *Autismus*. Zauberer glauben, daß sie durch Worte und Sprüche die Welt verändern können. Sie gehören zu jener noblen Sorte von Leuten, die das Denken überbewerten.«[5]

Sigmund Freud nennt das die »Allmacht der Gedanken«. Sie ist für die sogenannte narzißtische Phase innerhalb der Entwicklung des Kindes kennzeichnend, in der es versucht, seine Schwierigkeiten in der Phantasie zu überwinden, Aktion durch Denken zu ersetzen. Aber für das Kind gilt ebenso wie für den sogenannten primitiven Dämonenglauben, daß beides, die Kausalreihe des Unsichtbaren und die Kausalreihe des Sichtbaren, faktisch nebeneinander gesehen werden kann, nicht etwa nur die eine oder nur die andere. Der Angstabwehr dienen alle jene magischen Vorstellungssysteme, die eine Überschneidung der beiden Kausalreihen und die Dominanz der spiritualen Welt behaupten und dann entsprechende Gegenmaßnahmen daraus ableiten.

Daß Gedanken mächtig erscheinen, daß Ideologien einer Steigerung des Machtgefühls dienen, das unmittelbar die Welt verändern will – also der Glaube an empirisch nicht verifizierbare oder falsifizierbare Welt- oder Gesellschaftsdeutungen: dies alles kann auch aus jener Phase der narzißtischen Angstabwehr abgeleitet werden. Man nimmt dann nicht nur das Magische, sondern jede Art von philosophischem Prinzipiendenken, das sich auf Weltveränderung am Leitfaden außerempirischer Gedankengebäude bezieht, als abkünftig von einem ursprünglichen Glauben an die »Allmacht der Gedanken«. Welche Entwicklung eine Kultur jeweils genommen hat: ob sie den Vorstellungsglauben bis zu hochkomplizierten Götter- und Geisterwelten mit prachtvollen Tempeln und rituellen Lebensregeln weiterentwickelte oder ob sie den Wahrnehmungsglauben bis zur völligen Entideologisierung unserer Orientierungsräume zum reinen Pragmatismus vereinseitigte – immer wird versucht, die Welt zu deuten und sie dann angstfrei zu gestalten. Auch die Bewohner einer Gesellschaftskultur, die Zauberei institutionalisiert, wollen eben auf diese Weise angstfrei leben. Sie haben freilich weniger Erfolg als die empirisch-rational, pragmatisch aus Versuch und Irrtum lernenden Gesellschaften.

Auch das Christentum dient – religionsgeschichtlich gesehen –

mit der Botschaft »Fürchtet Euch nicht« der Angstabwehr. Die darauf aufgebaute säkularisierte, kooperative Gesellschaftsauffassung, in welcher sich jedermann an seinem beruflichen Platz als aktives Mitglied einer menschlichen Gemeinschaft versteht, »in welcher seiner Aktivität eine gewisse, größere oder kleinere, jedenfalls aber für deren Geschick mitbestimmende Rolle zukommt« (Lukács, *ebd.*), ist heutzutage unter uns wohl allgemein. Die reale Angstbekämpfung betrifft das Verhältnis der Menschen untereinander. Damit treten wir in die Tradition der pragmatisch denkenden Kulturen ein. Wir sehen, daß die soziale Angst nicht verschwindet, auch wenn man aufgehört hat, an Zauberer zu glauben. Man weiß, daß auch die nach philosophisch-theoretischen Prinzipien konstruierten Gesellschaftsordnungen nichts hinsichtlich der Angstfreiheit ihrer Mitbürger geleistet haben – welche Eigentumsverhältnisse auch immer in ihnen herrschen mögen oder welches Demokratieverständnis auch immer sie theoretisch unterbaut. Da es *Menschen* sind, die Terror ausüben und Druck erzeugen, hat hier die praktische Frage anzusetzen: Wer ängstigt wen, warum und mit welchem Erfolg?
Diese Frage bedarf zu ihrer Beantwortung zunächst einer besseren und genaueren Ausarbeitung. Wie entsteht soziale Angst als Angst vor den Mitmenschen? Wie breitet sie sich aus? Wie wird sie gesellschaftlich aufgefangen, abgeleitet oder sogar eingesetzt? Wie verschwindet sie – beim einzelnen, bei Gruppen? Was bleibt, wenn sie verschwunden wäre – und welche Konsequenzen hätte das dann?
Danach gliedern wir unsere vorbereitenden Überlegungen in drei Abschnitte: die Sozialisation der Angst, die Diffusion der Angst, die Terminierung der Angst. Nach diesen drei Abschnitten folgt ein weiteres Kapitel. Gleichsam zur Illustration wollen wir in ihm eine Schilderung von extremen Angstherrschaften, sogenannten Terrorsystemen, anschließen. Erst am Extremfall wird vollends deutlich, was es mit der sozialen Angst auf sich hat.

Die Sozialisation der Angst

Hier muß vorweg auf eine terminologische Schwierigkeit aufmerksam gemacht werden. Wir im Deutschen benutzen das Wort »sozial« als Gegensatz von »unsozial« und meinen ein gesellschaftlich positives oder negatives Verhalten. Wir sprechen von sozialer Gesetzgebung, von unsozialem Mietwucher, vom unsozialen wirtschaftlichen Egoismus. Im Englischen bedeutet »social« etwas ganz anderes. Einerseits heißt es »gesellig«, »a social event« ist eine größere private Einladung, z. B. eine Geburtstagsfeier mit vielen Gästen. »Socialisation« heißt das Einfügen in das Miteinanderleben: als ein Prozeß, der in die Welt der Mitmenschen einführt. Jede neue berufliche Position erfordert in diesem Sinne, im englischen Sprachgebrauch, auch einen Sozialisationsvorgang. Man wird in einen neuen Kollegenkreis eingeführt und dort in den Arbeitsplatz, in den Arbeitsablauf, in das Arbeitsklima und den Arbeitsrhythmus eingewiesen. »Sozialisiert« hat man sich erst, wenn man darin zu Hause ist. Wenn wir aber hier von sozialer Angst sprechen, dann meinen wir weder den deutschen noch den englischen umgangssprachlichen Sinn von »sozial«, sondern den internationalen wissenschaftlichen Wortsinn. Danach heißt »sozial« soviel wie »innerhalb der menschlichen Kontakte«, und »Sozialisation« heißt wissenschaftlich »die Menge aller der Lernprozesse, mit denen Menschen aufeinander einwirken«. Sozialisation der Angst heißt also: Formen des Lernens von Angstempfindung und Angstbewältigung im Umgang von Menschen untereinander.

Die soziale Angst wäre das Ergebnis der Angst-Sozialisation. Unter sozialer Angst verstehen wir hier also ein – großes oder geringfügiges – Mehr an gefühlsmäßiger Reaktion, das über einen verständlichen und realen akuten Furchtanlaß hinausgeht. Man nimmt allgemein an, daß es zwei Bereiche sind, die zu dieser Angsttönung, dieser vorgegebenen irrealen Angstbereitschaft im zwischenmenschlichen Kontakt, in Beziehung stehen. Einmal wird dem familiären Erziehungsstil eine wesentliche Bedeutung beigemessen. Wobei zu vermuten ist, daß die Erziehungspraxis schichtspezifisch verschieden aussieht, und entsprechend auch die Angstbereitschaft. Außerdem wird ein diffuses gesellschaftliches Krisenbewußtsein angenommen, das vor allem politisch begründet wird. Dabei bleibt offen, ob diese Bedrohungsempfindlichkeit unmittelbar entsteht oder auch Folge der Angst-Sozialisation ist.

Bei solchen Theorien, denen wir uns jetzt zuwenden werden, ist vorauszuschicken, daß eine mehr oder weniger große Kluft zwischen den auslösenden oder bestimmenden Variablen und den daraus hergeleiteten Folgeerscheinungen besteht. Hier wirkt keine einfache Kausalbeziehung, sondern bestenfalls zeigen sich begründete Vermutungen über regelmäßige Zusammenhänge. Für streng ursächliche Interpretationen von gesellschaftlichen Angstphänomenen besteht noch kein solides, zweifelsfreies Wissen. Wohl aber zeigen sich einige gute Ansätze für verständliche Deutungen.

Ein zweiter, engerer Begriff von sozialer Angst versteht darunter lediglich die Lebens- oder Erfolgs-Angst, eine unspezifische diffuse Angst vor sozialen Sanktionen, vor wirtschaftlicher Ungesichertheit, vor persönlichem Geltungsverlust, vor sozialem Abstieg. Sie wird von Th. Scharmann und Schmidtke[6] als ein »Steckenbleiben in einer Labilisierungsphase«, eine Fehlentwicklung innerhalb der sozial-individualen Integration, aufgefaßt.

Scharmann zitiert Allison Davis: Aus »eigenen Untersuchungen über die permanente Wirkung von Motiven der Sozialisation glaubt sie feststellen zu können, daß es neben den affektiven Kräften der Realangst und der ... neurotischen Angst einen weiteren Typus sozialisierter und sozialisierender Angst bei normalen Personen gebe, die insbesondere im Kindes- und Jugendalter bewirkt und wirksam werde: die Angst vor sozialer Bestrafung. Diese hinsichtlich ihrer Erscheinungs- und Entstehungsformen schichtspezifisch determinierte Angst sei das Ergebnis einer intensiven und ständigen Erziehung durch die Eltern und die soziale Umgebung. Diese Angst besteht in der Befürchtung, daß der junge Mensch, wenn er in seinem Benehmen und in seinem Anspruchsniveau nicht den Verhaltenserwartungen und den beruflich-sozialen Zielorientierungen seiner Klasse entspreche, dadurch bestraft werde, daß ihm die elterliche Fürsorge und die Anerkennung der Gruppe entzogen würde«. Ob diese soziale Angst auch als Lernmotiv für soziale Integration in Frage kommt – oder sie behindert –, hängt sicher von den weiteren mitwirkenden Motiven des Bildungsprozesses ab.

Zum Phänomen der erlebten zwischenmenschlichen Angst gehören sicher mindestens zwei Personen: der *Ängstigende* und der *Geängstigte*. Dabei muß als erstes hervorgehoben werden, daß dieser Unterschied nicht mit dem des Mächtigen und des Ohnmächtigen zusammenfällt. Nur innerhalb des Angstgeschehens hat der Ängstigende zugleich auch eine gewisse Macht. In anderer Hinsicht, unmittelbar davor oder danach in einer angstfreien Situation, mag das gleich wieder anders sein. Wer mich mit vorgehaltener Pistole in Angst versetzt und Geld von mir will und mich vielleicht zwingt, ihm mein Portemonnaie zu überlassen, übt sonst – ohne Pistole, etwa als Fahrgast neben mir in der Straßenbahn – gar keine Macht über mich aus. »Ängstigen« kann also als der Erfolg von Machtausübung durch ein furchterregendes Machtmittel definiert werden. Es gibt aber auch nichtangstauslösende Machtmittel, z. B. das Hausrecht eines Hoteliers, das mich gar nicht ängstigt, solange ich als Gast ein normales Verhältnis zu ihm habe. Das heißt: Eine geregelte Befugnis wird nur dann als Angstquelle erlebt, wenn eine ständige habituelle Spannung zu dem Befugnisträger besteht. Erst beim Überschreiten von Regeln empfinden wir Angst, wenn wir den Ordnungshüter als Repräsentanten unseres Regelgewissens, aber auch als Machtinstanz zur Durchsetzung dieser Regeln erleben. Es wäre zwar ein angstfreier Zustand denkbar, wenn sich niemand um das Einhalten von Regeln kümmern und der allgemeine Ungehorsam auch keine Bestrafung der einzelnen mehr möglich machen würde. Der anarchische Zustand – das ist eine utopische Konstruktion – aber wäre auch dann möglich, »wenn der Mensch von Natur aus ein solidarisches Wesen wäre«[7], d. h., wenn jedermann auch ohne Kontrolle alle Regeln des menschlichen Zusammenlebens freiwillig einhielte.

Das kann auf das gesamte Ordnungssystem einer Kultur übertragen werden. Ein solches herrschaftsfreies, angstfreies Leben der freiwilligen Einsichten in selbstverständlich weiterbestehende, entwicklungsgeschichtlich gegebene, sozioökonomische, kulturelle, leistungsgesellschaftliche Notwendigkeiten, die der Mensch als *zoon politikon* realisiert, ohne daß Angst als Furcht vor Strafe oder Belohnungsverlust ihn antriebe – ein solches sogenanntes anarchistisches System wird immer wieder als politische Utopie vorgestellt. Es liegt beispielsweise auch der »antiautoritären« Erziehungsrichtung zugrunde. Man meint, es bedürfe nur einer Erziehungsform ohne »reward and punishment«[8], um die Menschen für eine herrschaftsfreie, d. h. eine überhaupt sanktionsfreie Gesellschaftsordnung tauglich zu machen. Es ist dies die moderne Version der vielen erziehungsutopischen Versuche in der Geschichte, durch pädagogische Maßnahmen den »neuen

Menschen für eine neue Welt« vorzubereiten, indem eine positive menschliche Urnatur, die nur durch die »herrschenden Zustände« verdorben werde, im Kinde wieder frei zum Durchbruch kommen könne. Dieser Erziehungsoptimismus ist letztlich die abstrakte Umkehrung des Syndroms vom »autoritären Charakter«[9], einem Typus, der durch eine strenge, vornehmlich strafende Erziehung gedrillt wird, aber nicht lernt, die humanen Werte unserer Kultur zu verinnerlichen. Der autoritäre Charakter ist also der Mensch, der Furcht einflößt, weil er Angst empfindet. Adorno und seine Mitarbeiter fanden einen engen – auch in späteren Untersuchungen mit anderen Methoden bestätigten – Zusammenhang zwischen der Neigung zum Aberglauben und zu Vorurteilen (Projektivität) und der Identifikation mit dem Angreifer, also mit einer ängstigenden Person, beispielsweise einer überstrengen Vaterfigur. Das läßt sich auch in Form der Frustrations-Angst-Aggressionstheorie schildern.[10] Der Ängstigende, der Angreifer, der Vater setzt Frustrierungen, nämlich Verbote. Es entsteht zunächst eine Auflehnung, eine Aggressionstendenz gegen ihn. Diese Oppositionshaltung wird aber wieder fallengelassen. Denn einerseits ist der Vater ja auch eine geliebte, Freude und Belohnungen vermittelnde Bezugsperson. Andererseits würde sich, wollte man sich wirklich für Versagungen an ihm rächen, das Gewissen regen: etwa in der Form, daß der Vater im Grunde recht habe und man ihm nichts antun dürfe. Diese »Verdrängung« der Aggressionsstrebungen gegen die väterliche Autorität geht aber noch weiter; sie wird unbewußt, jedoch dadurch nicht abgeschlossen, sondern nur umgewandelt. Es ist, als sagte sich der solchermaßen in einem Erziehungsprozeß stehende Jugendliche: Was bin ich doch für ein übler Kerl, daß ich meinen Vater angreifen wollte. Er nimmt also für den Vater Partei gegen sich selbst, nimmt ihn gleichsam in die eigene Willensbildung mit auf, identifiziert sich mit ihm, beschuldigt sich in der Form, wie er von ihm beschuldigt werden würde. Es entsteht so etwas wie ein unbewußter Wunsch zur Selbstbestrafung und Furcht vor sich selbst: Furcht, sich in einem unbewußten Arrangement nun selbst zum Ausgleich für die bösen Impulse etwas Ungutes zuzufügen. Da dieses alles aber unbewußt ist, erscheint die Spannungslage im Innern nur als allgemeine Angst im Bewußtsein – als diffuse Angstbereitschaft, deren Gefahrenquelle unerkannt bleibt und nach außen in irgendwelche kulturell angebotenen Angstträger, z. B. Dämonen oder »anonyme Mächte«, projiziert werden kann.[11]

Diese Darstellung bedeutet, daß überall, wo Frustrationen gesetzt werden – und Verbote gibt es in jeder Erziehung –, ungeachtet der Milde oder Härte des Strafsystems letztlich nach komplizierter innerer Verarbeitung Angstbereitschaft resultiert. Es kommt zur Furcht vor Selbstbestrafung. Sie ist verinnerlicht und zum Bestandteil der eigenen Gewissensbildung dort geworden, wo auch die Berechtigung der Verbote und die liebende Identifikation mit dem Verbotsträger mitwirken. In einer lieblosen Erziehung, die keine Verinnerlichungen der Erzieherpersönlichkeiten (Vater oder Mutter oder Miterzieher) zuläßt, wird lediglich das Bedrohtheitserlebnis verallgemeinert: das Gefühl der eigenen Schwäche und die Unterwerfung unter die Macht, der man nicht aus liebender Identifikation, sondern lediglich aus Strafangst seine Strenge nicht heimzuzahlen wagt. Die Gewissensbildung, die sich den internalisierten Werten anschließen müßte, bleibt unentwickelt. Das Leben mit dem unverstandenen, wohl auch unverständlichen Verbot – ein Dauerzustand, da ständig »Ungehorsam« seitens des strafbereiten Instanz geradezu erwartet wird – erscheint als Muster einer »Verbotsgesellschaft«, in der »die da oben« einen nur unterdrücken und versklaven wollen.[12] Diese gesamtgesellschaftliche Orientierung entspricht dem Verhaltenssystem autoritärer Väter selbst. Denn auch sie leben in Bewunderung der Macht – sei es als Opposition, sei es als Herrschaft, insofern sie, wie im Nationalsozialismus, schließlich zu einer totalitären Machtergreifung führt. Gehorsam, linientreues Sichfügen in die Gruppengesetze, starker Zynismus, der alle menschlich-weichen Regungen für alberne Schwachheiten ansieht, die nur bei den Dummen ausgenutzt werden – all diese Züge des autoritären Erziehers und der autoritär Erzogenen erinnern an jenes paranoide Verhalten, das schließlich überall eine übermächtige feindliche Umwelt sieht und den Mitmenschen nicht mehr als einen wirklich Lebendigen, als einen der Möglichkeit nach auch warmherzigen Nächsten erleben kann, weil der Paranoiker ja auch selbst nicht mehr wirklich »lebt«.

Mit besonderem Ton auf den automatischen, unreflektierten Praktiken kann diesem Erziehungsstil ein gesellschaftskritischer Aspekt entnommen werden. »Die Ziele und Techniken der Sozialisation des ›kleinen Wilden‹ sind keineswegs immer rational ausgewiesen und reichen tief in die Selbsterfahrung eines jeden von uns. Im soziologischen Labor des Psychoanalytikers findet sich am Grund der Selbsterfahrung des Analysanden Angst; die Angst, dem gesellschaftlichen Verband bei nichtkonformem Verhalten nicht mehr anzugehören. Diese hat sich offensichtlich mit der uralten Angst vor leiblicher Vernichtung verschmolzen ... Erzieherisches Verhalten läßt sich ein Stück weit als *Lernprozeß des Erziehers* lesen, der, indem er andere erzieht, seine eigenen Normen und Vorurteile verstärkt ... Ohne Einsicht in die Dynamik des eigenen Verhaltens und ohne Duldung im Umgang mit sich selbst gibt es weder Einfühlung noch Einsicht oder Duldung im Umgang mit Partnern ... Eine neue Gesellschaft, die sich selbst durchschaubar geworden wäre und die sich vernünftiger steuerte, bedürfte der Individuen, die ohne allzugroße Angst die Grundlagen des eigenen Werdens und Verhaltens untersuchen ... Wir sagten bereits, daß die Mutter wirklich nicht nur gewähren darf, sondern dem Kinde auch wehren muß; der auferlegte Verzicht wie die zärtlich erfüllende Zuwendung sind beide gleich unabdingbar, und dies gilt *mutatis mutandis* für jede erziehende oder pflegende Person. Wie die analytische Sozialpsychologie gezeigt hat, steht daher das Imago früher Beziehungspersonen in doppeltem Aspekt des Gewährens und des Versagens: Tief im archaischen Muster werden die emotionalen Bindungen des Kindes zur Mitwelt ambivalent angelegt. Ob aber das Kind Ambivalenzen in sich zu schlichten vermag, hängt mit davon ab, mit welcher Nachsicht und Einfühlung oder aber mit welcher Rücksichtslosigkeit in früher Kindheit Gehorsam erzwungen wurde.«[13]

Wieweit verwirklichen wir bereits diese »neue Gesellschaft«? Wieweit ist die Reflexion auf die Angstgenese verbreitet? Klaus Horn, in Anlehnung an Herbert Marcuse, ist der Auffassung, daß »die Familie ihre bürgerliche Funktion: potentieller Ort der Emanzipation des Subjekts zu sein«, verloren habe. Man lerne praktisch nur noch, gesellschaftlich vermittelte Gehorsams-Angst zu generalisieren. Aber diese seine Deutung der gegenwärtigen gesellschaftlichen Verhältnisse ist politisch bestimmt und wird politisch, aber ebenso auch soziologisch und sozialpsychologisch bestritten. Nachweisen läßt sich, daß die Sozialisation der Angst bei einer normal ertragbaren oder aber bei einer pathogenen Erziehung schichtspezifisch oder »klassenspezifisch«

sehr verschieden ist. Es gibt für Mittel- und Unterschichten ganz verschiedene Lernmuster nicht nur in der Aufziehung des Kleinkindes, sondern auch in der Behandlung der Jugendlichen. Trotz allgemeiner sozialer Mobilität werden diese Verhaltensmuster bei sozialem Aufstieg nicht immer gewechselt, bei Abstieg ebenfalls nicht notwendigerweise verändert. Aber allgemein gilt: »Arbeiterkinder werden strenger und äußerlicher erzogen, weniger zum Aufschub unmittelbarer Befriedigungen, weniger zur Unabhängigkeit und Ichstärke angeleitet als die Kinder bürgerlicher Herkunft.«[14] Das hat natürlich für das gesellschaftliche Konzept, für die Selbstdeutung der jeweiligen Schichtenlage bestimmte Konsequenzen.

Anders ausgedrückt: Zwischen dem Erziehungsstil und dem gesamtgesellschaftlichen Konzept besteht ein wechselseitiger Zusammenhang, eine Interdependenz. Ineins mit der jeweiligen Form, wie Eltern ihre eigene soziale Angst verarbeiten und in ein Verhaltenssystem umsetzen, übernimmt auch das Kind im Identifikations- und Internalisationsprozeß deren Verhaltensformen. Es werden interaktionale Muster gelernt, die das Ergebnis von Orientierungssystemen sind, die je nach der Starrheit oder Flexibilität, nach der Angstverhaftetheit oder Angstfreiheit unterschiedliche Anteile an Projektionen enthalten. Die tolerante Erziehung erleichtert die empirische Lernbereitschaft, die autoritäre Erziehung fördert Projektivsysteme und verleitet zu Verallgemeinerungen in Situationen, die kaum noch Ähnlichkeit mit einer zugrunde liegenden Erfahrung haben. Die Gefahr des Hereinfallens auf rein vorstellungsgläubige Ideologien ist also bei autoritärer Erziehung besonders groß. Die Sozialisationsvorgänge, wenn wir sie in dieser Form als Übernahme ganzer Verhaltenssysteme und Rollenkombinationen auffassen, müssen zugleich aber immer in ihrer sprachlichen Repräsentanz erfaßt werden.[15] Das bedeutet, daß erst die verbale Interpretation auch das Gewahrwerden der sozialen Angst, das Zuschreiben sozialer Angstquellen, insbesondere auch der projektiven Deutung anonymer angsterregender Mächte, hervorruft. Stärker als der realitätsorientierte Wahrnehmungsglaube ist der Vorstellungsglaube, insbesondere in seiner primitiven Form, von der sprachlichen Interpretation abhängig, durch sie steuerbar und in seinen Angstgehalten potenzierbar.

Es handelt sich also bei den beiden Sozialisationsformen der

Angst, der autoritären und der toleranten, jeweils um selbstregulative Systeme: sie produzieren die Bedingungen, unter denen sie stabil bleiben, immer selbst. Projektive Systeme produzieren die Dämonen oder in säkularisierter Form die anonymen gesellschaftlichen Angstmächte (»Juden«, »Kapitalisten«, »die Untergrundstrategen«, »die Herrschenden«), um die soziale Angst in Gang zu halten, die sie dann mit ihren jeweiligen Methoden abzubauen versuchen. Tolerante Systeme reduzieren die individuellen Quellen der sozialen Angst auf ein Minimum – leiden dann aber um so mehr an der realen zwischenmenschlichen Aggression, am Egoismus, an den inhumanen Konsequenzen sozialer Blindheit und soziokulturellen Unzulänglichkeiten. Ihr Problem kreist nicht um die »Feinde«, sondern um die »Dummheit« und um die »Aggressivität der anderen«.

Gerade diese zweite, nämlich den rationalen Gesellschaftssystemen eigentümliche soziale Angstform: die Angst vor dem intellektuellen Ungenügen der anderen stellt weitere besondere Probleme. Wie wird sie verarbeitet, so daß sie als Impuls des gesellschaftlichen Wandels systemgerecht funktional werden kann? Was verdankt der Fortschritt den Ängsten seiner liberal-toleranten Zeitgenossen? Welche Beziehungen bestehen zur Angst vor der Revolution?[16]

Sicher ist, daß die toleranten bürgerlichen Systeme auch, obgleich in geringerem Maße, soziale Angst entwickeln. Es kommt also auch bei ihnen zu Projektionen in Richtung auf kollektive Feindvorstellungen, wo es realiter keine Feinde gibt. Wir haben bisher den Unterschied zwischen Angst und Furcht nicht ausdrücklich berücksichtigt. Wir führten zwar soziale Angst – Angst vor Mitmenschen – auf Furcht vor der eigenen inneren Aggression (der gewissensbedingten Selbstbestrafung oder der autoritären Unterwerfung und Ichschwäche) zurück. Aber die Ursachen der Möglichkeit, daß aus realer Furcht überhaupt allgemeine Angst und aus allgemeiner Angstbereitschaft eine gesellschaftlich auf bestimmte Gruppen irreal projizierte soziale Angst entstehen kann, lassen wir offen. Denn vom Ursprung der Angst ist hier nicht die Rede, sondern von den Formen, wie sie im mitmenschlichen Kontakt auftritt. Wir sahen, daß sie um so stärker vorhanden, verschiebbar oder auf bestimmte Gruppen (nicht nur auf Minderheiten und nicht nur auf Sündenböcke[17]) fixierbar ist, je unvernünftiger die Erziehung ist – und sie ist um so geringer, um so realitätsnäher, je verständnisvoller erzogen wird. Erziehung erfolgt – zum Glück – ja in Wirklichkeit niemals so einseitig (autoritär oder tolerant), wie es der Modellfall schildert. Beide Elternteile können in Milde und Strenge, in Verständnis und Unverständnis variieren, ebenso kann die Mitwelt verschieden wirken. Es kommt darauf an, gerade hier die Erziehungswirklichkeit unserer bürgerlichen Welt zu sehen nicht in irgendeinem ideologisch gesteuerten Vorstellungsglauben unbeweisbare Aussagen über das Angstpotential unserer Zeitgenossen und unserer Kinder zu behaupten. Ihrer eigenen Einstellung nach wünschen sich immer mehr Eltern bei ihren Kindern »Selbständigkeit« und einen eigenen »freien« Willen: 1951 waren es 28%; 1969 waren es schon 45% der in der Bundesrepublik befragten Bevölkerung. Entsprechend werden »Gehorsam und Unterordnung« immer weniger als Erziehungsziele genannt. Das erlaubt wohl auch Rückschlüsse auf den Erziehungsstil.[18]

Die Diffusion der Angst und die Furcht vor der Konkurrenz

In jeder Gesellschaftsordnung und in jedem ihr entsprechenden Erziehungssystem haben wir immer beides: ein größeres oder geringeres Angstpotential, das irreale gesellschaftliche Angstobjekte sucht, und die realistische Orientierung, die schlicht fragt: Wer fürchtet wen und warum, und wer erregt Furcht? Allgemein gilt: So wie die Aggressionen, also die Angriffshaltungen, gesellschaftlich von Position zu Position, von Gruppe zu Gruppe und von Klasse oder Schichtenlage zu Schichtenlage sich aufbauen und wieder abbauen, so erscheint auch die reale Furcht als Reaktion auf die erfolgten, erwarteten oder vermuteten Angriffe oder Störungen. Niemand kann behaupten, daß es diese Angriffe nicht gebe. »Auch wenn kein Individuum und keine Kollektivität die bewußte Absicht hätte, sich auf Kosten eines anderen Vorteile zu verschaffen, ja selbst wenn sie nicht einmal eine bewußte Neigung in dieser Richtung besäßen, so würde es in den Beziehungen zwischen Individuum und sozialen Gruppen doch immer noch starke Quellen der Unstabilität geben, in denen die Anwendung von Macht eine Rolle spielen könnte und würde. Allerdings kann kaum in Zweifel gestellt werden, daß das verbreitete Vorhandensein von aggressiven Neigungen den wichtigsten Einzelfaktor in den gefährlich zerstörerischen Möglichkeiten der Machtbeziehungen bildet; und die Aussicht auf eine wirksame Kontrolle der Macht würde beträchtlich zunehmen, wenn diese aggressiven Neigungen spürbar verringert werden könnten.« Parsons untersucht daraufhin zunächst das Familiensystem hinsichtlich jener Konstellationen, in denen Angst voreinander nicht nur nicht abgebaut wird, sondern diffundiert auf andere Einzelpersonen in ähnlichen Situationen als generalisierte Erwartungshaltung projektiv verschoben wird. Er nimmt dabei das familiäre Training für spätere soziale Rollen als Ausgangspunkt. »Hier scheinen zwei Zusammenhänge als Quelle für Angst und Aggressivität besonders wichtig zu sein. Es ist dies einmal ein Gefühl der Unzulänglichkeit, ein Gefühl, daß etwas von einem erwartet wird, was man nicht leisten kann, und daß man deswegen der Bestrafung oder dem Belohnungsverlust ausgesetzt wird. Das zweite ist ein Gefühl der Unbilligkeit, ein Gefühl, ungerecht bestraft worden zu sein oder eine verdiente Belohnung nicht erhalten zu haben. In beiden Fällen ist der Vergleichszusammenhang von grundlegender Bedeutung.«[19] Das gilt insbesondere bei der ungleichen Bewertung von Verhaltensweisen hinsichtlich der Geschlechterrollen.

»Dem Jungen war es nicht erlaubt, dem Ideal der Mutter nachzueifern; war er ›brav‹, so wurde er dafür eher bestraft als belohnt, und der ›böse‹ Bruder wurde ihm vorgezogen. Das Mädchen hat feststellen müssen, daß die Mutter als Frau ein untergeordnetes Wesen ist und daß es sich nicht auszahlt, eine ›gute Frau‹, d. h. eine Mutter zu sein. Diese Erfahrungen bilden einen Prototyp für die Überempfindlichkeit in bezug auf die Frage, ob man den anderen als Individuen oder Gesamtheiten Vertrauen entgegenbringen kann. In den Beziehungen der Geschlechter besteht eine Tendenz, sich zwangshafte Gedanken um die Treue des Partners zu machen. Im allgemeinen ist man nur allzu bereit anzunehmen, daß der andere versuchen wird, einen zu betrügen und zu verletzen. Da diese Überempfindlichkeit verbunden ist mit verdrängter Aggressivität, kann der aggressive Impuls natürlich sehr leicht in den anderen hinein projiziert werden und damit jenes ›paranoide‹ Muster erzeugen mit seiner Bereitschaft, feindliche Absichten zu sehen, wo sie nicht vorhanden sind oder dort, wo sie bestehen, stark zu übertreiben« *(ebd)*.

Dieselbe Diffusion der Angst vor der Aggressivität der anderen spielt auch im Berufsleben eine Rolle. Das Berufssystem ist, im ganzen genommen, eine Wettbewerbssituation. »Wenn man nun diese Grundzüge des Berufssystems in Beziehung bringt zur Persönlichkeitsstruktur, wie sie weiter oben besprochen wurde, so lassen sich im Hinblick auf das Problem der Aggressivität wohl zwei Arten von Folgerungen ziehen. Die erste hat mit dem Ausmaß der Aggressivität als solcher in der Gesellschaft zu tun; die zweite betrifft die Kanalisierung der vorhandenen Aggressivität in verschiedene aktuelle und potentielle Ausdrucksformen und Richtungen. Wenn es auch schwierig ist, zu mehr als einem sehr groben Urteil zu kommen, so scheint es doch klar, daß sich die Waage ziemlich stark nach der Seite einer Verstärkung, nicht einer Verringerung der Unsicherheit – und damit der Angst und Aggression – senkt, deren Grundlagen durch den Sozialisierungsprozeß in der Familie gelegt wurden.« Talcott Parsons, von dem diese Sätze stammen, ist der Auffassung, daß Wettbewerb und die entsprechenden Aggressionserfahrungen im Berufsleben dann dazu führen, die Angst vor ungerechten Behandlungen zu verstärken. »Es ist auch unvermeidlich, daß viele sich ungerecht behandelt fühlen werden, einmal, weil tatsächlich viel Ungerechtigkeit besteht, die zum Teil sehr tief in der Natur der Gesellschaft wurzelt; zum anderen, weil viele zu einer paranoiden Haltung neigen und mehr Ungerechtigkeit sehen, als in Wirklichkeit vorhanden ist« *(ebd)*.

Der entscheidende Faktor in der Ausbreitung der Angst ist aber nach Parsons die Struktur der Gruppenfeindschaften. Diese Feindschaften sind nicht nur immer projektive Angstbilder, sondern beruhen auch auf realen Interessengegensätzen. Diese könnten sich aber auf einen Kompromißzustand auspendeln und stabilisieren und zu einer womöglich sogar allseitigen Anerkennung größtmöglich gerechter Zustände führen, wenn nicht Gesellschaftssysteme ihrem Wesen nach dynamisch wären und es ständig Veränderungen, den sogenannten Wandel, gäbe. Industriegesellschaften insbesondere sind dieser Tendenz zum Wandel unterworfen. Durch ihn entstehen die Gruppenspannungen. Die Situationen des Wettbewerbs sind durch veränderte Anforderungen, veränderte Marktlage, veränderte gesamtgesellschaftliche Zusammenhänge ständig zugunsten der einen oder dann wieder der anderen Gruppe verschoben oder doch verschiebbar. Die Angst vor irgendwelchen materiellen, ideellen oder Prestigeverlusten kommt also nie zur Ruhe. Damit steigt auch die Aggressivität. Schließlich kommt es innerhalb der einzelnen Gesellschaftsordnungen zu Polarisierungen, »durch die Angst und Aggressivität auf eine einzige strukturierte Spannungslinie gerichtet werden«. Diejenigen, die einen Status quo zu verteidigen haben, erscheinen als »dumm«, als reaktionär und unaufgeklärt. Diejenigen, die von der Veränderung profitieren wollen, halten sich selbst für die Träger des Fortschrittes. In beiden Fällen wird nicht empirisch geprüft, welche Art von Wandel und welche Art von Stabilität faktisch im Sinne der Gesamtentwicklung des Gesellschaftssystems effizienter und sinnvoller wäre, sondern es entstehen Solidaritäten und Polarisierungen zwischen Gruppen, die am Ende bereit sind, sich gegenseitig zu verteufeln. »Viele dieser Solidaritäten stehen in ernstem Konflikt mit den expliziten Werten der westlichen Welt, die weitgehend auf die rationalistischen Traditionen der Aufklärung zurückgehen. Sie lassen sich daher besonders schwer gegen rationalistische Angriffe verteidigen« *(ebd)*. Beide Positionen können projektiv sein. Auch der Traditionalist denkt rational und sieht die Irrationalismen auf der Gegenseite als Vorurteile. »Die Gesellschaftsstruktur, die diese Aggressivität hervorbringt, prädisponiert ihre Kanalisierung in Gruppenantagonismen... Jeder hat die Tendenz, einen tiefwurzelnden Anspruch auf seine eigene Überlegenheit zu erheben, und jeder begegnet einem entsprechenden Anspruch des anderen mit Widerstand. Gleichzeitig hat jeder die Tendenz, sich als in der Vergangenheit ungerecht behandelt zu fühlen, und jeder nimmt daher bei der kleinsten Herausforderung bereitwillig an, daß die anderen sich zu neuen Ausschreitungen für die unmittelbare Zukunft rüsten« *(ebd)*.

So geschildert, ist die Berufswelt geradezu ein Dschungel, in dem jeder jeden fürchtet. Die Frage, wer wen fürchtet, muß also dahingehend beantwortet werden, daß im Grunde jeder vor jedem etwas Angst hat, der Starke vor dem Schwachen genausogut wie umgekehrt. Es wäre falsch, aus Parsons' Analyse etwa eine gesellschaftskritische Tendenz gegen den Kapitalismus herauszulesen. Was er gibt, ist vielmehr eine Darstellung der Diffusion der Angst, der Verteilung der Angst auf alle, die dann erfolgt, wenn nicht Gegenkräfte im Gange wären, die sie wieder einschränkten. Claessens weist darauf hin, daß die familiäre Sozialisation ja nicht nur möglicher Ausgangsort für projektive Angstbereitschaft ist, sondern (wohl aus der toleranten Erziehung) auch entsprechende

Sympathiebedürfnisse entstehen. Er glaubt, daß »gerade unsere Gesellschaft einen enormen Bedarf an Sympathie« produziert, und dem könnte man durchaus zustimmen. Aber vielleicht führen diese Bedürfnisse auch zu einer verstärkten wechselseitigen Befriedigung, und die Gesellschaft wird entsprechend als Ganzes und für alle sympathischer?[20] Es käme zu einer Diffusion der Empathie? Aber zwischen dem angstgesteuerten, mißtrauischen und einem uneigennützigen, integrativen Verhalten liegt als normale Orientierungsform zunächst das schlicht und unemotional vollziehbare Systemvertrauen.

Die Analyse dieser Kräfte gibt Niklas Luhmann.[21] Er zeigt die Gegentendenz gegen die soziale Angst auf, nämlich die Entwicklung des Vertrauens, und er schildert damit einen Mechanismus der Reduktion sozialer Komplexität. Nicht die Angst aller vor allen ist unsere Lebenswirklichkeit – niemand könnte das ertragen –, sondern in einer »gemäßigten Zone ohne spezifische Vertrauens- oder Mißtrauensprobleme hält der Mensch sich alltäglich auf«. Soziale Angst und Systemvertrauen entstehen nach diesen Auffassungen völlig unabhängig von dem Gesellschaftssystem. Auch in den sozialistischen Ländern wird beruflich rivalisiert, auch in den kapitalistischen Ländern ist das mitmenschliche Vertrauen die Bedingung der Möglichkeit der gesellschaftlichen Zusammenarbeit. Wir entwickeln nicht Vertrauen, weil die Mitmenschen es verdienen, ebensowenig wie wir soziale Angst entwickeln, weil wirklich alle so böse wären, wie man anzunehmen geneigt sein könnte. Sondern es handelt sich um Verhaltensstrategien, die angewandt werden, um mit der Welt zurechtzukommen. »Ich kann meinem eigenen Vertrauen in einen anderen vertrauen, wenn ich meinem Vertrauen Motivkraft für den anderen beilege, wenn ich also durchschaue, wie es auf den Partner wirkt, daß ihm vertraut wird. Mit dieser Überlegung kann ich mir selbst ein zusätzliches Vertrauensmotiv verschaffen. Es ergeben sich daraus bei steigendem Risiko mehr Möglichkeiten zu vertrauen. Oder ich kann fremdem Vertrauen in mich vertrauen. Das ermöglicht es mir, meine Handlungspläne auf fremdes Vertrauen zu stützen, sei es, um es zu enttäuschen, sei es, um mich selbst zu entlasten. Ich kann z. B. eigene Vorsichtsstrategien der Selbstdarstellung abbauen, wenn ich sicher bin, daß der andere es schon richtig verstehen wird, wenn ich ihn kritisiere, hänsele oder ärgere. Auch diese Potenzierung des Vertrauens ist wie jede reflexive Prozeßstruktur doppelt gefährdet, nämlich einmal dadurch, daß ich selbst plötzlich Zweifel bekommen kann, ob das Vertrauen des anderen wirklich so weit geht, wie ich es annahm, oder dadurch, daß der andere, ohne daß ich es merke, sein Vertrauen in meine gute Absicht verliert und mein nicht-sogemeintes Handeln die Beziehung zu untergraben beginnt« *(ebd., S. 68).* Nach Luhmann ist das Vertrauen die rationalere Lebenspraxis gegenüber dem Mißtrauen. Positive Gefühlsbeziehungen zwischen Menschen sind ohne Vertrauen auf die Dauer nicht durchzuhalten. Und auch das lernt das Kind, indem es Verhaltensstrategien seiner Eltern übernimmt.

Aus Angst-Lernen und Vertrauen-Lernen entwickelt sich im Regelfall ein komplexes Verhaltensmuster, das auf emotionaler Stabilität und steuerbaren Affekten beruht. Die Familie erscheint als der erste Ort des Erlernens einer Lebensstrategie, durch welche die Angst vor Mitwelt und Umwelt beherrschbar wird und die Furcht vor möglichen realen Mißerfolgen durch eine aussichtsreiche Methodik, ihnen zu begegnen, aufgehoben wird. Aus Angst und Furcht gespeistes Mißtrauen wird ebenso wie die aus Vertrauen erwachsende Sympathie und Kooperation in internalisierbare Verhaltensregeln umsetzbar, d. h. in jene grundsätzlichen, bleibenden Einstellungen, »wie man dem Menschen entgegenkommt«. Solche Verhaltensdispositionen, wenn an entsprechenden Partnerdispositionen verstärkt, modifiziert, korrigiert, ergeben ein ganzes »Verhaltenssystem«.

Aber nicht immer gelingt ein Gleichgewicht aus Mißtrauen und Vertrauen, eine stabile Angstbeherrschung. Die Psychiatrie kennt familiäre psychopathologische Angstsysteme unter dem Titel des »induzierten Irreseins«, wobei ein lediglich in einer Familie oder zwischen den Ehepaaren »konformer Wahn«[22] zu einer Art von Igelstellung gegenüber der Mitwelt führt. Alle an dieses Angstsystem Angeschlossenen glauben z. B. gemeinsam, daß sie von ihren Hausgenossen beobachtet werden oder vergiftet werden sollen oder wegen irgendwelcher Besonderheiten (z. B. Sektenzugehörigkeit) verhaßt und verfolgt wären. Ganze Gruppen, die skurrilen, auch wahnhaften Überzeugungen anhängen, können in dieser Form gegenüber ihrer Mitwelt ein gemeinsames Abwehrverhalten entwickeln. Ihre Äußerungen tragen dann natürlich alles andere als dazu bei, daß sich solche Gruppen bei ihren Mitmenschen Sympathie erwerben. Die gesellschaftliche Barriere zwischen der Normalbevölkerung und solchen Kollektiven, die Mißtrauen hervorrufen, indem sie Angst und Furcht empfinden, wird dadurch immer höher. Hier handelt es sich um eine spezielle Gruppenpsychopathie. Normalerweise bietet gerade die Familienstruktur stabilisierende Vertrauensgrundlagen an. Innerhalb der Familie genießt die Mutter aufgrund der an sie gerichteten Rollenerwartungen eine Vorgabe des »guten Willens«: »Mutter meint es gut«. Eine solche Rollenrealisation ist sehr geeignet, das familiäre Verhaltensklima zu stärken, den Abbau von Angst und Furcht zu fördern. Patriarchalische Familien gehen entsprechend davon aus, »daß Vater nur das Beste wollte«.

Trotzdem gibt es das »vertrauensgestörte Haus« mit seinen irritierenden und verunsichernden *double-bind*-Mechanismen.[23] Es gibt die unterkühlten Familien, deren gegenseitiges Verhältnis weder auf der Basis von Liebe und Einfühlung noch auf der nüchterneren Basis von Solidarität, Loyalität und Arbeitsteilung zu »Wir-Gefühlen« führt. Es gibt schließlich psychopathische Familienstrategien; Familien, die sich in engen gegenseitigen emotionalen Beziehungen eine komplette Lebensbühne aufbauen. In solchen Familien wird dann bei vorwiegenden Angst-Neurosen, vor allem aber auch bei körperlich manifestierten Symptomen, mitunter im Stil des Understatement, »Sanatorium« gespielt, bei paranoiden Weltinterpretationen »Festung« oder bei der klassischen Hysterie, die zu Demonstrationen und Auftritten neigt, ein Melodrama mit Vorwürfen, Drohungen, Verzeihungen und sonstigen lautstarken Szenen aufgeführt.[24] Angst wird hier familiär ausagiert – die einzelnen Familienmitglieder können innerhalb anderer Gruppen eine völlig andere Verhaltensweise zeigen.

Unsere sachliche Arbeitswelt zwingt ziemlich rasch zum Umlernen, wenn jemand etwa solche familiären Stilelemente – auch eine geforderte besondere Schonung gegenüber eingebildeten Krankheiten – am Arbeitsplatz praktizieren oder für sich durchsetzen wollte. Nicht alle familiären Angst-Verarbeitungs-Strategien taugen für das Berufsleben. Die aufgeregte »Hysterie der Weiber« – ein familiäres weibliches Druckmittel aus patriarchaler Zeit – ist mit zunehmender Emanzipation der Frau weitgehend verschwunden.

Die nachhaltigste Familien-Fehlentwicklung, insbesondere hinsichtlich der Mutterrolle, erfolgt beim Verlust von Bezugsgruppen überhaupt. Die Übertragung der Familienstrategien in das Berufsleben (und zurück in die Erziehungspraxis) gelingt ja nur, wenn sich dort »Gruppen«, d. h. mitmenschliche Beziehungssysteme, entwickeln. »Wir wissen, daß erst die Zugehörigkeit zu einer Gruppe den Menschen trägt, ihm die Aufrechterhaltung seines inneren Gleichgewichts unter den gewöhnlichen Lebensschlägen ermöglicht und ihm zur Aufzucht von Kindern verhilft, die ihrerseits glücklich und widerstandsfähig sind. Wenn aber die Gruppe um ihn zerstört ist, wenn er die Gruppe verläßt, deren geschätztes Mitglied er war, und wenn er vor allem keine neue Gruppe findet, der er sich anschließen kann, so wird er unter der seelischen Belastung in seinem Denken, Fühlen und Verhalten Störungen zeigen. Sein Denken wird von fixen Ideen heimgesucht, die ohne genügende Berücksichtigung der Realität entwickelt werden. Er ist voller Angst und Ärger, sich und anderen zum Verderben. Sein Verhalten ist zwangshaft, nicht beherrscht. Und wenn wir den Erziehungsprozeß, der einem Menschen den leichten Anschluß an andere ermöglicht, selbst als sozial ansehen dürfen, so wird er als einsamer Mensch auch Kinder aufziehen, die ihrerseits nur verminderte soziale Fähigkeiten besitzen. Der Kreislauf ist bösartig, und der Verlust der Gruppenmitgliedschaft in einer Generation kann die Menschen in der nächsten zur Gruppenzugehörigkeit noch weniger geeignet machen. Die Zivilisation, die durch ihren bloßen Wachstumsprozeß das Leben der kleinen Gruppen zerstört, läßt einsame und unglückliche Männer und Frauen an ihrem Wege zurück.«[25] Ein besonderer Ort für die Gefahren einer solchen Fehlentwicklung ist die Situation der ehemals berufstätigen jungen Mutter in der Kleinstfamilie – wo ein Ehepaar ohne familiäre Hilfe oder Bekannte vor allem auf sich selbst angewiesen ist.

Mit dieser Isolierung ist natürlich nicht die äußere Einsamkeit gemeint, die es in unserer Industriegesellschaft sowieso nirgends mehr gibt, sondern die innere Verlassenheit und Kontaktlosigkeit. Auch sie gehört zu den pathogenen, d. h. angstperpetuierenden Sozialisationsformen. Auch hier führt sie zu dysfunktionalen, d. h. die Möglichkeit eines geordneten Zusammenwirkens behindernden oder sogar verhindernden äußeren Beziehungen und zur Tradierung angstbezogener Verhaltenssysteme von einer Generation zur nächsten.

In solchen Fällen, wenn Angst in einem zwischenmenschlichen, wechselseitigen Beziehungsgeflecht sich wechselseitig verstärkt, sprechen wir von einem *Angstsystem*. Dies kann ein Familiensystem sein oder aber auch ein soziales, auf Gruppenzusammenhänge bezogenes oder ein gesamtgesellschaftliches System. Mit dem Ausdruck »System« ist nicht gemeint, daß hier Einzelvorkommnisse geschildert werden, sondern daß Zusammenhänge, die sich gegenseitig verstärken – oder auch gegenseitig aufheben –, in ihrer speziellen aber typischen Struktur und Funktion gesehen werden. Ein »System« liegt immer dann vor, wenn das aufeinander bezogene Verhalten von einzelnen untereinander oder von Gruppen wechselseitig so wirkt, daß die objektiven Verhältnisse und die subjektiven Beziehungen immer wieder aufs neue in der gleichen Art entstehen. In diesem Sinne sprechen wir auch von Verhaltenssystemen und bezeichnen den Teil, der darin auf den einzelnen entfällt, als seine Verhaltensstrategie.

Die Terminierung der Angst

Es ist wohl sicher, daß Angst und Furcht voreinander die Menschen dazu bewegt, auch Angst und Furcht zu Machtmitteln zu machen: um sich durch Erzeugung von Angst bei den anderen vor der Angst vor diesen anderen zu schützen oder um Ziele und Absichten durchzusetzen. Angst wird nicht nur nach Aggressionsverdrängung und Auto-Aggressionsverdrängung in einem projektiven Mechanismus in die Welt hinausgedeutet – dieser Angstmechanismus wird von der Welt auch umgekehrt verwendet, um mit seiner Hilfe Macht oder Gegenmacht auszuüben. Angst entsteht nicht nur spontan – sie kann eben auch künstlich gemacht und ausgenutzt werden.

Der Mechanismus zur Angstausnutzung ist ihre »Terminierung«. Darunter verstehen wir jene Ausübung von Druck, die einen Termin setzt. »Entweder wirst du bis zu einem bestimmten Zeitpunkt das tun, was von dir verlangt wird, oder aber du wirst dann einen Schaden erleiden«, so etwa könnte man die Formeln der Ausnutzung von Angst zusammenfassen. Damit ist nicht nur das Ultimatum gemeint, das einen wirklich eintretenden Schaden ankündigt. Nicht nur die Furcht, auch die Angst, d. h. die nicht auf eine einzelne Realität bezogene, sondern diffuse, allgemeine Besorgtheit, in die sehr viel an projektiven irrealen Ängsten eingegangen ist, kann auf diese Weise terminiert, d. h. unter Zeitdruck gestellt werden.

»Furcht« meint immer reale Besorgnis vor etwas, was faktisch drohen kann. »Angst« tritt im sozialen Raum der mitmenschlichen Kontakte als die Bereitschaft auf, im konkreten Einzelfall nicht nur etwas Wirkliches zu fürchten, sondern zusätzlich etwas nur Gedachtes, was darüber hinaus drohen könnte, mit einzubeziehen, eine unbestimmte Angsttönung der Gesamtsituation zu unterstellen. Diese allgemeine Angstverstärkung im Furchtverhalten vieler Mitmenschen ist auch durch Strategien manipulierbar. Unter Ausnutzung der Angst der anderen sollen Ziele erreicht werden. Einzelne Entschlußsituationen, ja auch ganze Meinungsfelder werden entsprechend mit Angst beladen »vorstrukturiert«. Angst ist ein instrumental benutzbarer Faktor im mitmenschlichen Zusammenleben. Angst reproduziert sich selbst auch im sozialen Raum, gerade weil sie sich aus der privaten Sphäre oder aus der Familiensituation über das Berufsleben in die Gesamtgesellschaft verteilen kann und dann dort als Element der politischen Verhaltensstrategien einsetzbar wird.

Das ist nun nicht so zu verstehen, als zerfiele die Welt in Gute und Böse: in Leute, die Angsterregung bewußt und absichtsvoll für eigene Zwecke benutzen, und in solche, die Vertrauen praktizieren und dann als die armen Opfer wehrlos und ahnungslos manipuliert werden. Man kann soziale Vorgänge immer nur angemessen verstehen, wenn man sie als ubiquitär – als überall und bei jedermann und jederzeit verbreitet – ansieht. Angsterzeugung wird von uns allen gelegentlich als Machtmittel benutzt, Vertrauen von uns allen gesucht und angeboten. Beides sind gleichsam psychische Instrumente, Möglichkeiten, die allerdings bei feindlichen Frontenbildungen, bei Bruch der kooperativen Gesinnung, zu radikalen Kampfmitteln werden können. Normalerweise unterliegen sie im Berufsleben eher einem ausgleichenden, moderierenden Einfluß. Die zunächst in sogenannten primären Sozialisationstechniken familiär gelernten und geübten Aktionsmuster begegnen in der Berufswelt einer Bewertung: sie werden entweder erfreut entgegengenommen, als »eine angenehme Art« empfunden und mit Sympathie belohnt und dadurch verstärkt. Oder ein Betragen wird als unüblich, originell, verquer, seltsam, gerade noch freundlich geduldet. Oder aber Formen des Benehmens, des Reagierens, des Sichdarstellens werden als unnormal, »unmöglich« abgelehnt, zurechtgestutzt, abgeschnitten. Die ersten beiden Korrekturen durch die Mitwelt wirken vertrauensfördernd, die letztere aber verunsichernd. Die widerspenstigen Opfer solcher Nacherziehung geraten in Außenseiterstellungen. Aus unterschiedlich gelernten Reaktionsformen – auch bei generell akzeptierten Aktionsmustern – können Konflikte entstehen: Einer empfindet als Unfreundlichkeit, als Kränkung, was der andere als wohlwollenden derben Scherz gemeint hat. Solche Verunsicherungen, die aus dem Gefühl entstehen, selbst nicht die erwartete Reaktion zu zeigen und nicht die erwarteten Reaktionen bei den anderen hervorrufen zu können, führen in jedem Fall in eine ängstliche Verhaltensdisposition. Das gilt auch gerade bei Sympathieerwartungen.

Anders wird die ganze Situation, wenn sich die »Unangepaßten« bewußt formieren, provozieren und ihrerseits ihre Mitwelt in einen Erziehungsprozeß hineinnehmen. Bewußtes Außenseitertum, oppositionell zur Schau gestellt, bedroht dann die gängigen, bis dahin unfraglichen Verhaltensnormen. Die bedrohungsempfindlichen Vertreter des Normalverhaltens reagieren nun ihrerseits mit Angst. Sie befürchten vor allem ein Einreißen ihrer eigenen Aktions- und Interaktionsmuster, und es befällt sie die Angst vor etwas darüber hinaus Unverständlichem, was im Kommen zu sein scheint. Solche Situationen werden als Verständigungskrisen bezeichnet. Die gelernten Verhaltensmuster, die Stabilität und Sicherheit für Zukunftsentwürfe, für Lebenspläne, für größere Orientierungsräume und -zeiten ermöglichen, werden in Frage gestellt, sogar partiell oder global außer Kraft gesetzt. Die soziale Angst steigt, was wieder zur Folge hat, daß auch die kulturspezifischen Realitäts- und Kausalvorstellungen schwankend werden. Soll man sich an den schlichten Wahrnehmungsglauben halten, der nur mit nüchternen, empirischen Daten zur Weltanschauung beiträgt? Aus ihm gewinnt man wenig emotionalen Halt. Zudem zeigt sich, daß eine diffuse allgemeine Krisenangst nur durch den Rückgriff auf Wertsysteme, welche die gegenwärtige Situation übersteigen und Allgemeingültigkeit beanspruchen, geklärt werden kann.[26]

Von revolutionärer Seite werden in solchen Phasen einer allgemeinen Normenverunsicherung gern Heilslehren angeboten, die durch einen einmaligen letzten großen Schrecken und allgemeinen Umsturz das Ende der sozialen Angst und den Anfang des

Glücks verheißen. Wo in Entwicklungsländern alte und neue (westliche) Verhaltensweisen aufeinanderstoßen, Verständigungskrisen zwischen Stadt und Land, Alt und Jung, zwischen westlich ausgebildeten und traditionsverhafteten Gruppen auftreten, ist Verunsicherung, Angst und Bedrohungsempfindlichkeit auf beiden Seiten. Solche Situationen können politisch hochgespielt werden und zu radikalen Gewaltlösungen anstelle von vernünftigen Konfliktlösungen führen.[27] Bürgerkriege als die mit allen Mitteln des Schreckens arbeitenden Versuche, eine Gewaltlösung herbeizuführen, resultieren in der Regel aus dem Abbruch aller Verständigungs- und Vertrauensbemühungen: aus einer Polarisierung der Gegensätze, die jeder Partei das Gefühl gibt, die andere vernichten zu müssen, um ihre eigenen Überlebenschancen zu retten. Die gegenseitige Angst und Furcht ist in ihr Extrem geraten, aus dem es keinen Rückzug mehr gibt.

In erschreckender Weise schildert neuerdings Theodor Ebert[28] ganz entgegen seiner eigenen Absicht, wie der »gewaltfreie Aufstand« unmittelbar zum Bürgerkrieg führen kann, sobald die angegriffenen Ordnungsmächte auch nur den Versuch machen, sich mit ihren Machtmitteln wirksam zu verteidigen (Kap. 8 und Kap. 9). Die Frage ist, ob die Angst vor dem letzten Schritt, dem Ausbruch eines offenen Kampfes, auch beiderseitig mäßigend wirken kann. Hier erscheint politische Angst unter den »Termin der äußersten Konsequenzen« gestellt. Es geht um den Kompromiß in letzter Stunde, um das Ausbrechen des Chaos zu verhindern: »Wenn unmißverständliche Kampfvorbereitungen« beide Seiten überzeugen könnten, »daß Zugeständnisse für sie vorteilhafter wären« (Ebert, S. 123), wären revolutionäre Bürgerkriege vielleicht vermeidbar.

Die enorme Militanz, die in den zur Zeit auf der ganzen Welt verbreiteten Aufstandslehren und Aufstandsstrategien steckt, rechnet aber immer nur mit der Angst, der Einschüchterung und der Unterwerfung bei den Vertretern der bestehenden Ordnung. Denn die sich im Bürgertum ausbreitende, generalisierte Krisenangst ist im Grunde die Furcht vor dem Kommunismus.[29] Nach dieser Auffassung kennen alle Gruppen, die sich der kommunistischen Ideologien bedienen, keine Angst vor der Revolution. Auch die der bürgerlichen Furcht vor dem Umsturz entsprechende politische Gegenangst: Furcht vor den unvorhersehbaren Folgen einer Revolution, vor den Unrechtstaten im Gefolge der meisten revolutionären Gewaltanwendungen, Angst vor einem allgemeinen Chaos innerhalb der Versorgungsbetriebe der Bevölkerung, vor Rechtlosigkeit und vor materiellen Verlusten soll aus dem Bewußtsein des Revolutionärs verdrängt werden. Diese Befürchtungen hegen angeblich nur die »Etablierten«, und deshalb werden sie nachgeben. Daraus resultiert das Illusionsbild eines zivilen Sieges ohne harte Widerstände bei gleichzeitig erhaltener Erwartung von »Repressionsmethoden der Herrschenden«, die den Aufstandswillen der Revolutionäre wachhalten. Daraufhin wird ein widersprüchliches strategisches Konzept entwickelt, das Hoffnung und Optimismus an die Stelle realer Furcht und irrealer Angst setzt und eine Art utopisches Wunschdenken in Bewegung bringt. Es wird angenommen, daß »die Herrschenden« gerade wegen dieser nur verschleierten revolutionären Drohungen zwar in Angst geraten, dann aber so tun werden, als ob sie freiwillig und aus Überzeugung nachgeben würden. »Würden die Aufständischen auf den Zwangscharakter ihrer Strategie pochen, so würde ein Nachgeben von den Herrschenden als Gesichtsverlust und Demütigung empfunden werden. Für die Aufständischen ist es darum ein Gebot der Klugheit, immer auch an die Zwangselemente zu denken, aber nie davon zu reden« (Ebert ebd.)

Die Taktik des gewaltfreien Aufstandes mit allen ihren verschiedenen Methoden ist die Taktik eines Drohsystems, das davon ausgeht, die dabei erzeugte Angst würde genügen, um eine Herrschaftsform zu stürzen. Politische Strategien, die mit Angsterzeugung arbeiten, sind aber insbesondere Terminstrategien. Sie müßten also ihre Drohungen nach einem bestimmten Termin wahrgemacht oder die Unterwerfung erreicht haben, anderenfalls würden sie unglaubwürdig. Die Methodik der gewaltfreien Aufstände, d. h. derjenigen Aufstände, die als Alternativen zum Bürgerkrieg unblutig und ohne den Einsatz von Waffen verlaufen sollen, arbeiten darum nur mit Drohungen und mit einer Angsterzeugung, die sich allein auf Zwangsmittel im Raum des zivilen Verhaltens beziehen. Hier, so nimmt man an, wird die allgemeine Zivilcourage so gering sein, daß der Sieg des Umsturzes aufgrund seiner speziellen Taktiken möglich sein wird. Der Ausbruch des Bürgerkrieges soll also gerade vermieden werden. Andererseits soll sich das Bürgertum der Revolution beugen, weil anderenfalls

Bürgerkrieg drohe, dann nämlich, wenn »die Herrschenden« mit Machtmitteln antworten würden.

Es hat in der Tat etwas Verlockendes, lieber ein Ende mit Schrekken als ein Schrecken ohne Ende – lieber einen totalen Neubeginn als eine permanente Verständigungskrise auszuhalten. Angst kann also dadurch als Machtmittel eingesetzt werden, daß sie terminiert wird: Unter Folgeleistung auferlegter Bedingungen wird die Aufhebung des sozialen Angstzustandes bzw. der Krisenangst zu einem gegebenen Zeitpunkt versprochen. Wie in der Praxis die Drohung mit Angsterzeugung nach einer endgültigen Machtergreifung etwa gegenüber nichtrevolutionären Gruppen aussehen soll, darüber ist nichts bekannt, es sei denn, man orientierte sich an den Terrorphasen der historischen Revolutionen.

Die Krisenangst ist eine besondere Form der sozialen Angst: sie basiert auf der Furcht vor der Umwandlung des gesamten gesellschaftlichen Systems in eine völlig andere Gesellschaftsordnung. Sie realisiert sich in dem Bedrohungserlebnis des einzelnen, sobald er den revolutionären Gruppen beruflich oder im Meinungskampf begegnet, und bleibt nach gescheiterten Verständigungsversuchen als generalisierte Angst vor dem Unverständlichen, was diese Revolutionäre – jenseits ihres empirisch nicht faßbaren Vorstellungsglaubens – eigentlich antreibt. Die normale Sorge vor der Zukunft, die auch Unerkennbares und völlig Unvorhersehbares mit sich bringen kann, ist durch politisches Systemvertrauen – Rechnen mit der Stabilität der gegebenen Zustände – reduzierbar. Aber Instabilität, Verständigungskrisen und subversive Tendenzen rufen Angst hervor: Es entsteht jene Furcht vor der Dummheit der anderen, die gerade den relativ angstfreien, rational denkenden Menschen kennzeichnet. Es ist beispielsweise die Sorge, daß die Revolutionäre vielleicht nicht mehr übersehen, was sie im komplizierten Zusammenspiel aller Gebilde eines modernen Staates anrichten können, wenn sie ihn auch nur an einer Stelle lahmlegen. Die Theorie, wonach die soziale Krisenangst des Bürgers letztlich die politische Angst als Furcht vor dem Kommunismus ist, wäre damit wirklich »Kernfrage unserer Zeit«.

Von Hendrik de Man stammt das Wort vom »Zeitalter der Angst«, ein Versuch, »die positive Gesamttendenz der abendländischen Kulturentwicklung auf einen psychologischen Generalnenner zu bringen... den Sinn des Ganzen als allmähliche

Überwindung der Angst zu formulieren...: das Christentum als Religion der Liebe, die Wissenschaft als Verdrängung der Angst vor der Natur durch Erkenntnis, die liberale Demokratie als Vertreibung der politischen Angst durch frei gewähltes Vertrauen, die sozialistische Demokratie (ihre Tochter) als Vertreibung der Wirtschaftsangst und so weiter. Ganz gewiß ist die psychologische Quintessenz des abendländischen Strebens nach Demokratie der Wunsch, die Angst vor Gewalt als Motiv des politischen Verhaltens auszuschalten.«[30]

Unter dem Titel der »Drohsysteme« sind die Manipulationsformen der Angst in Konfliktsituationen wissenschaftlich bereits systematisch untersucht worden. Die Interpretation und Bewertung von Drohsystemen spielt insbesondere auch bei der Friedensforschung[31] eine große Rolle, vor allem dort, wo es um die Analyse der sogenannten Abschreckungssysteme geht. Ein »Instabilitätselement in Abschreckungssystemen liegt darin, daß Abschreckung von sich aus eine angstproduzierende Situation ist, die im Laufe der Zeit wahrscheinlich immer ungemütlicher für beide Parteien wird. Die reine Zunahme an Angst mag eine Geneigtheit schaffen, die Drohung präventiv auszuführen, nur um von der Angst befreit zu werden.«[32] Diese Art von Terminsetzung, daß nämlich Angst beiderseitig nicht *ad infinitum* erträglich ist, gehört zu den besonderen Kennzeichen nicht nur der internationalen, sondern auch der sozialen und privaten Drohanwendungen. Uns hier interessiert im Zusammenhang mit der sozialen Angst vor allem der Umstand, daß bereits vor und außerhalb kriegerischer oder revolutionärer Konfliktlösungsversuche die Drohung als normale Form der Angstmanipulation zu den alltäglichen Verhaltensweisen gehört.

Drohung durch Terminierung der Angst (es braucht nicht immer ein ausgesprochenes Ultimatum zu sein) ist in leisen, schonenden Formen ubiquitär. Schon die erzieherische Drohung mit Liebesverlust, wie sie die Mutter ausübt: »Wenn du das tust, bin ich aber sehr traurig« gehört hierher. Verhaltensregelungen, die den normalen Verlauf von privaten, beruflichen oder politischen Vorgängen sichern sollen, zeigen im allgemeinen auch an, welche Stärke von Drohformen – also welches Ausmaß angedrohten Übels oder Schadens – noch normalerweise tolerierbar ist. Diese auf gegenseitigen, stillschweigenden Anerkennungen gewisser gesellschaftlicher Konventionen beruhende Begrenzung des

Umganges mit der Angst der anderen dient der Stabilität der gegenseitigen Beziehungen. Wer Unfrieden stiften will, hält sich vor allem nicht an diese Konventionen – seine Drohungen eskalieren sehr bald zu illegalen Kampfesweisen. Drohsysteme geraten, trotz gruppenspezifischer Konventionen, leicht außer Kontrolle.

In unserer Gesellschaft ist die Drohung einerseits durch die Konventionalisierung eingeschränkt. Ihre illegale Steigerung, z. B. als Erpressung, als Nötigung, als Brachialgewalt, ist durch das Rechtssystem begrenzt. Andererseits darf es – nach Boulding – nur ein Mindestmaß an beiderseitigen Drohpotentialen, an realisierbaren feindlichen Verhaltensformen geben, damit die Konfliktpartner nicht jemanden völlig – moralisch, sozial oder physisch – vernichten können. Das bedeutet, daß die Vertrauenssysteme, das Tauschsystem und das Integrationssystem, in denen Angst nicht als Mittel benutzt, sondern vielmehr als Störfaktor minimalisiert wird, als notwendige Korrektive erst das gesamte soziale Feld aufbauen. Die durch Drohung manipulierte, auf ihre Beendigung durch eine soziale Belohnung hin terminierte Angst ist nicht das beherrschende Element eines sozialen Klimas. »Der Erfolg des Drohsystems bei der Organisation von Gesellschaft und der Veränderung von menschlichem Verhalten hängt in weitem Maß davon ab, wie sehr es mit einem als legitim akzeptierten Integrativsystem kombiniert ist« (Boulding, S. 81). Das Zusammenwirken von Drohung und Kooperation wird hier nicht als ein Unterwerfungsvorgang aufgefaßt, der nur scheinbar die Zusammenarbeit vorzieht, weil der einzelne sein Gesicht wahren will. Vielmehr ist an ein bewußtes oder unbewußtes Zusammenwirken der unterschiedlichen Verhaltensmuster gedacht. »Im Tauschsystem werden die Beziehungen zwischen Individuen vor allem durch das Versprechen organisiert: ›Wenn du für mich etwas Nettes tust, dann werde ich etwas Nettes für dich tun.‹ Im Drohsystem wird der Versuch unternommen, durch Schaffung von Erwartungen ungünstiger Umstände Verhalten zu organisieren: ›Tu du etwas Nettes für mich, oder ich werde etwas für dich Schlimmes tun.‹ Im Integrativsystem erwerben die Personen Einfühlungsvermögen untereinander, so daß eine zu der anderen sagt: ›Falls du etwas möchtest – ich werde glücklich sein, wenn du es besitzest‹« (S. 77).

Im alltäglichen Umgang wechseln diese drei Verhaltensformen

und schließen sich keineswegs gegenseitig aus, nicht einmal gegenüber den gleichen Bezugspersonen. Die soziale Angst, die durch Drohsysteme frei wird, kann also immer wieder durch das Einsetzen von Tausch- und integrativen Vorgängen ausgeglichen werden. Das setzt aber immer eine gegenseitige Verständigung über die Anwendung der Interaktionsmuster voraus. Bei generellen Verständigungskrisen tendieren die einzelnen Verhaltenssysteme dazu, auseinanderzufallen. Tausch- und Integrativsysteme bleiben weiterhin bevorzugt unter Freunden, Drohsysteme bleiben als Verhaltensformen gegenüber Feinden allein anwendbar. Und hier gilt wiederum, daß die Angst dazu neigt, sich zu reproduzieren und die Distanzen zwischen den Menschen zu erweitern. »Bei Reaktionsprozessen sind es nicht die ›Realitäten‹, die bedeutsam sind, sondern die Wahrnehmung der Wirklichkeit auf seiten derjenigen, die reagieren« (Boulding, S. 83). Diese Wahrnehmung kann durch bestimmte Formen von Vorstellungsglauben in eine ganz extreme Richtung gesteuert werden. Ideologien, in denen Wahrnehmungen interpretiert werden, enthalten ihrerseits stärkere oder geringere Tendenzen zur Polarisierung in Feinde und Freunde und zu willkürlichen Bestimmungen, wo die Freunde und wo die Feinde zu suchen wären. Erst wenn sich zwischen diesen Fronten ein Ausgleich anbahnt: »Ich will dir nichts Schlimmes tun, wenn du mir nichts Schlimmes antust« (Boulding, S. 84), also ein Drohsystem, das davon ausgeht, nicht angewendet werden zu müssen, kann das Auseinanderfallen der Welt in Freunde und Feinde wieder aufgehoben werden. Dem Satz, daß das Problem unserer Zeit die Verminderung der Angst sei, muß hinzugefügt werden: »Die Krise unserer Zeiten ist vor allem eine Krise des Drohsystems« (Boulding, S. 84). Das bedeutet: Entweder wird beiderseitig auf Feindschaft verzichtet, was auch »gewaltfreie« Drohungen einschließt, oder die friedfertige Seite, die lieber mit Tausch- und Integrativsystemen arbeitet und Drohungen minimalisieren will, muß umdenken lernen und entgegen dem Fortschritt auch zur Gewalt zurückkehren. Ob die Verminderung der Angst auf friedlichem Wege gelingt – das ist wirklich die Frage unserer Zeit.

Was geschieht, wenn man Angst auf dem Wege der Angsterzeugung beseitigen will – durch eine Heilslehre, die einen letzten großen Schrecken und danach den »neuen Menschen für eine neue Welt« verspricht –, das schildert die Terror-Analyse. Terror ist dabei als »System« verstanden. Seine generellen, seine typischen Funktionen und Rollenstrukturen sollen dargestellt werden, ohne auf die jeweilige Terror-Ideologie inhaltlich einzugehen. Terror erscheint als ein Verhaltenssystem, das wie Drohung, Vertrauen, Tausch und Integration transepochal und transkulturell, d. h. immer und überall, vorkommen kann und und in seinen spezifischen Formen hinsichtlich seiner Angstmanipulation darzustellen ist.

Anmerkungen:

1 Lukács, Georg, *Wider den mißverstandenen Realismus.* Hamburg 1958, S. 91.

2 Read, Carveth, *The Origin of Men and of his Superstitions.* 1920.

3 Douglas, Mary (Hrsg.), *Witchcraft, Confessions and Accusations.* London 1970.

4 Freud, Sigmund, »Totem und Tabu« (1912/13). *Ges. Werke,* Bd. IX., und »Zur Einführung in den Narzißmus« (1913). *Ges. Werke,* Bd. X.

5 Evans-Pritchard, E. E., *Theorien über primitive Religionen.* Frankfurt a. M. 1968 (englisch: 1965), S. 78. Die von Evans-Pritchard vertretenen Auffassungen sind sehr instruktiv für das Angstproblem; wir folgen ihnen weitgehend. Zum Thema auch: Topitsch, E., *Mythos, Philosophie, Politik.* Freiburg 1969; und: Gerd Brand, *Gesellschaft und persönliche Geschichte.* Stuttgart 1972.

6 Scharmann, Th., *Schule und Beruf als Sozialisationsfaktoren.* Stuttgart 1966, S. 41 f. Dieser Band ist der 2. Teil eines dreibändigen Werkes (*Der Mensch als soziales und personales Wesen*), das eine Übersicht über die allgemeinen Sozialisationsprobleme bringt.

7 Rammstedt, Ottheim (Hrsg.), *Anarchismus.* Köln und Opladen 1969, S. 18.

8 Belohnungsverweigerung und Bestrafung wollen nur wenige extreme Psychologen ganz aus dem Erziehungsvorgang herausnehmen. Sie glauben, daß Angst dann überhaupt gar nicht erst entsteht. Praktisch ist eine solche Erziehung undurchführbar. In die wissenschaftliche Problematik führt ein: Herrmann, Theo (Hrsg.), *Psychologie der Erziehungsstile.* Göttingen 1966, insbes. S. 175: »Inhibition und Selbstkontrolle«.

9 Adorno, Th. W., et al., *The Authoritarian Personality.* (Studies in Prejudice-Series. Hrsg. v. M. Horkheimer und S. H. Flowerman). New York–London 1950; deutsch: Studien zum autoritären Charakter. Mit einer Vorrede von Ludwig von Friedeburg. Frankfurt a. M. 1973 (suhrkamp taschenbuch 107).

Heintz, Peter, »Zur Problematik der Autoritären Persönlichkeit«. In: *KZfSS* 1957, IX., 1., S. 28-48.

10 Dollard, J., et al., *Frustration and Aggression*. New Haven 1939.

11 MacIver, R. M., *Macht und Autorität*. Frankfurt 1953 (engl.: *The Web of Government*. 1947).

12 Mitscherlich, A. u. M., *Die Unfähigkeit zu trauern*. München 1967. Dieses Buch gibt vor allem eine psychoanalytische Darstellung der antisemitischen Vorurteile. Es muß darauf hingewiesen werden, daß die autoritäre Erziehung der Unterklassen generelle Vorurteile gegen die Oberklassen hervorruft (Mitscherlich, S. 140) und dadurch soziale Angst kanalisiert.
Einen Überblick über die wichtigsten Arbeiten zur Sozialisationsforschung geben Harold Proshansky und Bernard Seidenberg (Hrsg.). London 1969.

13 Brückner, Peter, »Zur Pathologie des Gehorsams«. In: *Politische Psychologie*, Bd. 4: Politische Erziehung als psychologisches Problem. Frankfurt a. M. 1966. Die Zitate sind verschiedenen Abschnitten dieses sehr aufschlußreichen Artikels entnommen.

14 Habermas, J., »Pädagogischer Optimismus«. In: *Neue Sammlung* I (Juli/August 1961). Untersuchungen über schichtspezifische Erziehungspraktiken, speziell hinsichtlich der Angst- und Aggressionsproblematik sind in Amerika in größerem Umfang unternommen worden. Die bekannteste ist von Urie Bronfenbrenner, »Socialisation and Social Class through Time and Space«. In: E. E. Macoby et al. (Hrsg.), *Readings in Social Psychology*. New York 1958. Die neusten Ergebnisse finden sich in Lüschen, G., und E. Lupri (Hrsg.), *Soziologie der Familie*. Opladen 1971.

15 Bernstein, Basil, »Socio-kulturelle Determinanten des Lernens«. In: *KZfSS*, Sonderheft IV, 1959. H. Roth (Hrsg.), *Begabung und Lernen*. Stuttgart 1968.

16 Senghaas, Dieter, »Zur Pathologie organisierter Friedlosigkeit«. In: *Friedensforschung*. Hrsg. v. E. Krippendorff. Köln–Berlin 1968, S. 217-259.
Zweitens in: *Weltfrieden und Revolution*. Hrsg. v. Hans Eckehard Bahr, Fischer Bücherei 1970. Außerdem »Atomzeitalter«, Bd. IX, 1967. Daß es projektive Zusammenhänge zwischen sich-selbst-reproduzierenden Angstsystemen und Feindvorstellungen gibt, ist sicher. Nur müssen sie auf beiden Fronten gesehen werden. Die Realität von faktischen Angriffen, z. B. auf die bürgerliche Gesellschaftsordnung, kann niemand bestreiten. Hier sind Feinde dieser Gesellschaftsordnung am Werk und nicht projektive Feindvorstellungen.

17 Wolf, Heinz E., »Soziologie der Vorurteile«. In: *Handbuch der empirischen Sozialforschung*, II, 1969, S. 912-960.
Eine englische wichtige Arbeit zu diesem Thema ist Bohdan

Zawadski, »Limitation of the Scapegoat Theory of Prejudice«. In: *Journal of Abnormal and Social Psychology.* 1948, 43, S. 127-141.

18 Informationen (Emnid) 1970. 1. S. 7.

19 Parsons, Talcott, *Beiträge zur soziologischen Theorie.* Hrsg. v. D. Rüschemeyer, Neuwied 1964, S. 223-255 (engl.: *Essays in Sociological Theory.* Glencoe ²1958, Kap. XIV).

20 Claessens, D., und F. W. Menne, »Zur Dynamik der bürgerlichen Familie und ihrer möglichen Alternativen«. In: Lüschen, G., und E. Lupri (Hrsg.), *a. a. O.,* S. 183.

21 Luhmann, Niklas, *Vertrauen. Ein Mechanismus der Reduktion sozialer Komplexität.* Stuttgart 1968, S. 19.

22 von Baeyer, Walter, »Über konformen Wahn«. In: *Zschr. f. g. Neurol. u. Psychiatrie 140* (1932), S. 398.

23 Bateson, G., et al., »Toward a Theory of Schizophrenia«. In: *Behavioral Science 4* (1956), S. 21.

Die hier gemeinte doppelte Bindung bedeutet, daß jemand von seiner Bezugsperson gleichzeitig auf zwei verschiedene Weisen angesprochen wird, d. h. daß er widersprüchliche Informationen bekommt, die auf zwei verschiedenen Informationswegen zu ihm kommen. Beispielsweise spricht eine Mutter immer in zärtlichen Tönen und mit liebevollen Worten über ihr Kind, während sie es tatsächlich hart oder sogar grausam behandelt. Oder aber ihre Mimik und ihre Geste drücken das Herannahen einer Strafe aus, wenn in Wirklichkeit eine Belohnung ausgeteilt wird. Diese Art von gleichzeitig widersprüchlicher Behandlung dient insbesondere der Verunsicherung, der Angsterzeugung und wird sogar als eine Ursache bei der Entstehung von Geisteskrankheiten angesehen.

24 Richter, H.-E., *Eltern, Kind und Neurose. Die Rolle des Kindes in der Familie.* Reinbek 1969.

ders., *Patient Familie. Entstehung, Struktur und Therapie von Konflikten in Ehe und Familie.* Reinbek 1970.

25 Homans, G. C., *Theorie der sozialen Gruppe.* Köln–Opladen 1960, S. 421.

26 Jaspers, K., *Die geistige Situation der Zeit.* Berlin, Leipzig 1932 (Sammlung Goeschen), Bd. M.

Dieses angesichts des Heraufkommens des Nationalsozialismus geschriebene Buch ist immer noch einer der besten Richtweiser für moralische Orientierung in unserer Zeit.

27 Eine umfassende Darstellung und Analyse der nicht westlich bestimmten geistigen Bewegungen in den Entwicklungsländern gibt W. E. Mühlmann, *Chiliasmus und Nativismus,* Berlin 1961. Es handelt sich um historische und kulturanthropologische Studien von Umsturzbewegungen. »In einer Zeit, die von dem Ruf erfüllt ist, den ›Entwicklungsländern‹ Hilfe, vor allem Wirtschaftshilfe zu leisten, ist

es beschämend, wenn die verantwortlichen Männer der Wirtschaft
und Politik ahnungslos über die Menschen sind, die diese Hilfe begehren und über deren Schicksal mit massiven Eingriffen verfügt wird
– ahnungslos, weil sie von den psychologischen und soziologischen
Imponderabilien nichts wissen, ja nicht einmal wissen, daß man
hierüber etwas wissen kann« (S. 8).

28 Ebert, Th., *Gewaltfreier Aufstand, Alternative zum Bürgerkrieg.*
Frankfurt/M. 1970.

29 Lukács, G., *Wider den mißverstandenen Realismus.* Hamburg 1958.
»Die Angst vor dem Sozialismus verwandelt die Stellung des Men-
schen im Kapitalismus in eine Verlorenheit ... Die Ablehnung des
Sozialismus steigert sich bis zur Ideologie des Kreuzzuges, und ob-
wohl Rettung und Bewahrung der Demokratie zu einer zentralen
Parole wird, entsteht eine immer stärkere Angst davor, daß die Herr-
schaft der Elite durch die Vermassung steigend gefährdet wird«
(S. 68).

30 de Man, H., *Vermassung und Kulturverfall.* Bern ²1952, S. 174.

31 Über den derzeitigen Stand der insbesondere in den USA betriebe-
nen Friedensforschung unterrichten drei große Sammelbände: *Krieg
und Frieden im industriellen Zeitalter,* hrsg. von Uwe Nerlich,
Gütersloh 1966; *Krieg und Frieden in der modernen Staatenwelt,*
hrsg. von Uwe Nerlich, Gütersloh 1966; *Friedensforschung,* hrsg.
von Ekkehard Krippendorff, Köln–Berlin 1968. Innerhalb der Friedensforschung treten zwei Richtungen in Erscheinung. Einerseits wird die
Ursache von Kriegen mit dem Wirtschaftssystem des Kapitalismus in
Zusammenhang gebracht und angenommen, daß Kapitalismus und
Krieg einander bedingen. Andererseits werden unabhängig von den
Gesellschaftssystemen ungenügende Kooperationsbereitschaft,
Polarisierung in Freund-Feind-Verhältnisse und ungenügende Informationen über die wahren Absichten der anderen u. a. als Gründe
angegeben. Eine wichtige Bemerkung macht M. Haas, »Krieg und
gesamtgesellschaftliche Bedingungen«, in Krippendorff, S. 65: »Ein
internationales System, das nur aus Demokratien besteht, zeigt sicher
größeren Willen zum Frieden als ein System von Autokratien oder
armen, isolationistischen Staaten mit geringem Konsens im Lande
selbst. Länder auf dem Wege zur Verstädterung liefern Unruhe, insbesondere, wenn ihre Entwicklung so schnell vor sich geht, daß die
ungesetzlichen Reaktionen darauf – Wirklichkeitsflucht und Selbst-
zerstörung – zunehmen. Die systemanalytische Richtung müßte also
die inneren Eigentümlichkeiten und die Machtverteilung auf einen,
zwei oder mehrere Pole bei internationalen Einheiten in Rechnung
stellen.«

32 Boulding, K. L., »Beitrag zu einer Friedenstheorie«. In: *Friedensforschung.* Hrsg. v. Krippendorff. Köln–Berlin 1968, S. 80.

5 Terror

Eine der größten Errungenschaften im Kampf gegen die Angst war im 18. Jahrhundert die Abschaffung der Folter als eines gesetzlich gebotenen Beweismittels. Es ist für unsere Denkweise kaum mehr vorstellbar, daß die Erpressung von Geständnissen einmal ein anerkanntes Rechtsfindungsmittel war, dem man Beweiskraft unterstellte. Indes: das Verfahren ist sehr alt. In römischer Zeit glaubte man z. B., daß ein Sklave – ein Mensch, der gänzlich einem anderen gehört – sich mit diesem so identifiziere, daß er niemals freiwillige Aussagen gegen ihn machen würde. Wollte man also Sklaven als Zeugen über ihre Herren hören, so hätte man sie unter extremen körperlichen Druck zu setzen, sie methodisch zu foltern, um eine glaubwürdige Aussage aus ihnen herauszupressen. Zu Beginn der Neuzeit, als die religiösen Inquisitionsprozesse und dann die Hexenprozesse Europa in Schrecken versetzten, glaubte man, daß Hexen eine Geheimsekte seien, die sich dem Teufel als ihrem Herrn verschrieben hätten und ohne Folter keine Aussagen über ihren Teufelsdienst machen würden. Im *brain-washing* unter Mao Tse-tung glaubt man noch heute, daß der bloße bildungsmäßige Kontakt mit westlichen Denkweisen die Menschen unter die »Herrschaft des Kapitalismus« bringe und es des folterartigen Umerziehungsprozesses bedürfe, um sie aus dieser Bindung zu lösen und zu wahren Geständnissen zu bringen. In allen diesen Fällen wird jede freiwillig gegebene Aussage als feindselige List und Falschheit abgewertet; denn der Angeklagte gehöre zu einer Gruppe notorischer Lügner und nur die unter Qualen erpreßten Aussagen hätten bei ihm Wahrheitswert.

Das ist die genaue Umkehr der Auffassung, die unter uns wohl allgemein ist. Dies beruht darauf, daß auch die Vorstellung von dem, was Wahrheit sei, sich gewandelt hat. Für den Inquisitionsprozeß – der jahrhundertelang die deutsche Prozeßordnung in Strafsachen (nicht nur in Glaubensverfolgungen) beherrschte – war immer schon im voraus durch höhere Verdachtsstufen naheliegend, wer der Schuldige sei. Seine Unschuldsbeteuerungen erschienen daraufhin als ein hartnäckiges Leugnen, sein Widerstand mußte gebrochen werden. Seine Aussagen, die in der Folter immer in gewünschter Form ausfielen, bestätigten dann den Verdacht – der somit als vorher gewußte Wahrheit erschien. Der Vorgang ist etwa der gleiche, als wenn eine Gruppe von Jugendlichen bei einer Schadensstiftung, z. B. einer eingeworfenen Fensterscheibe, ertappt wird und ein Erwachsener sie fragt: »Wer war's?« Dann kann es vorkommen, daß die jugendliche Horde auf einen Jungen zeigt: »Der war's.« Dieser beteuert dann erschrocken: nein, er wäre es nicht... er sei gerade erst gekommen... usw. Wenn jetzt der Erwachsene den Verdächtigen so lange prügelt, bis er vor Angst und Schmerz alles »zugibt« – dann wäre die Konformität mit der Aussage der anderen allerdings erreicht. Für ein primitives Rechtsverständnis wäre damit die Sache klar: *Alle* Aussagen stimmen ja jetzt überein, und der Fall ist erledigt.

Für unser Denken ist die Wahrheitsfrage damit keineswegs gelöst, denn vielleicht suchte jene Gruppe einen Sündenbock, um von gemeinsamem Tun abzulenken? Vielleicht irrte sie auch nur fahrlässig? Uns käme es auf eine angstfreie Rekonstruktion des Herganges an – nicht auf gleichlautende Aussagen, zumal wenn sie erzwungen werden. Ein verständiger Erwachsener würde nach unserer Auffassung den Beschuldigten und die Beschuldiger, möglichst getrennt, in ein ruhiges, angstfreies Gespräch ziehen und ihnen offene Angaben über den Tatbestand, die Vorgeschichte, die Authentizität ihrer eigenen Beobachtungen entlocken. Er würde nicht bestimmen, wer als Schuldiger zu gelten hat, sondern untersuchen, wie sich der Vorgang abspielte. Die Richtigkeit eines Verdachtes entspringt dann keiner »Gruppenbestimmungshandlung«[1], sondern einer Rekonstruktion der Realität.

Diese Geschichte schildern wir deshalb so ausführlich, weil daraus hervorgeht, ein wie hohes Maß an Rechtssicherheit, an Angstreduktion durch die Anerkennung eines individuellen Rechtsanspruches, eines Anspruches des einzelnen auf objektive Tatbestandserhebung, gegeben ist. Denn prinzipiell wäre ja keiner der Jugendlichen in unserem Beispiel davor sicher, nicht als »der Schuldige« angegeben und durch Prügel zu einer falschen Selbstbezichtigung, zu einem erpreßten, unwahren Geständnis gezwungen zu werden. Die Rechtsunsicherheit, die durch die in Europa jahrhundertelang geübte Folterjustiz auf jedermann lastete, bestand vor allem darin, daß keiner jederzeit sicher war, nicht in einen Verdacht hineingezogen und dann zum Schuldigen gepreßt werden zu können. Erst durch die Abschaffung der Folter – im Zuge der Aufklärung – wurde diese Abhängigkeit eines jeden von der Freundschaft oder Feindschaft der anderen behoben. Hier liegt die wirklich historische Erfahrung unseres Staatsbegriffes als eines Rechtsstaates. Die Folter ist übrigens »von oben« durch die Herrschaftsakte des aufgeklärten Absolutismus (Maria Theresia, Friedrich d. Gr.) aufgehoben worden, und zwar in allen europäischen Staaten.[2] Dies ist ein Beispiel der einschneidenden Reformen von oben, die jahrhundertelange Mißstände als solche erkannten und beseitigten. Es war vielleicht einer der wichtigsten Schritte in der Bekämpfung jener Angst, in der der Mensch den Menschen fürchtete. Aber der Terorr kam damit nicht aus der Welt, als er aus der Rechtsprechung verschwand.

Terror ist in seiner sozialen Struktur nach dem Modell der Schauprozesse gebaut. Eine Gruppe bestimmt, wer »die Schuldigen« sind. Diese werden zu Schuldgeständnissen gezwungen und dann öffentlich verdammt und verurteilt, meistens hingerichtet. Die Angst, »der Schrecken« *(la terreur)*, aber verbreitet sich aus solchen Vorgängen über die ganze Bevölkerung. Die Gruppe der unmittelbar vom Terror Betroffenen besteht immer aus Pseudogegnern, deren Schuld generell und dogmatisch bestimmt wird und gerade nicht als eine Realschuld objektiv und fallweise erwiesen wird. Solche Verfolgten können willkürlich gegriffen, sie können aber auch vage umschrieben werden. Im Mittelalter beispielsweise waren es »die Teufelsanbeter«, »die Hexen«, in der Französischen Revolution »die privilegierten Stände«, »die Volksfeinde« und bei den Säuberungsaktionen in den eigenen Reihen »die Verderbten« – unter Hitler waren es »die Juden«, die »Feinde des Führers«, »die Kommunisten«, unter Stalin »die Volksfeinde, die Revolutionsgegner, die Abweichler, die Spione des Westens« – unter Mao »die Spione des Kapitalismus, die Feinde des chinesischen Volkes«.

Bei solchen Feind-Definitionen kann jeder zum Opfer werden, der von irgend jemandem in einen Verdacht hineingezogen wird. Es ist aber auch jeder in Gefahr, dazu gerechnet zu werden, der mit einem unschuldig Angeklagten sympathisiert. Wer diese Form von Kollektivschuld und Kollektivbestrafung ohne Einzeluntersuchung – oder bei erfolgter Einzeluntersuchung durch Geständniserpressung – ablehnt, stellt sich damit auf die »Seite der Feinde« und bringt sich selbst in höchste Gefahr. Mancher solcher terroristischen Anklagepunkte ist so allgemein gehalten, daß fast jeder eine solche Schuld begangen hat. Etwa wer während der Nazizeit Auslandssender gehört oder in China Kontakt mit Westlern gehabt hat, kann angezeigt werden. Terror ist ein Zustand der Angst, in dem aufgrund mangelnder Rechtssicherheit jeder jeden ohne umschriebenen Anlaß fürchten muß. Nicht einmal derjenige, der sich duckt, der zustimmt, der nicht Partei ergreift, auch wenn Freunde oder nahe Angehörige betroffen werden, kann sicher sein, mit dem Leben davonzukommen. Auch nicht einmal derjenige, der sich auf die Seite der Terroristen schlägt und selbst Gewalt ausübt, um nicht das Opfer der Gewalt zu werden, ist vor Säuberungsaktionen in den eigenen Reihen sicher, auch dann nicht, wenn sein Angstmotiv nicht erkannt wird.

Wo der Terror statt der Schauprozesse das Mittel der Konzentrationslager verwendet oder »Umerziehungslager« einsetzt, bleiben sich die Elemente der Schreckenserregung, d. h. die Fernwirkung in der Bevölkerung, trotzdem gleich. Konzentrationslager sind prolongierte Todesurteile ohne irgendwelche individuellen Schuldbeweise. Die Annihilierung *(vgl. unten S. 197 ff.)*, der die Lagerhäftlinge unterworfen werden, hat eine deutliche Parallele zu den Praktiken, mit denen im *brain-washing* das personale Ich des Opfers ausgelöscht werden soll – um die Selbstbezichtigung angeblicher Spionagetätigkeiten oder die Angabe von Bekannten als »Verschwörer« zu erreichen.[3]

Solche den Schrecken und die Angst aller darstellenden, nüchternen und harten Terrorbeschreibungen werden natürlich von allen jenen Gruppen abgelehnt, deren Ideologie schon einmal einen terroristischen Vorwand lieferte. Beschönigungsversuche, wonach die Hexen vielleicht Nudisten, Lesbierinnen oder Verrückte waren, der Pariser Adel wirklich keine Freunde Robespierres, die Juden vielleicht raffinierte Wettbewerbskonkurrenten, die Opfer von Stalins Säuberungen vielleicht irgend einmal Kritik geäußert hätten, die in Europa erzogenen Chinesen vielleicht doch eher mit dem Westen als mit Rotchina sympathisieren – alle solche Erklärungen unterstellen immer, daß sich daraus ein Recht zur Verfolgung oder zu Todesurteilen ableiten ließe. Es wird dabei zugleich immer übersehen, daß Minderheiten

(Abweichler, Menschen welcher Rassen- oder Klassen-Lage auch immer) ein Recht auf sich selbst und die von ihnen eingenommenen Positionen haben, solange sie kein ihnen individuell zurechenbares Unrecht taten. Nur dieses Prinzip reduziert die Angst vor ungerechter kollektiver Verfolgung, die andernfalls unausbleiblich ist. Terror stellt im Prinzip ein außer Kontrolle geratenes Anklage- und Verfolgungssystem dar, er ist der Feind von jedermann.

Das ergibt sich auch aus der zunehmenden Radikalisierung der Vorgänge. Es ist die Angst aller vor allen, die sie dahin treibt, immer die extremste Position zu suchen, weil es dort momentan am sichersten ist. Die politische Front verläuft nicht zwischen Terroristen und andersdenkenden Bedrohten, wenn auch nicht unmittelbar gerade Betroffenen, sondern zwischen Gemäßigten und Extremisten. Denn eine Terrorphase hat zunächst zur Folge, daß die Ideologie, in deren Namen die Verfolgungen stattfinden, allgemein akzeptiert wird. Jeder glaubt, er könne sich durch verbale Anpassung schützen.

Der Hexenglaube war im neuzeitlichen Europa – als die Hexenprozesse stattfanden – keineswegs allgemein. Er war ein verbreitetes Theorem, dessen »Mindestforderung«, daß es überhaupt Hexen gebe, sich jedermann nur dort unterwarf, wo gerade lokale Prozesse stattfanden. Andernorts wurde darüber gelacht.[4] Jede Terror-Ideologie sagt aus, daß ihre Verfolgungspraktiken nötig wären, um das Land von irgend etwas »zu befreien«. Einer der ersten Hexenprozesse fand z. B. 1474 in Heidelberg statt und endete damit, daß sechs Frauen auf dem Dilsberg lebend verbrannt wurden. Man hatte sie beschuldigt, Waldbrände herbeigezaubert, dadurch Smog verursacht und so zum Schaden der Menschheit die Luft vergiftet zu haben. Natürlich hätten sie die Zauberkenntnisse durch teuflische Kulte erworben. Der Chronist jedoch schreibt, er bezweifle, daß diese Frauen wirklich Bösartige gewesen seien.[5] Wären die Opfer in den Augen der Bevölkerung wirklich Schuldige – ihr Tod, ihre Ausrottung, die Austilgung ihres Schadenswissens hätten Erleichterung bedeutet und nicht steigende Angst. Andererseits ist es aber auch nicht so, daß es sich um ganz offenkundige Unrechtstaten eines Schreckensregimes handelt – sonst würden Empörung und Aufruhr sehr rasch die Folge sein. Sondern die verbale Zustimmung und Unterwerfung unter die Terror-Ideologie, unter die Lehre, wonach Verfolgungen berechtigt seien, weil sie eine Verschwörung von Teufelsdienern, Volksfeinden oder ein Unrechtssystem ablösen und einen endgültigen besseren Zustand herbeiführen könnten, hemmt die klare Beurteilung der wirklichen Zusammenhänge. Wer sich aus Angst unterwirft, tut offiziell so, als glaube er wenigstens an einige ideologische Mindestforderungen. Anderenfalls müßte er sich ja offen als Feigling bekennen. »Auch die Nazis hatten in manchem recht«, heißt es dann. Und wenn eine Schreckensherrschaft nur halbwegs einleuchtend argumentiert oder in einer Revolution sogar fortschrittliche Errungenschaften verspricht – findet sie Mitläufer.

Mancher ist bereit, das Unrecht, das anderen geschieht, »Leuten, mit denen er nichts zu tun hat«, ziemlich lange hinzunehmen. In Wirklichkeit ist die Schreckensphase, auch wenn sie im Zuge stürmischer Revolutionen auftritt, eine Zeit der sozialen und politischen Stagnation. Angst und Schrecken lähmen jede Initiative. Terror hat zur Folge, daß jede Solidarität, jede soziale oder kulturelle Aktivität unterbleibt und jede Loyalität in Frage gestellt wird. Auch revolutionäre Zellen, politische Kampfgenossen, die sich in einem gemeinsamen Ziel vereint wissen, geben einen Verfolgten preis, wenn er aus ihrer Mitte herausgegriffen wird.[6] Jeder denkt dann nur an die Folgen, die seine Freundschaft mit dem Verdächtigten etwa für ihn haben könnte, und sucht diese Beziehung abzustreiten. Alles Planen, alles an Leistung und Aufbau, was langfristige Kooperation verlangt, sei es im einfachen Austausch der Kenntnisse und Erfahrungen, sei es in einem echten Integrativsystem, ist durch das allgemeine Mißtrauen paralysiert. Terrorsysteme erstarren. Sie sind somit paradoxerweise ultrastabil, insbesondere auch, weil ihre Ideologie keine neuen Informationen – auch keine Sachinformationen – anregt. Es ist alles monoton auf Vernichtung des Gegners eingestellt. Und da es sich bei den erpreßten Geständnissen oft um Schneeballsysteme handelt – jedes Opfer muß neue Verschwörer als Mitschuldige preisgeben –, reproduziert dieses System auch immer neue Pseudogegner, und die Angst nimmt kein Ende.[7]

Der Terrorist selbst ist dabei keineswegs in der Rolle eines Herrschenden, der munter über Leichen geht. Neben den realitätsblinden Paranoikern, die immer innerhalb solcher Verfolgungsideologien mitwirken, bisweilen sogar ihren Motor abgeben, sind auch die fanatischen Terroristen selbst angstgepeinigte Menschen. Das Gespenst der Gegenrevolution und des Verschwörers oder auch des Attentats umgibt sie ständig. Zudem wissen sie, daß auch ihnen das gleiche Schicksal drohen kann, wenn der heutige Machthaber morgen gegen seine Freunde mißtrauisch wird. Außerdem unterliegen die unmittelbaren Mitarbeiter eines Terrorsystems einem psychischen Zwang, an die Ideologie glauben zu müssen – andernfalls wären sie ja Ungeheuer. Zudem hören sie von der verängstigten Bevölkerung immer nur Beifall und Bestätigung. Und schließlich, falls sie die Wahllosigkeit der Opfer und bei Geständniserpressungen die Willkürlichkeit der Verurteilungen erkennen und zu Zynikern werden, die nichts mehr glauben – immer sind sie unfrei, Gefangene eines Systems, das auch sie nicht mehr kritisieren dürfen. Sie können sich nur noch als die willenlosen Handlanger der Geschichte fühlen, die in Wirklichkeit nur ein außer Kontrolle geratener und sinnloser Vernichtungsmechanismus ist, der auf der Angst aller gegenüber allen beruht und das Vertrauen, die Gegenkräfte der Kooperation und der Solidarität außer Kraft gesetzt hat.

Erträglich – für die Unterworfenen ebenso wie für die Terroristen – ist eine solche sich perpetuierende Schreckensherrschaft nur unter der Fiktion, die Bevölkerung fühle sich tatsächlich durch den Tod oder – bei modernen Terrorformen – durch den Rufmord und die soziale Degradierung bestimmter Personen »befreit«. Die Terroristen leben von einer widerspruchsvollen Orientierung im sprachlichen Raum: Einerseits hören sie nichts als angstgesteuerten Beifall, und sie wissen, daß hier die Furcht die Sprache der Ideologie so schnell hat lernen lassen. Andererseits versuchen sie trotzdem zu glauben, die ihnen gehorchende Bevölkerung sei wirklich auf ihrer Seite. Denn ihre Ideologie schreibt ja vor, daß der Terror für die Befreiung der Unterdrückten und für eine bessere Zukunft praktiziert würde.[8] Der Zustimmende aber lügt, indem er linientreue Parolen von sich gibt. Er ist alles andere als im Zustand des »richtigen Bewußtseins«. Was er aber sagt, muß »objektiv« die richtige Ideologie sein, die die Realität widerspiegeln soll!

Diese spezielle – auf Verdrängungen hinauslaufende – Realitätsverkennung, die alle Anhänger eines Terrorsystems auszeichnet, kennzeichnet sie als »Psychopathen«. Sie schirmen sich vor der Wirklichkeit ab. Sie verdrängen das Unrecht, das der Terror seinen Opfern zufügt, und sie verdrängen insbesondere auch die negativen Folgen eines Terrorsystems auf allen anderen sozialen, kulturellen, wirtschaftlichen, organisatorischen Gebieten. Sie halten die Lähmung jeder gesellschaftlichen Initiative, die unter einem Terrorsystem um sich greift, für einen Übergangszustand, aus dem, wie der Phönix aus der Asche, eine neue soziale Wirklichkeit entstehen könnte. Sie verdrängen ununterbrochen alle Nebenfolgen und alle sekundären negativen Auswirkungen, die ein Terrorsystem hat, nur um in ihrer ideologischen Scheinwelt weiterleben zu können. Sie machen sich vor, einem edlen Menschheitszweck oder einem Fortschritt zu dienen, während sie in Wirklichkeit ihren inneren abgespalteten destruktiven Kräften jeden Spielraum geben und sie sich austoben lassen. Aber ihr Bewußtsein sieht weg von dem, was geschieht, es hat den Blick auf irgendwelche Ideale geheftet, derentwegen dort, »wo gehobelt wird, auch Späne fallen« müssen. Die wahre Realitätserkenntnis erhalten sich nur die Opfer und die Gegner eines Terrors. Wer mitmacht, wird zum soziogenen, induzierten Psychopathen. Und da diese Personen das gesellschaftliche System beherrschen, kann man auch vom Terror als einer »Psychopathie der Gesellschaft« sprechen.

Zum Begriff einer gesellschaftlichen Erkrankung gehört aber auch ihre Ablehnung seitens der gesunden oder wieder gesund gewordenen Gesellschaft. Damit sind wir bei dem Phänomen der gesellschaftlichen Reflexion, das als »Krankheitsbewußtsein« dazugehört. Tatsächlich wird die sozialpsychopathische Erscheinung, um die es hier geht, nämlich der Terror, vorher und nachher – allerdings nicht während ihres Krankheitsverlaufes – als eine Erstarrung oder Verirrung abgelehnt. Daß ein psychisch Erkrankter sich während einer Krankheitsphase selbst für gesund hält, ist innerhalb der Psychopathologie ein nicht seltenes Charakteristikum gerade der psychischen Defizienz. Aber auch eine nachträgliche Verleugnung des vorausgegangenen Krankheitsvorganges ist möglich, die sich allerdings auch in einem Verschweigen, Verdrängen, Beschönigen und Herunterspielen äußern kann. Das führt bis zu den verlegenen Entschuldigungen: Diese Vorgänge seien zwar bedauerlich, aber nötig gewesen, um eine beschleunigte und fundamentale Veränderung herbeizuführen. Darin klingen aber doch deutlich erkennbare Anzeichen von Schutzbehauptungen an oder von Trostbehauptungen. Etwa als ob man einem Schwerkranken nach seiner Genesung zur Aufmunterung einreden wollte, er möge jene durch seine Krankheit ausgefallene Lebenszeit als notwendiges Durchgangsstadium ansehen. Aber Krankheiten sind nicht notwendig.

Bleiben wir bei dem Bild des Terrors als einer gesellschaftlichen Erkrankung, dann müssen wir ihm die normalen Reifekrisen – in deren Verlauf die Selbstkontrolle erhalten bleibt, die Realitätserkenntnis, die Entwicklungskontinuität oder die Ichidentität gewahrt sind – gegenüberstellen. Krisen sind keine krankhaften sondern normale Labilisierungsphasen. Eine gesellschaftlich weiterführende produktive Krise muß gegenüber der gesellschaftlich negativen Erkrankung (dem Terror) abgegrenzt werden. Und es muß vorausgesetzt werden, daß dieser Unterschied auch allgemein bewußtseinsfähig ist, selbst wenn in beschwichtigender Absicht Versuche zur Bagatellisierung und Verharmlosung unternommen werden.

Der stalinistische Terror, der als »Personenkult« verschleiert und damit auch als beendet verurteilt wird, ist ein gutes Beispiel für die nachträgliche Beschämung und daraus folgende Beschönigung solcher Vorgänge. Im Grunde wird durchaus verstanden, daß hier etwas geschah, was sozial schädlich, historisch widersinnig und moralisch verwerflich war – auch wenn ein leichtes Zwielicht des historisch Unentrinnbaren und darum Hingenommenen daran hängen geblieben ist.

Der Grund zu dieser Verurteilung der Terrorakte liegt in einer humanen Universale, die der ganzen westlichen Welt gemeinsam ist: die Ächtung der Gewalt als eines falschen, d. h. für echten gesellschaftlichen Wandel ineffizienten und moralisch nicht zu rechtfertigenden Mittels. Der maoistische Terror steht schon darum unter etwas anderen Selbstbewertungskriterien, weil in der östlichen Tradition die Verfolgung, Gewaltanwendung und der Schrecken als ein Herrschaftskennzeichen noch sozial akzeptabel erscheinen. Der Schrecken der Macht wirkt dort noch als Legitimationskennzeichen. Dieses älteste, an numinose Schauer vor einer unentrinnbaren Magie anknüpfende Herrschaftszeichen ist im europäischen Denken längst normativ durch die Rechtsstaatlichkeit und die Vorsorgefunktion der Herrschaft abgelöst worden. Die Erkenntnis, daß Terror eine soziale Fehlform gesellschaftlicher Prozesse ist, erscheint bei uns historisch vermittelt. Da aber gewisse alte Denkmodelle – und analoge Verhaltensmodelle, man könnte auch sagen Verführungen aus den

Möglichkeiten der Herrschaftssituation – sich als langlebig erweisen, wird das Herrschaftskriterium »Angsterzeugung« auch bei uns als unterschwellige, allerdings negativ bewertete Verhaltenserwartung noch eingesetzt. Die Neigung, den Rückfall in eine Politik der Angst und der Gewaltanwendung nicht zu scheuen, wird »den Herrschenden« als eine permanente Geneigtheit zur Rechtsverletzung unterstellt, die man auch durch Provokation ans Licht bringen kann. Sie wird bei uns aber gleichzeitig abgelehnt und als ein Mißbrauch der Herrscherposition interpretiert, und die Aufgabe des Rechtsstaates wird darin gesehen, sich durch Provokationen nicht aus seiner Legalität bringen zu lassen. Umgekehrt wird auch versucht, für den Vollzug von revolutionären Veränderungen das Postulat der Gewaltlosigkeit aufzurichten.

Im chinesischen Revolutionsdenken ist das offenkundig anders. Jede Grausamkeit – unabhängig von der Zwecksetzung oder von der Bewertung der Objekte – als inhuman abzulehnen, erscheint dort (wo der chinesische Alltag nicht von christlich-europäischer Mentalität beeinflußt ist) als Gefühlsduselei. Über dieses andere Verhältnis des Ostasiaten zur Grausamkeit und zur Schmerzzufügung gibt es eine Menge Zeugnisse. Mao selbst scheut, anders als Hitler und anders als das derzeitige Rußland, keineswegs die Vokabeln »Angst« und »Furcht« als Folgen von revolutionären Aktionen.[9] Trotz großer Ähnlichkeiten des Vorgehens bei Hitler und bei Mao sind deutliche Nuancenunterschiede zu erkennen. Hitler benutzte die zentral organisierten Terrorakte und Ausschreitungen gegen jüdische Einzelpersonen (die »Reichskristallnacht« beispielsweise), um in der Bevölkerung Unterwerfungsbereitschaft und Schrecken zu verbreiten. Aber gleichzeitig distanzierte man sich offiziell von diesen Vorgängen, die als Volkszorn und als Undiszipliniertheit der unteren Organe dargestellt wurden, »von denen unser Führer gewiß nichts weiß«. Terror ist also in einem modernen europäischen, totalitären System nicht voll öffentlichkeitsfähig oder bekenntnisfähig. Sein Kennzeichen ist das Bewußtseins-Zwielicht.

In der Französischen Revolution war die Anerkennbarkeit des Schreckens als eines seelischen Erschütterungsmittels noch vorhanden. Robespierre beruft sich in einer Doppelformel auf »die Tugend und den Schrecken«. Er lehnt sich dabei an die Katharsis-Theorie der antiken Tragödie an (wie sie von der literarischen Aufklärung interpretiert wurde).

Auch im maoistischen System sind die Terrorakte offiziell nur geduldet. Aber sie werden in gewisser Weise doch legitimiert, indem man sie als Ausdruck der sogenannten antagonistisch sich zuspitzenden Widersprüche im Volk, d. h. als in der Umwandlung der Gesellschaft selbst angelegt, bezeichnet und sie ohne Verleugnung ihrer Angstauswirkungen anwendet, indem man sie für historisch notwendig erklärt. Maoistischer Terror besteht aus einer Kette von irregulären, im einzelnen nicht immer vorsehbaren Gewalttaten, denen die politische Leitung nicht wehrt. Die Organe der staatlichen Macht dürfen nur dann eingreifen, wenn wichtiges Staatseigentum in Gefahr gerät. Die Partei erklärt dazu, man solle »das sogenannte Chaos ... ruhig ein paar Monate sich selbst überlassen«.[10] Dazu gehören auch go-in-artige Gruppendemonstrationen gegen Einzelpersonen, Belagerung ihrer Häuser oder Arbeitsstellen, intensive Lärmbelästigung, Beschimpfung und Herausforderung durch Sprechchöre, auch körperliche Überwältigung des Betroffenen, der dann in Fesseln und mit einer Schandmütze auf dem Kopf öffentlich ausgestellt wird.

Dieser spontane Terror, dem eine nur teilweise kalkulierbare aber dennoch zielgerichtete angstverbreitende Funktion zuerkannt wird, trifft zwar einzelne Personen, meint aber politisch mißliebige Gruppen und zielt auf die Einschüchterung der Massen. Seine Fernwirkung ist seine Aufgabe. Er dient der exemplarischen Unterwerfung. Macht und Gewalt sind legitime Mittelanwendungen, Angst und Schrecken sind nicht als Kennzeichen von Unrechtstaten tabuisiert. Dasselbe gilt für die älteren Terrorsysteme im europäischen Bereich (15.-18. Jahrh.).

Der »Hexenhammer«, das Lehrbuch der Hexenverfolgung, das über 300 Jahre dogmatisch ausgelegt und praktiziert wurde, kämpfte in seiner Weise für eine Welt ohne Magie – für eine rational beherrschbare, fortschrittliche Welt – in der die Hexen nicht mehr auf dem Umweg über Dämonen und Teufelsdiener alle Naturgesetze außer Kraft setzen können. War das nicht – bei angenommener Existenz von Hexen – eine sehr logische und konsequente Antizauberpolitik? Der Terror, den die Hexengerichte über den ganzen Landstrich verhängten, wobei es an manchen Orten Hunderte von Opfern gab, hat er nicht, steigt man in seine Voraussetzungen ein, manches für sich? Der »Hexenprediger«, der diese Ideologie von der Kanzel propagierte, konnte sich einreden, er tue etwas Gutes und er sei im rechten Glauben, wenn er den Terror unterstütze. In Wahrheit fürchtete auch er nur die Hexenrichter. Auch für die Hexenprozesse gilt der unselige Kreislauf zwischen angstvoller Zustimmung und dadurch sich immer mehr steigender Fanatisierung der Terroristen. Etliche mutige Geistliche beider Konfessionen, die sich gegen den Terror wandten und den Gefangenen beistehen wollten, sind unter den bekannten Opfern.

Bei anhaltenden, zementierten Terorsystemen entsteht aber gerade aus diesem sprachlichen Zwang zur rein verbalen Zustimmung bei erhaltener Überlebensfurcht eine neuere Reflexionsstufe, die zur »Doppelsprachigkeit« als einem Instrument des Widerstandes führt. Außer den Dämonologien, in denen die Hexenlehre immer aufs neue gleichlautend und monoton innerhalb der großen lokalen Terrorsysteme formuliert wurde, und außer den Flugblättern, in denen die Anklagen und die Geständnisse verbreitet wurden, gab es auch eine nur scheinkonforme Literatur, geschrieben in einer Art geheimer Oppositionssprache, die lediglich zwischen den Zeilen erkennbar wird. Diese Doppelsprachigkeit: Die Ideologie intellektuell zu beherrschen, aber kein Wort davon zu glauben, ist das Hilfsmittel einer unterdrückten Bevölkerung, ein Ventil, wenn es keinen Ausweg mehr gibt und keine Hilfe von außen mehr zu erhoffen ist. Das setzt aber natürlich eine innere moralische Gegenorientierung gegen das Terrorsystem, also eine Ablehnung der Gewalt als Unrechtshandlung, voraus und beruht auf einer Persönlichkeitsentwicklung, die humane Werte bereits internalisiert hat. Angst herrscht natürlich immer, gleichgültig ob das Terrorsystem und die Gewaltanwendung als unmoralische Mittel der Revolution erkannt oder innerhalb einer mehrdeutigen Terminologie verdrängt werden.

Auch unter dem Terror bleibt eine verschwiegene Realitätserkenntnis im allgemeinen Bewußtsein möglich und wird in Form der »Doppelsprachigkeit« weitergegeben. Nur kann sie sich nicht offen zu Wort melden. »Dieser Zweigeleisigkeit im Denken, Reden und Handeln bedienen sich schließlich alle – die Terroristen an der Spitze ebenso wie die Terrorisierten. Wobei niemand weiß, wo die Risikogrenze gerade gezogen wird. Eine Atmosphäre von Verdächtigung und Doppelzüngigkeit entsteht und wird mit Augenzwinkern und Solidaritätsphrasen ermutigt. Und der Untergrund an der Spitze erzeugt schließlich auch einen ihm würdigen Untergrund unten: die untätige, ängstliche, heuchlerische Konspiration der Unzufriedenheit des einzelnen.«[11]

Beendigung von Terrorsystemen durch einen Aufruhr der Bevölkerung ist selten. Einzelne Hexenrichter sind durch lokale Aufstände verjagt worden. Aber wie z. B. bei den Hexenprozessen, die ja nur für die Dauer der Folterjustiz ihren Schrecken ausbreiten konnten, beendet häufig eine Wandlung in der staatlichen Rechtsauffassung das Terrorsystem. Die meisten bekannten Terrorsysteme sind durch einen Eingriff von oben mattgesetzt worden. Hitler wurde durch eine neue staatliche Rechtsordnung abgelöst, Stalin, den niemand abzusetzen wagte, nach seinem Tode durch die Entstalinisierung, einen Herrschaftsakt seines Nachfolgers, moralisch gestürzt. Die Terrorphase der Französischen Revolution endete durch eine letzte Säuberungswelle, der die Extremisten selbst zum Opfer fielen. Alle diese Beendigungsformen sind Vorgänge innerhalb der Machthabenden selbst, nicht Aktionen der verängstigten Bevölkerung.

Andererseits kann auch passiver Widerstand von unten den Terror zwar nicht stürzen, aber außer Funktion setzen. Wenn nämlich die Bevölkerung die Verfolgten schützt, Denunziationen selten werden und verachtenswürdig sind, Solidarität in Gruppen und Familien wieder einsetzt. Am Ende hat der Schrecken, sobald dessen moralisches Unrecht generell durchschaut wird, doch auch einen Solidarisierungseffekt. Schließlich weiß jeder, daß alle die Terroristen hassen. Darauf bauen die Oppositionellen in den verantwortlichen Positionen, die Wege und Verwaltungsakte zur Beendigung der Aktionsfreiheit der Terrorfunktionäre finden.

Terror ist ein System, das paradox funktional arbeitet: es ermöglicht seine eigene Reproduktion aus der Angst aller vor allen, einschließlich der Funktionsträger. Es entwickelt stabilisierende Rollen: den Dogmatiker, der die Argumentation ausarbeitet, den systemspezifischen Kriminellen, der Denunziationen liefert und aus dieser Möglichkeit zu Erpressungen Beute macht, den ideologischen Extremisten, der favorisiert wird, weil er jeweils den größten Schutz verspricht, und den Echtheitsgaranten, den gutgläubigen Propagandisten, der meint, um eines guten Kernes willen das Unrecht ertragen und einer moralisch vertretbaren Idee dienen zu müssen. An der Basis des Systems aber stehen die Rollen der Opfer, die durch die Schneeballwirkung ihrer Geständnisse das System reproduzieren, und die Unterwürfigkeit der Mitläufer, die es verbal perpetuieren. Alle diese Rollen erzeugen und ergänzen sich gegenseitig auf der Basis der Angst voreinander. Sie ergeben ein eigenes Kommunikationssystem: die Doppelsprachigkeit, in der man eine geforderte Ideologiesprache rasch lernt und benutzt, aber im Gegendenken aufhebt und zur Tarnsprache des Widerstandes umfunktioniert. Ironie, Skepsis und leeres Gerede bedienen sich der gleichen linientreuen Worte.

Allerdings, bis alle verstanden haben, daß die Clique der Hundertprozentigen relativ klein und tatsächlich kaum jemand ernsthaft und eigentlich überzeugt ist, vergeht immer ziemlich viel Zeit. Aber auch dann, wenn die *pluralistic ignorance* – die Unkenntnis von der wahren, aber verschwiegenen Meinung der Mehrheit[12] – durchbrochen ist, ist offene Opposition unmöglich, solange der Terror besteht. Nur der einzelne Vernünftige, der in eine Machtposition kommt, kann das Unrecht von oben beenden. Und selbst dazu braucht er die Mithilfe anderer Gleichgesinnter.

Das bedeutet, daß dort, wo sich staatliche Instanzen außerhalb der terroristischen Usurpationen und Machtausübungen erhalten haben, es an diesen – und nur an diesen – liegt, ob etwas gegen die Angst- und Schreckensherrschaft getan werden kann. Aber das ist erst möglich, wenn die Zweisprachigkeit – die von allen verstandene, aber verbal nicht direkt faßbare Oppositionshaltung – allgemein geworden ist. Die Front, die zwischen den »Gemäßigten« (jenen, die, wie auch immer sie zu den Inhalten der propagierten Ideologien stehen mögen, den Terror jedenfalls ablehnen) und den Terroranhängern verläuft, baut sich deswegen so langsam auf, weil alle anderen Gruppenspannungen und Gruppengegensätze (die gesamte soziale Angst im Berufsleben, Konkurrenzangst, die reale Überlebensfurcht) erst überwunden werden müssen, bis sich wirklich jedermann mit jedermann gegen den Terror zusammenfinden kann. Aber diese Gemäßigten sind die wahren Gegner der Terroristen, und sie finden sich schließlich zusammen.

Bei dieser Darstellung ist allerdings ein Element nicht berücksichtigt worden, über dessen Auswirkung man aus der Geschichte noch nicht sehr viel weiß: Es ist der moderne Meinungsterror. Er verbreitet nicht jenen physischen Schrecken, der jedermann um sein Leben fürchten läßt. Er ist unterschwellig und vielleicht deswegen um so gefährlicher. Nach den Erfahrungen im Nationalsozialismus kann angenommen werden, daß im Kern eines Meinungsterrorfeldes häufig ein Fanatiker, d. h. ein blind irgendeiner Überzeugung anhängender Extremist, auf eine ganz bestimmte Weise soziale Angst verbreitet. Er selbst bedient sich hier nicht der unmittelbaren Drohungen, daß einem irgend etwas materiell oder sozial Nachteiliges zustoße, sondern er droht mit dem Verlust des Rechtes auf Selbstachtung, mit dem Verlust der Anerkennung als eines moralisch akzeptablen Gesprächspartners. Er droht mit dem Verlust, dem Entzug der Kommunikationswürdigkeit und der Diskussionspartnerschaft, falls man nach einer großen »Aufklärungszeit« die ideologische Mindestforderung nicht anerkannte. Man kann annehmen, daß innerhalb der eigenen seelischen Struktur eines solchen Fanatikers auch starke psychische Spannungen und an ihrem Grund eine verdrängte, psychopathisch verarbeitete Angst steckt. Hinsichtlich der Form seines politischen Ausagierens eigener innerer Spannungen ist aber der Fanatiker innerhalb einer ihn umgebenden und an ihn glaubenden Gruppe nicht als Psychopath kenntlich – zumindest nicht für seine psychodiagnostisch gar nicht vorgebildete Umgebung.[13]

Daß sich überhaupt um den Fanatiker Gruppen bilden, hat vermutlich seinen Ursprung in jener Desintegration der gesellschaftlichen Zusammenhänge, die wir auch als die Ursache paranoider Reaktionen bei einzelnen und Familien – Verlust der Bezugsgruppe – genannt haben. Aber auch bestehende Gruppen können zerfallen, beispielsweise ein der Lethargie verfallener Verein oder eine zerstrittene Arbeitsgruppe im Betrieb oder Büro. Auch dann sind die Mitglieder heimatlos. Die soziale Angst, die durch Kontakt und Vertrauen ausgeglichen war, wird wieder frei, und der einzelne wird leicht zur Beute von »Bergungsgruppen«, die ihm wieder Solidarität und sogar Machtansprüche, Aktionslust und ideologische Spezialkenntnisse versprechen. Die Überzeugtheit des Fanatikers, die anfänglich seltsam übersteigert anmutet, und die gewaltsamen Vereinfachungen seiner Ideologie (an allen Krankheiten, am Unwetter, am Viehsterben und an Potenzverlust sind die Hexen schuld; alle gesellschaftlichen Schäden gehen auf Konto der Juden oder des Kapitalismus) werden schließlich akzeptiert, weil andere das offenbar auch akzeptieren und weil das fanatische Gerede Nachahmung findet, so wie alles Auffällige leicht zur Mode werden kann.

Jedoch auch im Meinungsterror müssen die Rollenfunktionen unterschieden werden, und sie entsprechen weitgehend dem Aufbau des physischen Terrorsystems. Der Fanatiker bedeutet eine Art Garantie dafür, daß man auch »echt« an die Ideologie glauben kann (Echtheitsgarant[14]). Er wirkt als Schrittmacher für jene künftigen Aktivisten, die sich zunächst als »gescheiterte Existenzen«, Außenseiter und Bindungslose um ihn sammeln, weil sie in den Genuß der Bergungsgruppe kommen wollen. Sie übernehmen die Ideologie als Eintrittsleistung, um dazuzugehören. Im Sinne ihrer Ideologie ist ihre Weltdeutung aber ein »konstruktives Angebot«, das über die Aktivisten dann an die Bevölkerung herangetragen wird. Jedoch »das konstruktive Angebot bedarf der Ergänzung durch die subversive Aktion« (Ebert, S. 79). Ihre Technik besteht in Verunsicherung, Angsterzeugung, indem jene Zusammenarbeit gestört wird, die Vertrauen stiftet. In der Sprache der Revolutionäre heißt das: »Sie versuchen diese Herrschenden zu isolieren und zu paralysieren, indem sie sukzessiv deren Mitarbeiter zur Nonkooperation bewegen« (*ebd.*).

Die Erklärung des in dieser Form angegriffenen »Herrschenden« – etwa eines Vereinsvorsitzenden, eines Direktors irgendeines Betriebes, eines Schulleiters, eines Professors, eines Redakteurs, eines leitenden Beamten, eines höheren Juristen – zu einer »Unwertsperson« erfolgt mit den Methoden der Diffamierungstaktik. Das Ziel ist der Rufmord, der dann die Mitarbeiter unter die »gewaltfreie« Drohung setzt, mit einem sozial Preisgegebenen, einem Verfolgten nicht sympathisieren zu dürfen, anderenfalls würden sie mit ihm zusammen diffamiert werden. Die Angstmanipulation ist also nach dem Terrormuster gebaut – nur droht Prestigeverlust und nicht mehr die Guillotine, das Konzentrationslager oder die Gehirnwäsche. Nach der Eliminierung des »Herrschenden« erfolgt dann die »zivile Usurpation«, d. h. die sogenannten Herrschaftsfunktionen werden unter ein jetzt herrschendes revolutionäres Kollektiv aufgeteilt und das System dadurch funktionsunfähig gemacht. Die Krisenangst und die Unterwerfungsbereitschaft in der Bevölkerung nehmen indessen ähnlich zu wie nach den Todesurteilen der klassischen Schauprozesse.

136

Paradoxerweise – das muß mit allem Nachdruck betont werden – gelingt zumindest dem Fanatiker als Echtheitsgaranten eine völlige Verkennung der Realität. Er sieht nicht mehr, was wirklich geschieht, nämlich eine Verfolgung von Unschuldigen, sondern ist von einem klassischen Vorstellungsglauben in Form einer Ideologie umnebelt. Ebert schreibt: »Das Ziel des gewaltfreien Aufstandes ist darum, durch die gewaltfreie Aktion der einen Partei zu erreichen, daß sich beide Kontrahenten aus der Selbstentfremdung lösen. Die Entscheidung für diese Strategie und die Verwerfung des Hasses als humane Triebkraft ist von existentieller Bedeutung. In dieser Entscheidung wird menschliche Freiheit in einer Umwelt der Selbstentfremdung sichtbar« (S. 58). Wieso hier »Freiheit« sichtbar würde, versteht außerhalb des ideologischen Zusammenhanges niemand. Von einer existentiellen Entscheidung kann doch nur dann gesprochen werden, wenn in ihr auch die Ermöglichung der Freiheit der Andersdenkenden mit gemeint ist, nicht aber, wenn die einseitige Behauptung einer angeblichen Notwendigkeit, Revolution machen zu müssen, als irrationale Voraussetzung bestehenbleibt. Ethische Positionen, die lediglich an ihre eigenen ideologischen Prämissen geknüpft werden, haben nur in der Form der Selbsttäuschung auch einen Erfahrungs- oder Erlebniswert. Angst kann man wegzuinterpretieren versuchen, während man sie benutzt. Man kann sie »Freiheit« taufen. Sie tritt trotzdem als der reale Motor der »gewaltfreien Kampfmaßnahmen« und auch als der Ursprung der Propagierung der »Gewaltfreiheit« überall zutage. Sie zu leugnen ist eine falsche Widerspiegelung der Realität. Auch der Meinungsterror, ebenso wie der physische Terror, gerät notwendigerweise immer außer Kontrolle und wird zur historisch sinnlosen Destruktion einer funktionierenden Ordnung.

Könnte die soziale Angst – und deren derzeitige stärkste Form, die politische Angst – überhaupt beseitigt werden? Darauf wäre zu antworten: Ganz sicher kann sie minimalisiert werden. Aber nicht, indem man die »Krise der Drohsysteme«, in die die westliche Welt insgesamt geraten ist und von der ja auch die »gewaltfreien« Revolutionstheorien berührt sind, dadurch beendet, daß man neuen Terror oder Meinungsterror aufbaut, sondern indem man die anderen beiden angstfreieren Verhaltensformen: das Tauschsystem (»Gewährst du mir einen Nutzen, so gewähre ich dir einen Nutzen«) und das Integrativsystem (»Brauchst du etwas, dann helfe ich dir«) verstärkt. Also: verbesserte Kooperation, verbesserte gegenseitige Arbeitsanerkennung, verbesserte Sozialkontakte und insgesamt: Evolution, d. h. Entwicklung und Fortschritt durch Wandel ohne Angst.

In diesem Konzept ist sicher ebensoviel »Prinzip Hoffnung« und ebensoviel »konkrete Utopie« wie in anderen Heilslehren auch. Es hat nur den Vorteil der Realisierbarkeit in vielen schonenden kleinen Schritten, die auch, wenn einige ausfallen oder fehlgehen, keine weltweite Krisenangst auslösen. Stabilität ist ein Angstreduktionsfaktor. Wenn man nach einer angstreduzierenden Gesellschaftsordnung sucht, muß man nach stabilen Verhältnissen Ausschau halten. Es hat eben alles seinen Preis. Angstreduktion – insofern es sich um systemspezifische soziale Angst handelt – ist eine systemimmanente soziale Aufgabe. Sie wird am besten, d. h. unter dem geringsten Risiko und dem geringsten Aufgebot an Zusatzangst, gelöst, indem die systemeigenen Ansätze zur Angstbewältigung und Angstvermeidung gefördert werden. »Man kann wohl behaupten, daß in allen dichter besiedelten Lebensräumen der Mitmensch als Angreifer und Feind, Konkurrent und Rivale, als Machtüberlegener, Gesetzgeber und Überwacher, als Despot, ideologischer Eiferer usw. die allerwichtigste Angstquelle bedeutet.«[15] Aber der Umgang mit diesen Faktoren hat eine Geschichte[16], und sie führt über die Jahrhunderte hinweg zu einem Ersatz der »Grausamkeit« als des entscheidenden Machtattributes durch die »Gerechtigkeit« und schließlich durch die »Vorsorge« – also vom Drohsystem über das Tauschsystem zum Integrativsystem.

Man folgt demnach nur einem historisch erkennbaren Trend, wenn man die Tausch- und Integrativsysteme als die geschichtlich bestellten Reduktoren der sozialen Angst ansieht. Es wird hier also nicht angenommen, daß eine Verminderung der sozialen Angst durch systemverändernde Maßnahmen (Revolutionen) erfolgen kann, auch nicht durch die Reflexionshöhe, mit der ein System, seine Funktionsbedingungen und sein normativer Aufbau verstanden werden – sondern allein durch einen Fortschritt in der Anwendung zwischenmenschlicher Verhaltensstrategien. Dieter Claessens hat sehr recht, wenn er schreibt: »Die Aktivität des Menschen in den modernen Gesellschaftssystemen mit hoher Verfügung über Energie verlagert sich zunehmend von archaischer Aktivität in die denkerische Aktivität. Eine Reduzierung der sozialen Angst unter diesen Bedingungen ist nur möglich durch eine bisher unbekannte Freisetzung des Menschen von einengenden Bestimmungen sinnloser Art und durch Offenlegung des Sinnes von Normen überhaupt.«[17] Mir scheint, daß die im Tausch- und im Integrativsystem geltenden Normen den Menschen stärker vom Druck freisetzen als die dem Drohsystem unterliegenden Prinzipien.

Wir fragten: »Wie entsteht soziale Angst als Angst vor den Mitmenschen? Wie breitet sie sich aus? Wie wird sie gesellschaftlich aufgefangen, abgeleitet oder sogar eingesetzt? Wie verschwindet sie – beim einzelnen, bei Gruppen? Was bleibt, wenn sie verschwunden wäre, und welche Konsequenzen hat das dann?« Wir antworten nun: Soziale Angst – genommen als allgemeine diffuse Angsttönung im gesamten Sozialverhalten, oder als spezielle, zusätzliche Angstverstärkung in einzelnen zwischenmenschlichen Furchtsituationen – entsteht aus den familiären Sozialisationsformen. Sie verteilt sich über die Berufserfahrung in die Gruppenspannung hinein und kann dort zu Polarisierungen führen. Sie kann, wenn wir der These von Lukács folgen, auf letztlich politische, nämlich gesamtgesellschaftliche Krisenlagen bezogen werden. Immer ist in der »sozialen Angst« das konkrete Verhalten von Mitmenschen gefürchtet. Übernimmt man von Lukács die Deutung unserer Zeit als einer Alternative zwischen Revolution oder Evolution, so ist der zentrale Angstfaktor die revolutionäre Drohung mit der Gewaltanwendung bzw. mit den Mitteln des auf Umsturz zielenden zivilen Druckes und Terrors. Die Vertrauenssysteme – insbesondere das Tausch- und das Integrationssystem als Formen eines miteinander korrespondierenden mitmenschlichen Verhaltens unter Verhaltenspartnern – haben die Funktion, die Angst beherrschbar zu machen, sie abzubauen oder wenigstens zu minimalisieren. Gegenüber den irrationalen Elementen der Angst sind sie deren rationale Gegenkräfte. Angst kann aber auch manipuliert eingesetzt werden. Ein Extremfall ist die Gewaltherrschaftstechnik des physischen Terrors.

Was bleibt, wenn Angst verschwunden wäre? Wir meinen, daß es vor allem darum geht, die terminierte, d. h. bei der Drohung mit einem Übel auftretende und ausnutzbare Angst zu verringern, also den Faktor Angst innerhalb der einzelnen menschlichen Verhaltensformen zu reduzieren und damit konkret ihre

Reproduktion zu stoppen. Im Verhalten der Menschen untereinander ist es zweifellos wünschbar, daß alle jene Verunsicherungen reduziert werden, die Angst heraufbeschwören. Dem dient das Tauschsystem, das Verhalten des »do ut des«. Homans[18] sieht das Tauschsystem als das überhaupt fundamentale soziale Verhalten. Es »folgen aus den Gesetzen individuellen Verhaltens ... die Gesetze sozialen Verhaltens, wenn die Komplikationen, die sich aus einer wechselseitigen Verstärkung ergeben, in Betracht gezogen werden« (S. 26).

Unter Tausch ist natürlich nicht ein dingliches Geben und Nehmen von Gegenständen gemeint, sondern eine Wechselbeziehung in den Handlungsweisen, Aktivitäten, mit denen der eine den anderen unterstützt, um bei anderer Gelegenheit von ihm unterstützt zu werden. Gesamtgesellschaftlich gesehen, werden dabei bestimmte Verhaltensweisen – Kollegialität, Kooperativität, Kompromißbereitschaft – höher belohnt als ihr Gegenteil. Insofern reduzieren diese Verhaltensweisen als Vertrauensvorgaben (z. B. in die Zuverlässigkeit des Verwaltungssystems, des Tarifpartners, des Materiallieferanten oder des Wissensvermittlers) die soziale Verunsicherung. Tauschsysteme reduzieren Angst, indem sie Stabilität vermitteln. Stabilität meint nicht Unveränderlichkeit, sondern eine elastisch bleibende Zuverlässigkeit. Stabilität bedeutet Krisenfestigkeit trotz eines beständigen Wandels beispielsweise in den Belohnungsansprüchen, wobei Gruppen nach Prestige, nach Macht, nach Einfluß, nach Mitbestimmung streben. Andere Gruppen streben nach Abschirmung gegenüber politischen Spannungen, nach Unabhängigkeit in ihren Planungen und Investitionen, nach klarer Kompetenzverteilung und nach bevorrechtigter Entscheidungsbefugnis für die Sachverständigen. Die aus diesen Zielen sich ergebenden unterschiedlichen Wandlungsimpulse (Konfliktursachen) auf dem Wege des Tauschsystems, d. h. auf dem Wege der Aushandlung von Kompromissen, zu lösen, verspricht weniger Freisetzung von Angst, als wenn dabei Drohsysteme benutzt würden. Jedoch »die Schwierigkeit bei zivilisierten Menschen liegt darin, daß sie nicht mit den Institutionen leben können, die sie selbst erfunden haben« (S. 343). Die Aufgabe unserer Zeit liegt also wohl darin, mit den von uns selbst erfundenen Institutionen angstfrei leben zu lernen und dabei diejenigen Verhaltenssysteme einzusetzen, die im Rahmen dieser Institutionen ohne Gewaltanwendung einen befriedigenden Wandel versprechen.

Zur Frage der Angstreduktion sind von Soziologen und Politikern – ausgehend von unterschiedlichen Standpunkten und gegenüber unserem Gesellschaftssystem auch pro oder contra argumentierend – verschiedene Wege vorgeschlagen worden. »Humane Verhältnisse« als Ziel der Angstverringerung gelten bei allen als wünschenswert. Eine wissenschaftliche Auseinandersetzung über die dabei möglichen Methoden steht aber noch aus. Die hier vorgeschlagene Hoffnung auf das Vordringen gewaltvermeidender, die »Drohungen mit Gewalt« abbauender, friedfertigerer Verhaltensweisen verlangt keine Veränderung des Menschen als Typus, auch keine Veränderung seines seelischen Haushaltes, keinen Umbau seiner Triebdynamik. Wir sind dabei der Auffassung, daß innerpsychische Angstreduktionstechniken schwer machbar, unsicher im Ausgang sind und ohne laufende Erfolgskontrolle und vor allem ohne den im Notfall anzuwendenden Versuchsstopp arbeiten müßten. Derartige Humanexperimente setzen eine untragbare Verantwortung voraus. Dies gilt insbesondere gegenüber den anarchistischen Ansätzen in der Erziehungspraxis und in der Gruppenehe. Integratives Verhalten ist ohne alle »gesellschaftlichen« Basis-Veränderungen, ohne neuartige Lern- oder Erziehungsstile möglich. Schon Peter A. Kropotkin sagt in »Anarchistische Moral«: »Was nun die Menschheit an dem wirklich moralischen Menschen bewundert, ist eben seine Tatkraft. Die überreiche Lebensfülle, die ihn zwingt, seine Intelligenz, seine Gefühle und Taten preiszugeben, ohne etwas zurückzuverlangen.«[19] Im Integrativsystem wirken nicht Engel oder Heilige oder Jogis zusammen, die in den verschiedenen Varianten der Selbstlosigkeit immer auf den eigenen Schaden hinarbeiten. Sondern dieses System »wirklich moralischer Menschen« ist die natürliche Verhaltensweise jedes Teams – gebaut nach dem Vorbild der Vorsorge für die Bedürfnisse des Partners. Wobei die Belohnung für den einzelnen nicht in einer Fürsorgerückzahlung zugunsten seiner eigenen Bedürfnisse, sondern im kollektiven Erfolg des Teams oder des einzelnen Vertrauenspartners liegt, dem man sich nützlich erweisen wollte. In der geistigen Arbeit, deren Erträge durch Verteilung nicht vermindert werden, ist dieses System das effektivste. Dasselbe gilt aber auch für die Unterstützung von Gesinnungsfreunden im politischen Kampf. Im Idealfall wird es ein Höchstmaß an seelischer Durchsichtigkeit der Systempartner verlangen, um jedes Mißtrauen, der andere wirke im Schutze seiner Kooperativität doch nur für Tauschabsichten und würde irgendwann eine Rechnung seines Eigennutzes präsentieren, auszuschließen. Dergleichen die eigenen Belange zurückstellende reine Sachbezogenheit oder überindividuelle Zielbezogenheit kommen als Verhaltensformen empirisch vor. Sie zu verstärken bedeutet, soziales Vertrauen auszubreiten. »Mag nun die Vertrauensbereitschaft mehr durch Gefühl oder mehr durch Flexibilität der Selbstdarstellung erreicht werden, sie beruht in jedem Fall auf der Struktur des Systems, das Vertrauen schenkt. Nur dadurch, daß die Sicherheit des Systems strukturell gewährleistet wird, ist es möglich, die Sicherheitsvorkehrungen für einzelne Handlungen in konkreten Situationen herabzusetzen.«[20] Sicherheitsvorkehrungen für einzelne Handlungen herabsetzen bedeutet aber, die Furcht oder die diffuse Angst vermindert zu haben, daß dergleichen Sicherheitsvorkehrungen nötig sein würden. »Bisher haben wir die Frage der Vertrauensbereitschaft diskutiert unter der Annahme, daß das Zustandekommen von Vertrauen davon abhänge, ob ein System bereit und in der Lage sei, Vertrauen zu bilden.« Bejaht man diese Annahme insbesondere für unser gesamtgesellschaftliches System, so darf man die Hoffnung haben, daß Vertrauen entwickelnde Verhaltensformen darin Aussicht auf Erfolg und auch Angstreduktion bringen werden. Das allerdings ist eine politische Aussage, die nur politisch beantwortet werden kann.[21]

Anmerkungen

1 Eine Einführung in die Problematik der sozialen Gewißheit gibt Peter R. Hofstätter, *Gruppendynamik.* Reinbek 1957, S. 81 ff.
2 Mandrou, R., *Magistrats et sociers en France. Une analyse de psychologie historique.* Paris 1968, S. 539–554.
3 von Baeyer-Katte, W., »Angst unter Terrorwirkung«. In: *Politische Psychologie* (1967), S. 62–79.
    dieselbe, »Möglichkeiten gewaltsamer Meinungsänderung«. In: *Studium generale* 22 (1969), S. 594–610.
    In beiden Arbeiten werden Vergleiche zwischen dem *brain washing*

und dem Hexenprozeß durchgeführt. Sie basieren vor allem auf der ausführlichen Fallschilderung von R. J. Lifton, *Thought Reform and the Psychology of Totalism* (Study of »Brain washing« in China). New York 1963. »Robert J. Lifton hat in Hongkong 25 Personen des westlichen Kulturkreises und 15 Chinesen untersucht. Alle diese Personen waren nach Hongkong gekommen, nachdem sie entweder eine Prozedur der Gehirnwäsche oder auch nur der Gedankenreform durchgemacht hatten... Das Unmenschliche in den chinesischen Praktiken sowohl der *thought reform* sowie des *brain washing* wird insbesondere darin gesehen, daß die Umerzieher die Ausgangspersönlichkeit bzw. die Meinung ihrer Gegenspieler nicht mehr ernst nehmen. Es lohnt gar nicht mehr für sie, darauf zu hören, was die Gegner sagen, weil sie nämlich das falsche Bewußtsein haben. Sie sind – so meint man – derartig manipuliert, daß alle Argumente und Äußerungen, auch ihre Beteuerungen und sachlichen Angaben immer in den Kontext ihrer politischen Position gestellt werden müssen. Da diese Position, der sogenannte Kapitalismus, in sich falsch und unwahr und historisch unrichtig sei, erscheint als falsch, unrichtig und unwahr, was diese politischen Gegner auch immer angeben und womit auch immer sie argumentieren. Es gibt also kein Gespräch mit ihnen im Sinne eines Austausches von im Prinzip gleich beachtlichen vernünftigen Argumenten, sondern es gibt nur die Deduktion, die Erklärung, das Klarmachen des Standpunktes der in China herrschenden Ideologie. Wenn diese einmal begriffen ist, dann gibt es keine Widerrede mehr. Menschen gewaltsam zu dem Anerkennen der neuen Ideologie zu bringen, wird also durchaus nicht als eine Unterwerfung, als ein Zwang, als ein gewaltsames Brechen der Persönlichkeit verstanden, sondern als das allerdings mit großer Energie und unter Zwangsmaßnahmen aber gerechtfertigte Befreien zu einer prinzipiell besseren Einsicht. Man treibt den anderen also nur ihre Irrtümer aus und macht sie frei für die Annahme einer richtigen Wahrheit... Es werden in einer permanenten *thought reform* Schuldbekenntnisse, außerordentlich demütigende Selbstanklagen, ausführlich geschriebene und wieder umgeschriebene Lebensbeichten verlangt. Es müssen bei einzelnen Anklagepunkten Bekenntnisse der Schuld vor der Öffentlichkeit... abgelegt werden... Solche Vorgänge sind natürlich für den Außenstehenden abstoßend, und die Unterwürfigkeit der Opfer solcher Ideologiereformprozesse, die Hilflosigkeit, die Demut und die Stereotypien der dabei auferlegten Verhaltensweisen bieten Dritten gegenüber das Bild einer völlig verlorenen Menschenwürde« (S. 604/605).

4 Während in den sechziger Jahren des 17. Jahrhunderts in Lemgo Hexenprozesse von ungewöhnlicher Heftigkeit und Grausamkeit stattfanden, bemerkt Lieselotte von der Pfalz in ihren Pariser Briefen,

daß man in der aufgeklärten Hauptstadt der Franzosen sich über diese Vorgänge amüsiere (1719).

5 Der Chronist Mathias von Kemnath lobt gleichzeitig die Heidelberger Bevölkerung, daß sie im ganzen liebenswürdig und vernünftig sei.

6 Eine genaue historische Darstellung des stalinistischen Terrors gibt Borys Lewytzkyi, *Die rote Inquisition*. Frankfurt 1967.

7 Eine Darstellung der Umerziehung im Gefängnis unter Mao Tse-tung gibt Dries van Coillie, *Der begeisterte Selbstmord,* deutsch von Ida Gruiterman, Verlag Auer, Donauwörth, o. J., hier insbesondere das Kapitel »Angstpsychose und Nachwirkung der Gehirnwäsche«, S. 461 ff.

8 Dahrendorff schreibt: »Es gibt den beißenden Kontrast des Geredes von der Humanität zu der Gleichgültigkeit gegenüber dem Leben« (Ralf Dahrendorff, *Gesellschaft und Demokratie in Deutschland,* S. 376). Was Dahrendorff hier über die »Not der schönen Tugenden« schreibt, gilt für alle Terrorsysteme.

9 Mao Papers, Hrsg. J. Ch'en, München 1970, S. 46, 58, 67.

10 ebd., S. 56. Vgl. »Terror« in: *Sowjetsystem u. Demokratische Gesellschaft.* Freiburg o. J. S. 342–359.

11 Siberski, E., *Untergrund und offene Gesellschaft.* Stuttgart 1967, S. 111.

12 »Der Personenkreis, dem solche Normen verhaßt sind, ist in vielen Fällen größer, als wir annehmen. Wenn jede dieser Personen glaubt, was häufig der Fall ist, sie stehe mit ihrem Nonkonformismus allein, dann ist ein Zustand gegeben, den F. H. Allport (1924) *pluralistic ignorance* genannt hat. Jeder nimmt an, jeder außer ihm selbst habe die Normen kritiklos übernommen. Nicht nur, daß auf diese Weise von den Nonkonformisten keine Änderung der Normen bewirkt wird, sondern sie unterstützen sogar die bestehenden Normen, denn ihr Schweigen wird als Zustimmung gedeutet.« Theodore M. Newcomb, *Sozialpsychologie.* Meisenheim a. Glan 1959, S. 542.

13 Eine beachtenswerte Schilderung eines Fanatikers gibt E. Kretschmer, *Körperbau und Charakter,* 21./22. Aufl. 1955, S. 379/80. Er beschreibt Robespierre als »einen schüchternen, sanften Schwärmer, ein blasses, tugendhaftes Gespenst, ein Ungeheuer von einem Schulmeister, ohne Gefühl für das Ungeheure. Er ist ganz in die Lektüre des Contrat social, seines Lieblingsbuches, vertieft, das er mit pedantischer Sorgfalt ins Wirkliche übersetzt. Er spürt nicht, was er anrichtet. Er köpft mit unbestechlicher Gerechtigkeit weiter. Er spürt nichts dabei als – die Tugend und das Ideal. Er spürt nicht, daß es weh tut«.
Über die klinischen Bilder von Fanatikern schreibt Kurt Schneider, *Die psychopathischen Persönlichkeiten.* Wien ⁹1950. Der aktive Fanatiker kann zum Terroristen werden.

Die Reihe der Fallschilderungen, die geschrieben wurden, um Zusammenhänge zwischen individuellen psychischen Bedingungen und politischen Parteiergreifungen darzustellen, beginnt mit Fritz Künkel, *Grundzüge der politischen Charakterkunde,* Berlin 1931. Die berühmteste derartige Schilderung von der »Sklavenschaft des Geistes in totalitären Staaten«, wie es Karl Jaspers in seinem Vorwort nennt, gibt Czeslaw Milosz, *Verführtes Denken.* Köln–Berlin 1953, wobei er die Machtergreifung des Kommunismus im besetzten Polen schildert.

14 W. von Baeyer-Katte, *Das Zerstörende in der Politik.* Heidelberg 1958. In diesem Buch ist eine Darstellung der Rollensysteme des Nationalsozialismus gegeben. »Wir schilderten in den Arbeitsgruppen anfänglich jene Vierstufenleiter der Anpassung. Der Echtheitsgarant befindet sich nach der Meinung der Gruppenmitglieder immer schon jenseits dieser Stufen. Alle Gegenregungen gegen das Systemdenken sind in ihm verdrängt. Die Opferungen, die der Massenrausch fordert, sind ihm bereits zu freiwilligen Standpunkten geworden. Diesem geforderten Idealtypus der gelungenen Anpassung wird der Nationalsozialist in der Rolle des Echtheitsgaranten freilich kaum jemals wirklich entsprechen. Die Dynamik des Zerstörenden in ihm treibt auch ihn in dem Radikalitätsgefälle weiter. Er erscheint als Ruhepunkt – und repräsentiert doch nur eine der vielen Scheinbarkeiten eines im Inneren destruktiven Systems. Er sucht Unterwerfungen und Ausrichtungen auch bei anderen zu befördern. Er empfindet Sympathie für alle Äußerungen jenes Opferwillens, der alle traditionelle Haltungen, Ansichten, Kenntnisse oder Wertungen der älteren Welt darbringt und zugleich aus dieser Destruktion eine angenehme Empfindung schöpft. Er erwärmt sich mit den anderen, die ihn nachahmen, am nationalsozialistischen Gedankengut. Es zieht ihn an, nicht weil es an sich irgend etwas gedanklich Attraktives böte, sondern weil es als Scheiterhaufenflamme vom Verzichten und Verzehren ehemaliger Werte lebt, weil in ihm die Unterwerfung aller jener vieler Andersdenkenden enthalten ist, weil es einen erreichten Machtanspruch verkörpert. Die herrschende Ideologie ist dann die seine – nicht ihres Inhaltes wegen, sondern weil er, mit ihr verbunden, sich als der Herrschende fühlt, der in der Unterwerfung der Andersdenkenden seine Macht verspürt. Der Echtheitsgarant symbolisiert auch als Neurotiker noch für jene anderen, die vielleicht auf einer der vier Anpassungsstufen stehenbleiben, sich aber äußerlich nach seinem Auftreten richten ... die Norm des echten nationalsozialistischen Denkens und Empfindens. Sie glauben, daß er schlechtweg glaube, was er vielleicht psychologisch gesehen nur auf Umwegen, um der darin genießbaren Opferungen und Machterlebnisse willen, annimmt« (S. 247/248).

15 H. Wiesbrock, in: *Die politische und gesellschaftliche Rolle der Angst.* Frankfurt/M. 1967, S. 6.

16 A. Nietschke, *ebd.,* S. 22/35.

17 Dieter Claessens gibt in *Familie und Wertsystem* (Berlin 1967) eine weitgespannte, teilweise systemtheoretische Darstellung des Zusammenhanges zwischen Familie und Gesellschaft. »Die Anforderung der Welt durch Übernahme sozialer Systeme geschieht also in einem spezifischen Milieu. Diese ersten Weltorientierungskategorien erhalten eine spezifische Tönung durch ihr Eingebettetsein in das Geschehen in einer spezifischen Subkultur – der Kernfamilie. Damit werden soziales System und Kultur der Gesamtgesellschaft in dieser kleinsten Gruppe zwar tradiert, aber dabei bereits familienspezifisch modifiziert« (S. 144). Claessens schreibt über die Rolle der Angst, insbesondere auch über die Reduzierbarkeit sozialer Angst, als »durch gesellschaftliche Erscheinungen erregte Gefühle«: »Über gesellschaftlichen Druck, Angst und Furcht«, in: *Die politische und gesellschaftliche Rolle der Angst,* S. 135/149. Zitat S. 148.

18 Georg Caspar Homans, *Elementarformen sozialen Verhaltens.* Köln und Opladen 1968. Homans ist einer der berühmtesten amerikanischen Sozialpsychologen, die »das Soziale mit psychologischen Erklärungen zu erfassen« versuchen. Das bedeutet natürlich immer, daß nur eine Kausalreihe innerhalb der multikausalen sozialen Fakten damit erfaßt und beschrieben werden kann. Es ist Homans' großes Verdienst, den Menschen wieder in die Soziologie eingebracht zu haben.
ders., *Theorie der sozialen Gruppe.* Köln/Opladen 1960.

19 Peter A. Kropotkin, »Anarchistische Moral«. In: Ottheim Rammstedt, *Anarchismus.* Köln und Opladen 1969, S. 89.

20 Niklas Luhmann, *Vertrauen.* Stuttgart 1968, S. 84.

21 Wanda v. Baeyer-Katte, »Der innere Frieden und die Drohung mit der Gewalt.« In: *Friedenssicherung und Aggressivität.* Verlag Herder, Freiburg 1973.

6 Psychopathologie der Angst

Vorbemerkung

Die Unterscheidung zwischen »krankhafter« und »normaler« Angst ist ohne Berücksichtigung der größeren nosologischen (d. h. die Krankheiten systematisch beschreibenden) und biographischen Zusammenhänge, in denen Angst auftritt, kaum möglich. Jedenfalls ist sie in breiten Grenzgebieten nicht evident zu machen. Wenn Angst ein kreatürlich-menschliches Urphänomen ist, ohne das menschliches Dasein, Persönlichkeitsentwicklung und Selbstwerdung nicht denkbar sind, dann wäre es nicht verwunderlich, ängstliches Erleben und Verhalten auch und gerade im *mißlingenden Dasein,* unter den verschiedensten Störbedingungen und Belastungssituationen, in den verschiedensten Spielarten und Verlaufsweisen anzutreffen. Dafür spricht in der Tat der ganze große Erfahrungsbereich der Psychopathologie, der uns Angst in allen Gestalten und Zusammenhängen, auch in verschiedenartigen Transformationen entgegentreten läßt. Es ist durchaus möglich, ja wahrscheinlich, daß manche höchst eindrückliche, dem existentiellen Grunde nahe, für die *condition humaine* besonders bezeichnende Angst-Gestalt einem vom psychopathologischen Gesichtspunkt aus krankhaft oder abnorm zu nennenden Kontext angehört, wie auch banale, dem Rahmen der biographischen Situation sich einfügende Angstreaktionen Signale eines tieferen Gestörtseins sein können. Nichts nötigt uns, ja eine Scheu vor zu weitgehender Versachlichung und Verobjektivierung des Menschenwesens hält uns davon ab, innerhalb der Angst-Phänomene, seien sie noch so intensiv oder außergewöhnlich, einen scharfen und eindeutigen Trennungsschnitt zwischen nicht-krankhafter und krankhafter, normaler und abnormer Angst zu machen.

Trotzdem gibt es – vom biographischen Zusammenhang und vom jeweiligen Bedingungsgefüge ängstlichen Erlebens und Verhaltens her gesehen – pathologische Angst, die mit geeigneten Mitteln und Maßnahmen psychiatrisch-psychotherapeutisch behandelt werden will und kann. Die Psychiater und Psychotherapeuten kennen eine Angst-Qual, die absolut unfruchtbar, ja zerstörend ist, die für die individuelle Existenz und Entwicklung etwas Fremdes bedeutet, als solche destruktiv ist und zugleich Hinweis auf eine zugrunde liegende Störung des Seelenlebens. Offensichtlich werden den psychiatrischen und psychotherapeutischen Erforschern und Behandlern der Angst nicht nur medizinische Erkenntnisse, sondern tiefe Einsichten in das Wesen und Entstehen menschlicher Angst überhaupt verdankt, wissenschaftlich erfahrbare und nachprüfbare Einsichten von einer die Differenz von Krankheit und Gesundheit transzendierenden Bedeutsamkeit, die es mit den tiefsinnigsten Hervorbringungen des religiösen, dichterischen und philosophischen Lebens aufnehmen können. Sigmund Freud und Victor Freiherr von Gebsattel stehen in der vordersten Reihe der Psychopathologen, die uns über Krankheit und Störung hinaus ein wesentliches Wissen über menschliche Angst vermitteln.

Trotz der der Psychopathologie der Angst innewohnenden Tendenz zur Überschreitung medizinischer Grenzen muß dem Psychiater und Psychotherapeuten aus diagnostischen und didaktischen Gründen, nicht minder aus Gründen der wissenschaftlichen Kommunikation an einer möglichst objektiven Abgrenzung krankhafter von nicht-krankhaften, abnormer von normalen Angst-Phänomenen gelegen sein. Eine solche Abgrenzung ist möglich auf Grund eines klassifikatorischen Systems, das seinerseits aber nur im Bewußtsein seiner wissenschaftsgeschichtlichen und wissenssoziologischen Relativität vertreten werden kann, aber auch vertreten werden muß, wenn eine einheitliche, die Fachleute verbindende diagnostische Sprache gesprochen werden soll. Das klassifikatorische System, in dem wir krankhafte bzw. abnorme Angst-Zustände und Angst-Dispositionen unterbringen können, kann nicht an der vieldeutig schillernden Verschiedenheit der Angst-Phänomene selbst, sondern nur an deren ursächlichen oder konditionalen Voraussetzungen orientiert sein.

Wir nennen Angst im engeren Sinne pathologisch, *krankhaft*, wenn ihre Entstehung und Festhaltung an das Vorhandensein psychischer Krankheit gebunden ist. Das ist der Fall bei körperlichen Krankheiten und Funktionsstörungen, besonders des Herz-/Kreislaufsystems und des Gehirns, aber auch bei den sogenannten endogenen Psychosen, deren Krankheitscharakter zumindest im Sinne funktioneller Entgleisungen des Gehirngeschehens hier ohne nähere Diskussion vorausgesetzt wird. Im weiteren Sinne pathologisch, lieber *abnorm* nennen wir Angst, die im Zusammenhang mit neurotischen Fehlhaltungen, in äußeren und inneren abnormen Erlebnisreaktionen und charakteropathischen Persönlichkeitsstrukturen auftritt oder als nach Intensität, Qualität und Dauer abnorme Folge schwerer psychophysischer Belastungen zu betrachten ist. Es sind insbesondere diese abnormen, nicht im engeren Sinne krankhaften Ängste, die das Thema der normalen Angst in allen erdenklichen Übergängen variieren. Dies gilt auch für so ausgeprägte psychopathologische Symptome wie die Phobien, die im Kindesalter außerordentlich verbreitet sind und im Hinblick auf ihre Häufigkeit in bestimmten Lebensjahren keine Abweichungen von der Durchschnittsnorm darstellen. Andererseits gibt es schwere, langanhaltende, mit einer ungestörten Persönlichkeitsentwicklung – auf jeder Altersstufe – nicht mehr zu vereinbarende Angst-Bereitschaften und -Zustände, die wegen der durch sie bedingten inneren Freiheitseinbuße und wegen ihres »krankheitswertigen« Charakters niemand für normal halten würde. Auch solche schweren Angst-Krisen und permanenten Steigerungen der Angst-Bereitschaft können auf dem Boden einer neurotisch-psychopathisch gestörten oder durch psychophysische Extrembelastungen beeinträchtigten Erlebnisverarbeitung entstehen, ohne daß eine primär die Gehirnfunktionen in Mitleidenschaft ziehende Krankheit vorhanden sein müßte. Doch beginnen hier schon die Kontroversen: Es gibt Autoren (H. Ey[1]/J. López Ibor[2]), die jede ins Gebiet der Psychopathologie fallende Angst, auch entsprechende neurotisch-psychopathische Störungen, auf eine organisch bedingte Erniedrigung des zerebralen Funktionsniveaus oder auf eine sonstige organismische, jedenfalls nicht rein psychologische Ursache zurückführen. Wir meinen, daß es sich bei solchen Auffassungen, soweit sie generalisiert werden, um schwer beweisbare Hypothesen handelt.

Unser psychopathologisches Schema für die Angst-Genese sieht also folgendermaßen aus:

    neurotisch-psychopathisch bedingte Angst;
    durch psychophysische Extrembelastungen bedingte Angst;
    durch endogene Psychosen bedingte Angst;
    durch organische Krankheit bedingte Angst.

Die Reihenfolge wurde gewählt wegen der überragenden praktischen Bedeutung neurotisch-psychopathischer Ängste, aber auch wegen ihrer theoretisch-triebdynamischen Wichtigkeit, die ihnen eine Schlüsselstellung für das Verständnis nicht nur der durch äußere Bedrohung, sondern auch der somatisch und psychotisch verursachten Ängste einräumt. Ängste durch innere und äußere Bedrohung sind häufig untrennbar miteinander verzahnt. Die tiefenpsychologisch-psychodynamisch orientierte Psychiatrie mißt jedenfalls mit mehr oder minder großem Recht den durch innere Problematik zustande gekommenen Ängsten vorrangige Bedeutung bei.

Für den nichtärztlichen Leser sei vor dem Eintritt ins psychopathologische Detail mit Nachdruck gesagt, daß Angst, wie sie dem Seelsorger, Lehrer, Juristen usw. in der täglichen Praxis begegnet und stets ihrem human-existentiellen Sinngehalt nach ernst genommen werden muß, zugleich doch auch Symptom einer seelischen Krankheit oder Anomalie sein *kann* und damit ganz oder teilweise in die Kompetenz des Psychiaters und Psychotherapeuten fällt. Es sind vielfach dieselben Menschen, die, von Angst geplagt, hier und dort Rat und Hilfe suchen oder im sozialen Leben durch ängstliche Gehemmtheit und Scheu auffallen (z. B. in der Schule), die dann später unter spezifischen Diagnosen den medizinisch-psychotherapeutischen Fachmann beschäftigen. Manche psychopathologisch entstandene Angst kann schon durch einfache Mitmenschlichkeit, vernünftige, liebevolle Elternschaft oder geschickte Pädagogik aufgefangen, gemildert, ja beseitigt werden. Aber das ist nicht immer der Fall, und man sollte, besonders im Kindes- und Jugendalter, nicht erst bei schwersten Angstkrisen, sondern schon bei leichteren, nicht mehr altersgemäßen Angst-Entwicklungen ein rechtzeitiges, psychiatrisch-psychotherapeutisches Eingreifen ermöglichen. Es ist zu bedenken, daß psychopathologisch entstandene und dem betreffenden jüngeren oder älteren Menschen selbst unverständliche, sinnlos erscheinende Angst aus Gründen sensitiver Scheu und labiler Selbstachtung nicht selten verleugnet und verdrängt wird oder auch in manchen körperlichen und seelischen Transformationen verkleidet sein kann. Jedenfalls gehört die auf psychopathologischem Hintergrund erwachsene Angst auf allen Altersstufen zu den schlimmsten, manchmal geradezu unerträglichen Heimsuchungen, die einen Menschen treffen können.

Mit vielen anderen ärztlichen und nichtärztlichen Beobachtern unserer Zeit müssen wir unterstellen – ohne es beweisen zu können –, daß die in diesem Abschnitt zu behandelnden abnormen Angst-Zustände und -Bereitschaften in unserem Säkulum, in der modernen Industrie- und Staatswelt, nicht nur scheinbar, sondern realiter an Stärke und Häufigkeit zugenommen haben. Deshalb und weil die Welt durch riesige kriegerische Katastrophen hindurchgegangen ist und mit noch größeren Katastrophen rechnen muß, kann man mit von Gebsattel[3] von einer größeren »Aufdringlichkeit des Angstphänomens in der Gegenwart« sprechen. Aber es handelt sich dabei eben nicht *allein* um ein verstärktes Gewahrwerden von und Reflektieren über Angst, sondern sehr wahrscheinlich doch auch um eine Zunahme der entsprechenden Neurosen, zumindest in den Industrieländern. Allgemein ist in diesen Ländern innerhalb der letzten Jahrzehnte ein Formwandel neurotischer Störungen aufgefallen, ein Rückgang der vergleichsweise angstfreien, hysterieartigen Darstellungsformen und eine Zunahme der meist angstbetonten Intimformen (von Baeyer[4]).

Neurotisch-psychopathische Angst ist zunächst einmal Angst, für die eine primär körperliche Ursache weder aufzufinden noch zu begründen oder zu vermuten ist. Von einer körperlichen Ursache (z. B. einem Herz-/Gefäß- oder Hirnleiden) wohl zu unterscheiden sind die körperlichen Begleiterscheinungen jeder intensiveren Angst, die insofern ein Affekt ist, als die durch sie charakterisierte, subjektive Befindlichkeit eine leib-seelische Verstimmung, ein psychophysisches Betroffensein darstellt, dessen seelische und leibliche Komponenten untrennbar sind. Jede stärkere Angst, auch eine solche, die aus gegenstands- oder situationsbezogener Furcht erwächst und dem Furchtobjekt angemessen, also »normal«, erscheint, ist aber darüber hinaus im objektiv-medizinischen Sinn Affekt, insofern durch sie und mit ihr das autonome oder vegetative Nervensystem in seinen sympathischen und vagalen (parasympathischen) Anteilen durch Erscheinungen der Erregung und der Dysregulation affiziert ist. Wir sind auf die Physiologie der Angst ja bereits eingegangen (*vgl. S. 49 ff.*). *Die abnorme Angst hat jedenfalls keine spezifische Pathophysiologie.* Ihre autonomen Begleiterscheinungen sind dieselben wie die der normalen Angst, soweit diese höhere Grade erreicht.

Die positive Kennzeichnung neurotisch-psychopathischer Zustände und Persönlichkeitsentwicklungen bedürfte langwieriger Erörterungen. Hier sei nur soviel gesagt, daß »neurotisch« für uns (und wohl für die meisten Psychiater) eine gestörte Erlebnisverarbeitung ist, die auf oft – nicht immer – unbewußten, d. i. verdrängten äußeren und inneren Konflikten beruht. »Psychopathisch« ist für uns eine, soweit erkennbar, von Kindheit an abnorme Charakterstruktur, die ererbt, durch diskrete frühkindliche Hirnschädigung erworben oder auch durch frühe Fehlprägungen entstanden sein kann. Die meisten Neurosen erwachsen auf dem Boden psychopathischer Persönlichkeiten. Von dieser Regel gibt es aber gewichtige Ausnahmen, die wir im folgenden Abschnitt kennenlernen werden. Meistens ist es so, daß der psychopathisch-strukturelle Anteil des abnormen Zustandes oder einer abnormen Entwicklung von dessen bzw. deren motivationaler, psychodynamischer Mitbedingtheit, also von seiner neurotischen Komponente nicht eindeutig zu unterscheiden ist. Wir sprechen deshalb stets von neurotisch-psychopathischen Zuständen und Entwicklungen.

Scharfe Einteilungen im Gebiete des Neurotisch-Psychopathischen zu machen, in einem Gebiet, das alle erdenklichen Übergänge zur durchschnittlichen Variationsbreite menschlichen Erlebens und Verhaltens aufweist, ist nicht möglich. Nur in typologischer Annäherung an das, was sich klinischer Erfahrung bietet, kann man unterscheiden:

die Angst-Neurose mit ihren oft anfallsweisen, extremen Steigerungen sinnloser Angst;

die Phobien;

Angst als wesentliches Motiv abnormer, psychopathischer Persönlichkeitsentwicklung;

abnorme Angst in der Kindheit.

Die Angst-Neurose

Die Aufgabe, das Wesen und die Verlaufsformen der Angst-Neurose kurz und übersichtlich darzustellen, wird dadurch erschwert, daß die Literatur über dieses Thema nicht nur unübersehbar groß ist, sondern auch ein unentwirrbares, geradezu abenteuerliches Gemisch von klinischer Empirie und spekulativer Deutung enthält. Das gilt für so gut wie alle bisherige Neurosen-Literatur und liegt im Wesen der Sache: Die Neurose ist ein existentielles, aus dem Daseinsganzen erwachsenes, immer wieder zum Daseinsganzen zurückleitendes Phänomen, das sich einer klaren symptomatologischen Gliederung ebenso wie einer kausalen Analyse von sich aus widersetzt. Für ihr genaues Verständnis ist eine unerschöpfliche, durch immer neue Ansätze bereicherte »Psychologie des menschlichen Herzens« (Kretschmer) unerläßlich. Ihre ebenfalls vorhandenen funktionalen, mit quantifizierenden Methoden erfaßbaren Aspekte sind erst in den letzten zehn bis zwanzig Jahren ansatzweise bearbeitet worden, und zwar von lerntheoretischen und verhaltenstherapeutischen Gesichtspunkten aus, die zum mindesten in der kontinentaleuropäischen Psychiatrie und Psychotherapie bisher noch wenig Beachtung gefunden haben. Die Weiterentwicklung dieser naturwissenschaftlich-funktionalistischen Betrachtungsweise darf aber weder in der Neurosenlehre noch in der sonstigen Psychopathologie vom Weiterschreiten auf dem Wege des kommunikativen Verstehens abhalten. Auf diesem Wege, d. h. im hörenden, verstehenden und deutenden Umgang mit den Patienten, wurden bisher die wesentlichen Ergebnisse der Neurosenlehre erzielt, und zwar sowohl die triebdynamischen, quasi-naturwissenschaftlich formulierten Einsichten Freuds und seiner Schule wie auch die im engeren Sinne anthropologischen, philosophischer Anthropologie verpflichteten Sinnklärungen.

Das Störungsbild der Angst-Neurose war schon vor und neben S. Freud der sogenannten Schulpsychiatrie bekannt. E. Hecker[5] und C. Wernicke[6] z. B. haben sie beschrieben, ihren anfallsartigen Charakter hervorgehoben und auf ihre Beziehungen zu hysterischen oder neurasthenischen Beschwerden hingewiesen. Freud hat sie in einer frühen Veröffentlichung (1895[7]) behandelt und sie von der Neurasthenie, d. h. von einer vielgestaltigen, symptomatologisch nur vage charakterisierten »Nervenschwäche«, abgegrenzt. Was ihn zu dieser Abgrenzung veranlaßte, war das Vorkommen plötzlich einbrechender sinnloser Angst, nach seinen Worten: »ohne dem Vorstellungsablauf gerecht zu werden...«, ja teilweise »ohne jede assoziierte Vorstellung«. Seiner Schilderung nach herrscht in solchen Anfällen zumeist die Angst vor der Lebensvernichtung oder vor dem Wahnsinnigwerden.

Vielfach dominieren körperliche Beschwerden, die zum großen Teil dem vegetativen Nervensystem zuzuordnen sind: Störungen der Herztätigkeit, der Atmung, Schweißausbrüche, Zittern und Schütteln, Heißhunger, Durchfälle, Schwindel, Blutwallungen, Parästhesien (Mißempfindungen besonders der Haut und Schleimhäute und der Muskulatur). Zuweilen tritt hinter derartigen Körperbeschwerden das seelische Angstgefühl weitgehend zurück oder verflüchtigt sich zu einem allgemeinen Unbehagen: Freud spricht von Angst-Äquivalenten. Neben den mehr oder minder leibnahen Angstanfällen erwähnt Freud im Zusammenhang der Angst-Neurose auch die »*freiflottierende*« Angst als eine fließend in die Normalität übergehende Bereitschaft, jederzeit Bedrohliches zu erwarten oder sich mit skrupulösen Gewissensängsten abzuquälen. Die freiflottierende Angst – ein seitdem international eingebürgerter Terminus (*free-floating anxiety*) – sei jederzeit bereit, sich mit einem passenden Vorstellungsinhalt zu verbinden. Was hier beschrieben wird, ist also eine generelle Ängstlichkeit, die von spezifischen Auslösesituationen unabhängig ist und ihr Objekt jeweils neu findet oder auch frei phantasiert. Sie wird in der englisch-amerikanischen Literatur gern auch als »pervasive«, d. h. alles durchdringende Angst bezeichnet. Aus der jederzeit disponiblen ängstlichen Erwartung gehen nach Freud dann auch die umschriebenen, an spezielle Gegenstände und Situationen gebundenen Ängste, die Phobien, hervor, die als solche ebenfalls schon der älteren Psychiatrie bekannt waren. Auch die Phobien sind irrationale, sinnlose Ängste, aber doch verschieden weit von den durchschnittlichen menschlichen Bedrohtheitsgefühlen entfernt: So ist ein Sichbedrohtfühlen durch Schlangen, Ungeziefer, Gewitter, Dunkelheit, exponierte Höhen und dergleichen verständlicher und der Realität näher als etwa die Platzangst (Agoraphobie), die Freud als eine Phobie der Lokomotion bezeichnet. Wir werden über das Thema Phobien noch ausführlicher zu sprechen haben, zumal sie nicht immer Ausdruck einer allgemeinen Angst-Neurose sind.

Als Therapeut und Forscher war Freud von Anfang an nicht nur an der Beschreibung krankhafter Phänomene, sondern mehr noch an deren Genese bzw. kausaler Herleitung interessiert. Die Angst-Neurose sah er bei seinen Patienten aus nicht adäquat abgeführter Sexualerregung entstehen, z. B. aus dem Coitus interruptus, der für beide Partner eine sexuelle Frustration darstellt.

Das war ganz körperlich gemeint: Die vom Organismus produzierte Sexualenergie oder Libido (Freud faßte diesen Begriff anfangs noch in seiner engsten geschlechtlichen Bedeutung) kann nicht in einem normalen *actus* konsumiert werden, setzt sich vielmehr subkortikal, d. h. in den unterhalb der Hirnrinde gelegenen Zentren, unmittelbar in den Affekt der Angst um. Diese kausale Erklärung neurotischer Angst ist verständlich, wenn man bedenkt, daß Freud schon vorher in seinen Hysterie- und Traumstudien die bis dahin völlig verkannte Rolle der Sexualität in der Genese neurotischer Störungsbilder entdeckt hatte. Außerdem aber entspricht es tatsächlich einer später auch von nichtanalytischen Autoren bestätigten Erfahrung, daß sexuelle Konflikte in der Vorgeschichte von Angstneurotikern, auch bei angstneurotischen Kindern (Pavor nocturnus; *vgl. S. 182*) keine Seltenheit sind. Es ist nur die Frage, ob dieser rein hypothetische, durch keinerlei pathophysiologische oder pathochemische Befunde stützbare Umsetzungsvorgang außerhalb jeder motivationalen, verständlichen Trieb- und Gefühlsdynamik zur Erklärung des Angst-Phänomens in der Neurose ausreichend ist. Freud selbst ist von dieser seiner ersten Angsttheorie später abgerückt, ohne sie jemals ganz aufzugeben. So führte er 1917 in der ersten Reihe seiner Vorlesungen zur allgemeinen Neurosenlehre[8] folgendes aus: »Die Angst ist also die allgemein gangbare Münze, gegen welche alle Affekterregungen eingetauscht werden oder werden können, wenn der dazugehörige Vorstellungsinhalt der Verdrängung unterlegen ist.« Hier kommt also bereits das psychologische Verdrängungsmoment ins Spiel. In den gleichen Vorlesungen sagt Freud auch, daß die in einer realen Bedrohung wurzelnde Furcht, die sogenannte Realangst, nicht aus der Sexualität ableitbar sei. Andererseits hat Freud schon im Beginn seiner Beschäftigung mit dem Angst-Problem klar erkannt, daß für die genetische Erklärung neurotischer Angst auf eine »innere Erregungsquelle« zurückzugreifen sei. Das Thema der Angst hat ihn seit jener ersten Veröffentlichung 1895 als Zentralproblem der Neurosenlehre immer wieder bis in seine letzten Jahre hinein beschäftigt; er hat es hin und her gewendet, von vielen Seiten angesehen, ohne jemals eine abschließende Position zu beziehen. In einem größeren theoretischen Zusammenhang hat er es in seiner Schrift *Hemmung, Symptom und Angst* (1926[9]) behandelt. Darin lokalisiert er jede Angst im bewußt erlebenden, sich mit der Realität auseinandersetzenden Ich – das Ich sei »die eigentliche Angststätte«. Angst entstehe nicht oder doch nur zum Teil »durch eine Art Vergärung« aus verdrängter Libido – dies entsprach etwa der ersten Angsttheorie –, sondern werde vom Ich durch ein »Unlustsignal« entbunden, reproduziert als Wiederaufleben der einstmals höchst real gewesenen Daseinsbedrohung durch den Vorgang der Geburt. Demnach ist Angst in jedem Fall oder wenigstens in ganz überwiegendem Maße als Reaktion auf eine erinnerte Unlustsituation aufzufassen. Freud greift damit auf den Gedanken seines Schülers Otto Rank zurück, daß die Geburt die primäre Angstquelle für den Menschen sei, ohne jedoch anzunehmen, daß das Neugeborene im psychologischen Sinne bereits angstfähig sei. Als seelisches Geburtstrauma genügt ihm die anwachsende, unlustvolle Bedürfnisspannung des Neugeborenen, der dieser durch Schreien Luft macht. In der Geburt macht der Mensch objektiv die Trennung vom Mutterleibe durch, begleitet von primitiven, noch keineswegs gegenstandsgebundenen, erst recht nicht antizipatorischen Unlustgefühlen. Aus dieser von Freud »automatisch« genannten »Urangst« – soweit man hier überhaupt von Angst sprechen kann – leitet er die Annahme ab, daß jede Angst im Grunde *Trennungs-Angst* sei. In dieser Hypothese liegen Ansatzpunkte für später zu referierende unmittelbare Beobachtungen an Säuglingen und Kleinkindern, die auf die Abwesenheit der Mutter mit Angst reagieren *(vgl. S. 179 f.)*.

Trennungs-Angst ist auch die seit den Traumstudien und seit der Analyse der Phobie des 5jährigen Hans[10] in der Psychoanalyse immer wichtiger werdende sogenannte Kastrations-Angst. Diese entwickelt sich bei beiden Geschlechtern in der ödipalen Phase, in der das Kleinkind in ein konflikthaftes, libidinöses Verhältnis zu seinen Eltern tritt, der Knabe für seine Zuneigung zur Mutter vom Vater kastriert zu werden fürchtet, das Mädchen das Fehlen des männlichen Gliedes als Manko und bereits vollzogene Strafe empfindet. In der Furcht vor Kastration sieht Freud, zumindest bei Knaben, eine Art von Realangst, die zwar in unserer Kultur objektiv unbegründet sein mag, aber als phantasierte Möglichkeit das Traumleben und die phobischen Ängste der Menschen ganz unverhüllt oder in dieser oder jener Verkleidung beherrscht.*

* Z. B. im »Koro« der in Südostasien lebenden Chinesen: die sich manchmal epidemisch auswirkenden Befürchtungen junger Männer, ihr Penis könne sich in die Bauchhöhle zurückziehen und den Tod verursachen (vgl. Ngui, P. W., »The Koro Epidemic in Singapore«. In: *Studies of Anxiety* (II). Melbourne 1969, S. 263.

Angst, so steht es damit nach Freuds neuerer Auffassung, entwickelt sich nicht so sehr aus verdrängter oder zurückgestauter sexueller Libido. Es verhält sich vielmehr umgekehrt: Das Ich mobilisiert Angst, um gefahrdrohende Libidobesetzungen zu vermeiden oder auf ein Mindestmaß zurückzudrängen, da unerlaubte Libidobesetzungen, z. B. solche inzestuöser Art, die alte Phantasiegefahr der Kastration heraufbeschwören. Angst, sagt Freud, sei »ein vom Ich beabsichtigtes Signal zum Zwecke der Beeinflussung der Lust-Unlustinstanz«. Weiterhin: das Ich unterziehe sich der Angst wie einer Impfung, um durch einen abgeschwächten Krankheitsausbruch einem ungeschwächten Anfall (sc. neurotischer Angst) zu entgehen. Das Ich habe die Tendenz, das peinliche Erleben der inneren Gefahrensituation auf eine bloße Andeutung, auf ein bloßes Signal zu beschränken. Erwachsene Neurotiker stehen in ihrem Verhältnis zur Gefahr unter »verjährten Angstbedingungen«. Sie haben die alten Trennungs- und Kastrations-Ängste nicht überwunden und verhalten sich bei äußerer Bedrohung oder innerer Gefährdung durch eigene unerwünschte oder unerlaubte Triebimpulse so, als wären das einstige Geburtsrisiko und die Kastration noch reale Gefahren.

Die Angst des erwachsenen Neurotikers, des erwachsenen Menschen überhaupt, erscheint so unter einem *entwicklungspsychologischen* Aspekt: Angst ist in jedem Fall hilfloses Ausgeliefertsein an die Gefahr des Getrennt- oder Verlassenwerdens. Auf die durch die Ausstoßung aus dem Mutterleib entstehende »Urangst«, die an sich noch gar keine richtige Angst ist, folgt die Angst des Säuglings, die sich beim Vermissen der Mutter einstellt und sie durch stimmliche »Abfuhr« herbeiruft. »Die Angst-Bereitschaft des Säuglings ist nicht etwa unmittelbar nach der Geburt am stärksten, um dann langsam abzunehmen, sondern tritt erst später mit dem Fortschritt der seelischen Entwicklung hervor und hält über eine gewisse Periode der Kinderzeit an.« Der Säuglings-Angst folgt die nun sehr viel gegenständlichere, signalhafte Kastrations-Angst der ödipalen Phase. Und dann geht es weiter zu Formen der Angst, die im Jugendlichen- und Erwachsenenalter eine ganz erhebliche Rolle spielen: Wir zitieren die knappen und klaren Formulierungen Freuds wörtlich: »Die Kastrationsangst entwickelt sich zur Gewissensangst, zur sozialen Angst. Es ist jetzt nicht mehr so leicht anzugeben, was die Angst befürchtet. Die Formel: ›Trennung, Ausschluß aus der Horde‹ trifft nur jenen späteren Anteil des Über-Ichs, der sich in Anlehnung an soziale Vorbilder entwickelt hat, nicht den Kern des Über-Ichs, der der introjizierten Elterninstanz entspricht. Allgemeiner ausgedrückt, ist es der Zorn, die Strafe des Über-Ichs, der Liebesverlust von dessen Seite, den das Ich als Gefahr wertet und mit dem Angst-Signal beantwortet. Als letzte Wandlung dieser Angst vor dem Über-Ich ist mir die Todes-(Lebens-)Angst, die Angst vor der Projektion des Über-Ichs in den Schicksalsmächten erschienen.«[11] Die von allen analytisch vorgehenden Psychotherapeuten bestätigte Einsicht, daß es bei Neurotikern jüngerer und älterer Altersstufen in der Hauptsache *Gewissensängste* sind, die den Kern der Störung ausmachen oder in dieser oder jener symbolischen Verkleidung auftreten, wird also von Freud entwicklungspsychologisch durch die ältere Angst vor der mit Kastration drohenden Elterninstanz erklärt, nachdem diese Elterninstanz in ihren Anschauungen, Wertungen, Befehlen und Verboten von der werdenden Person angeeignet, introjiziert, zum Über-Ich gemacht wurde. Die aus den sozialen Vorbildern – später spricht man in diesem Zusammenhang auch von den Einflüssen der Altersgenossen, der sogenannten *peer-group* – stammenden Anteile des Über-Ichs bewirken, daß auch andere, nicht von den Eltern verbotene Verstöße gegen die Spielregeln der Gesellschaft Strafangst erzeugen, sowie sie vollzogen oder auch nur phantasiert oder beabsichtigt werden. In einer späteren Schrift, *Das Unbehagen in der Kultur* (1930[12]), hat Freud sich erneut mit der Gewissensangst beschäftigt. Schuldgefühl und Angst vor dem Über-Ich sind für ihn identisch. Der inzwischen als relativ selbständig erkannte, aus einem hypothetischen Todestrieb abgeleitete Aggressionstrieb zwingt das Über-Ich in seine Dienste, macht es zu einer grausamen, allwissenden, ständig strafenden Instanz, der sich das Ich nicht durch bloßen Triebverzicht, so wie einst dem Unwillen der väterlichen Instanz, entziehen kann, weil das Über-Ich auch die geheimsten Wünsche und Phantasien kennt und sie mittels seiner ihm ureigenen Waffe, des nagenden, grundlos erscheinenden Schuldgefühls, ahndet. Wiederum ist es auf dieser Stufe die *Gefahr des Verlassenwerdens,* des Liebesverlustes von seiten des Über-Ichs, die das Ich zur Abgabe des Angst-Signals veranlaßt. Die gerade in den Anfällen schwerer Angst-Neurosen nicht zu übersehende und auch sonst nicht gut zu leugnende Todes-Angst wird von Freud eigentümlich kurz und wie beiläufig behandelt: sie entstehe dadurch, daß das Über-Ich die Schicksalsmächte aus sich heraus projiziere, von denen endgültig getrennt und verlassen zu werden, Tod und Verderben bedeutet. Im Unterbewußten sei nichts vorhanden, was unserem Begriff der Lebensvernichtung Inhalt geben kann. Schließlich zieht der späte Freud[13] auch die Möglichkeit in Betracht, daß Angst noch im Erwachsenenleben nicht als Signal, »sondern neu, mit frischer Begründung entsteht«. Angst entwickle sich dabei aus dem »traumatischen Moment«, d. h. aus dem Auftreten einer hochgespannten Erregung, die als Unlust verspürt und deren man durch Entladung nicht Herr werden kann, weder durch Flucht noch durch Angriff. Das Bedrohliche und Angsterzeugende sei aber nicht die objektive Schädigung der Person, die psychologisch gar nichts zu bedeuten brauche, sondern die hochgespannte Erregung an sich, »die Größe der Erregungssumme«, die der Gefahrensituation ihre Bedeutung verleiht. Damit nähert sich Freud einer Auffassung, die später als Lehre vom Stress zunehmend Beachtung erlangte, weil sie geeignet ist, globale psychophysische Belastungen mit ihren organismischen und psychologischen Folgen unter einheitlichen Gesichtspunkten dem Verständnis näherzubringen.

Die ursprünglich endokrinologisch konzipierte Stress-Lehre (Selye[14]), die dann mehr und mehr auf psychophysische und psychologische Belastungen überhaupt angewendet wurde, unterscheidet drei Stadien: die akute Reaktion des Alarms, die sich länger hinziehenden Vorgänge der Anpassung und deren schließliches Versagen im Zusammenbruch der Regulationen und in evtl. tödlich endender Erschöpfung. Die subjektive Seite insbesondere des Alarmstadiums ist weitgehend mit Angst identisch, und zwar mit der im nächsten Abschnitt näher zu behandelnden Belastungs- oder Katastrophen-Angst, deren eigenständige, nicht restlos auf infantile Angst-Bereitschaft zurückzuführende Bedeutung auch Freud schon erkannt hatte.

Die Entwicklung der Freudschen Angst-Lehre und verwandte Auffassungen anderer, neoanalytischer Autoren referieren May, Loch, Condrau, Richter und andere.[15] Festzuhalten ist, daß neurotisch-psychopathische Angst nach Auffassung Freuds wie auch in neoanalytischer Sicht vorwiegend ein aus der Tiefe des Unbewußten aufsteigendes Phantasieprodukt ist, eine zur aktuellen Situation in keinem angemessenen Verhältnis stehende Imagination. Damit löst sich die bei Freud selbst bestehende Unklarheit auf, ob die innere Bedrohung durch eigene Triebimpulse oder die äußere Bedrohung durch Straf- und Kastrationsandrohung die eigentliche Angst-Quelle sei. *Beide* Arten von Bedrohung und Verunsicherung sind projizierte Phantasiegefahren, die von der gegebenen Lebenslage nicht mehr gerechtfertigt werden, wenn sie auch von dorther Anstöße empfangen. Es ist die Fixierung an die infantile, evtl. bis zur Geburt zurückreichende Vergangenheit, die den Angst-Neurotiker prägt.

Eine reiche Kasuistik zur Angst-Neurose, aber auch zu den Phobien findet sich in dem Werk von Wilhelm Steckel *Nervöse Angstzustände und ihre Behandlung*.[16] Steckel übernimmt von Freud die Lehre von der Neurosenentstehung durch verdrängte, besonders sexuelle Konflikte und die psychoanalytische Technik. Er ist freilich sehr viel weniger Theoretiker als Freud, vergröbert sicher manches, bietet aber reiches Anschauungsmaterial. Er glaubt nicht an die physische Schädigung des Nervensystems durch eine frustrane sexuelle Erregung und findet in jedem Falle von Angst-Neurose »seelische Ursachen«, d. h. äußere und innere Konflikte, die mit dem Sexualleben und seinen sozialen Tabus zusammenhängen. Neurotische Angst entsteht für ihn immer aus dem schlechten Gewissen gegenüber Versuchungen zu verbotener, zum Teil krimineller Triebbefriedigung. Auch nach diesem Autor ist der Angst-Anfall der Mittelpunkt der Angst-Neurose. Die Symptomatologie des Angst-Anfalls gliedert Steckel nach den Organsystemen bzw. Körperfunktionen, die vorzugsweise betroffen sind. Er widmet ein eigenes Kapitel den Angst-Neurosen mit Erscheinungen des Herzens.

Was wir im Folgenden exemplarisch für das große, vielgestaltige, häufig auch andersartige Neurotizismen (z. B. hysterische Konversionssymptome) enthaltende Gebiet der Angst-Neurose schildern wollen, sind, um die Terminologie Steckels zu benützen, *Angst-Neurosen mit Erscheinungen des Herzens*. Kardiale Angst-Neurosen sind neuerdings von Kulenkampff und Bauer unter dem Titel *Herzphobie* beschrieben worden.[17] Ihre neuerliche Beschreibung rechtfertigt sich durch den Umstand, daß herzphobische Anfälle in den letzten Jahren offenbar häufiger geworden sind und symptomatologisch zunehmend an Profil gewonnen haben. Jeder psychiatrische, psychosomatische und internistische Kliniker kann das bestätigen. Solche Anfälle gehören offenbar zu den modernen Intimformen der Neurose, insofern sie in der Regel keine demonstrativ aufgesetzten Ausdruckserscheinungen sind (wie etwa der große hysterische Anfall), sondern in Gestalt schwerer, der Willkür gänzlich entzogener Regulationsstörungen des autonomen Nervensystems auftreten. Wir haben lediglich gewisse Bedenken gegen ihre Benennung als »Phobie«. Die klassischen Phobien sind – wie wir später sehen werden – sehr viel stärker an ganz spezifische Auslösesituationen gebunden, in denen sie regelmäßig und unvermeidlich auftreten, die aber auch von den Patienten ganz bewußt gemieden werden können, so daß es dann eben zu keiner phobischen Angstkrise kommen muß. Auch zeigen die klassischen Phobien meistens keine so schweren autonomen Initial- und Begleiterscheinungen wie die herzphobischen Zustände. Was die höchst eindrucksvolle und bedrohlich erscheinende Art des Anfalls betrifft, so zitieren wir aus der Arbeit von Kulenkampff und Bauer:

Bei der Mehrzahl der Fälle kommt es ohne weitere Vorboten plötzlich und akut zum initialen vegetativen Anfall. Die Kranken werden meist in irgendeiner alltäglichen Lebenssituation von den ersten Anzeichen des Anfalls überrascht: bei der Arbeit, im Wartezimmer, beim Mittagessen oder gemeinsamen Fernsehen, in der Küche, beim Spaziergang, beim abendlichen Heimweg, nicht selten, wenn sie allein zuhause sind. Auffällig ist, daß bei 13 Fällen der Kerngruppe der Ausbruch des initialen Anfalls in den Abendstunden und im Zusammenhang mit dem Schlaf erfolgte. Drei Kranke wurden aus dem ersten Schlaf offensichtlich vor 24 Uhr, vier abends im Bett liegend, einer während des Einschlafens durch den Anfall hochgeschreckt.
Der initiale Anfall selbst wird von den Patienten als äußerst dramatisches Erlebnis, zwar individuell verschieden ausgeprägt, in seinen Grundzügen aber stets ähnlich geschildert. Herz und Kreislauf treten in den Mittelpunkt der Aufmerksamkeit und werden auf einmal spürbar. Das Herz klopft bald mehr pochend, bald rasend. Ein dumpfer, gelegentlich schmerzender oder krampfartiger Druck legt sich auf die Brust. Am Körper, besonders an den Extremitäten, tritt parästhetisches Kribbeln auf. Die Glieder, insbesondere die Hände und Füße, fühlen sich kalt und taub an, wie wenn das Blut aus ihnen entwichen wäre. Viele Kranke zittern sichtbar während des Anfalls. Sie sehen teils blaß, teils vorübergehend gerötet aus, oft tritt Schweiß auf die Stirn. Nicht selten verspüren die Kranken, besonders zu Beginn, einen heißen Andrang zum Kopf. Schwindel, Ohnmachtsgefühl und Schwummerigkeit gesellen sich stets hinzu. Manchmal machen sich Stuhlgang und Erbrechen bemerkbar. Die

Knie werden weich, die Beine »wie weggeschwommen«, »wie gelähmt«. Jedoch kommt es niemals zu deutlichen Bewußtseinstrübungen oder gar Ohnmacht. Die Atmung ist stets mitbetroffen. Die Kranken klagen über Atemnot, Atembeklemmung, sie können nicht durchatmen. Viele hyperventilieren, so daß tetanische Symptome mit Pfötchenstellung und Verkrampfungen resultieren können. Verschiedentlich zu Beginn des Anfalls, meistens jedoch erst nach einiger Zeit tritt ein eigentümliches Leeregefühl im Kopf, in der Brust, den Gliedern auf, wobei das heftige Herzklopfen plötzlich verschwinden kann. Gelegentlich in Verbindung mit diesem Gefühl des Absterbens, des Aussetzens von Herz- und Kreislauf, setzt nun meist schon zu Beginn des Anfalls eine elementare, äußerst heftige Todesangst ein. Die Kranken sagen sich: »Eben ist es aus«, »Jetzt fällst du tot um«, »Das hält das Herz nicht aus«. Viele stoßen erregt aus: »Ich muß sterben« oder rufen laut um Hilfe. Die ängstliche Agitation kann dabei erhebliche Ausmaße erreichen. Nur wenige legen sich im Anfall hin. Die meisten springen auf, greifen sich ans Herz, fühlen aufgeregt nach dem Puls, laufen unruhig umher, klammern sich an Angehörige, massieren Extremitäten und Herzgegend, benetzen sich mit kaltem Wasser, um den Kreislauf wieder in Gang zu bringen. Auch die Atmung wird oft absichtlich beschleunigt, um gewissermaßen gegen das Sterben anzukämpfen. Ein Kranker zerriß sich das Hemd, brüllte laut und ruderte mit den Armen umher, so daß man ihn als akute Psychose mit der Polizei in die Klinik einwies. Einige Kranke bringen während des Anfalls außer Hilferufen kaum ein Wort heraus, teils, weil sie von der Todesangst überwältigt sind, teils, weil sie keine unnötige Atemluft zu verbrauchen wagen. Stets wird der Arzt sofort herbeigerufen. Wenn keiner da ist, Alarm zu schlagen, laufen die Kranken selbst auf die Straße, um Hilfe zu suchen. Die Dauer des Anfalls schwankt stark. Im allgemeinen klingen die Erscheinungen nach 1 bis 2 Stunden ab, wobei das Eintreffen des Arztes und das Verabfolgen der unvermeidlichen Spritze entscheidend zur Beruhigung beitragen.

Hervorzuheben ist also die plötzlich auftretende, mit Herzbeschwerden und anderen vegetativen Erscheinungen verknüpfte Todesangst, die die Gestalt einer heftigen, verzweifelten Erregung annehmen kann. Objektiv ist während solcher Anfälle der Puls stark beschleunigt, der Blutdruck um 30-40 mmHg systolisch über dem Normwert. Blässe, Schwitzen, Zittern werden als weitere unwillkürliche, von außen feststellbare Symptome einer vegetativen Regulationsstörung erwähnt. Außerhalb der Anfälle erweisen sich das Herz und das Kreislaufsystem funktionell und anatomisch als gesund – während des Anfalls ist keine Rede von einer wirklichen Lebensgefahr. Doch nützt es nichts, wenn man das dem Kranken nach gründlicher Untersuchung und mit ärztlicher Autorität mitteilt. Auf den initialen Anfall folgt eine angstneurotische Krankengeschichte. Viele Herzphobiker werden nie mehr ganz angstfrei. Sie fürchten den nächsten Anfall mit allen seinen Schrecken, der dann nicht selten auch wirklich eintritt, wenn auch meist nicht so stark wie der erste. Es gelingt ihnen nicht, sich von ihrer faktisch unbegründeten Sorge um das eigene Herz zu distanzieren. Sie schonen sich übertrieben, meiden Anlässe zu Aufregung und Anstrengung, fühlen sich müde und erschöpft, lassen in ihrer Leistungsfähigkeit nach. Sie getrauen sich nicht mehr, allein zu sein, zeigen ein vermehrtes Kontakt- und Anlehnungsbedürfnis, wollen am liebsten immer einen Arzt in der Nähe haben. Ins Kino und ins Theater wagen sie sich nur, wenn sie Plätze erhalten, von denen aus sie im Notfall sofort das Freie erreichen können. Sie laufen von Arzt zu Arzt, von einem Herzsanatorium zum andern. Es ist in vollem subjektiven Ernst der Tod durch Herzversagen, der im Mittelpunkt ihrer Befürchtungen steht und von dessen drohendem Bevorstehen sie nur zeitweise wegblicken können. »Die wiederholte direkte Konfrontation mit dem eigenen Sterben sitzt ihnen gewissermaßen in den Knochen, und ängstlich erwarten sie das Herannahen eines neuen, mit schrecklicher Angst verbundenen Anfalls, so daß man hier von einer Angst vor der Angst zu sprechen berechtigt ist.« Charakteristisch ist ferner, daß viele derartige Kranke eine Einschlafstörung haben, sich vor dem Versinken in den Schlaf fürchten, aus dem sie vielleicht nicht mehr erwachen könnten. In manchen Fällen kommt es zu einer »phobischen Ausweitung«, nämlich zur Entbindung aller möglichen anderen Zwangsbefürchtungen. Auch und gerade in der zweifellos echten und qualvollen Todesangst des Anfalls wird ärztlicher Beistand gesucht und mit Erleichterung angenommen. Gemildert wird durch die Präsenz und besonnene Wirksamkeit des Arztes das trostlose Gefühl der Verlassenheit und totalen Hilflosigkeit, das den Kranken beherrscht. So kann humane Angst auch auf ihrem Höhepunkt, nämlich als wahre Todesangst, den Einfluß des Mitmenschen und der kompetenzverleihenden Soziatät nicht verleugnen. Der sympathiko-vasale Anfall – um ein solches vegetatives Geschehen handelt es sich in pathophysiologischer Hinsicht – bricht nur scheinbar abrupt und unvermittelt in die Lebensgeschichte des Betroffenen ein. Der initiale Anfall ist nach

Kulenkampff und Bauer und allen anderen Autoren, die die Lebensgeschichte solcher Patienten genauer analysiert haben, in vielfältiger Weise situationsbedingt. Er stellt jedenfalls keine primäre körperliche Krankheit dar, sondern ist eher einem Durchbruch, dem Zusammenbruch eines labilen, unter Spannungen stehenden Systems zu vergleichen. Die Spannungen, die sich hier krisenhaft an der seelischen Befindlichkeit und am Vegetativum auswirken, sind in den meisten Fällen psychischer Natur. Es handelt sich um akute oder chronische Lebenskonflikte, deren Wesen und Bedeutung dem Kranken selbst oft erst durch psychiatrisch-psychotherapeutische Aufklärung oder im analytischen Kommunikationsvorgang einsichtig werden. Analytische Psychotherapeuten finden hinter den herzphobischen Abläufen oft latente Trennungs-Ängste (Bräutigam), zum Teil auch neurotisch bedingte, irrationale Gewissens-Ängste. Doch gibt es darüber hinaus Herzanfälle, in deren Vorgeschichte Arbeitsüberlastung, Unterernährung, Kaffee- und Nikotinabusus eine Rolle spielen, wobei die psychologische Gesamtsituation von Konfliktspannungen beherrscht sein kann. Natürlich verkörpert auch der herzphobische Anfall und die entsprechende seelische Fehlhaltung nicht immer den reinen Typus, es gibt Übergänge zu anderen mehr oder minder anfallsweisen neurotischen Symptomkomplexen, und es kommt hier und da auch einmal ein sympathiko-vasaler Anfall vor, der ohne angstneurotische Verarbeitung abklingt.

Die Phobien

Phobien kommen im Verlauf von Angst-Neurosen vor; Angst-Neurosen können phobisch gefärbt, d. h. mehr durch umschriebene Befürchtungen als durch eine freiflottierende Angst charakterisiert sein. Phobien gibt es auch in eigentümlicher Isoliertheit bei sonst unauffälligen, ungestörten Persönlichkeiten, ferner als Erscheinungen einer meist vorübergehenden kindlichen Ängstlichkeit, als Symptome anderer psychischer Erkrankungen usw. Als »phobische Fehlhaltung« kann die Gesamtheit neurotisch-psychopathischer Angstphänomene bezeichnet werden (von Gebsattel[3]).
Obwohl Phobien häufiger als in anderen Zusammenhängen im angstneurotischen Zusammenhang auftreten, ist es gerechtfertigt, sie wegen ihrer präzisen Typik gesondert zu behandeln. Es

sind immer besondere, objektiv ungefährliche oder mit relativ geringem Risiko behaftete Situationen, die beim Phobiker mit einer fast reflexhaften Regelmäßigkeit einen Angstzustand auslösen und ihn dazu zwingen, die betreffende Situation zu vermeiden, wenn es nur immer geht. (Das Wort »Situation« verwenden wir hier wie auch in anderem Kontext im Sinne einer auf die individuelle Persönlichkeit bezogenen, weltlichen oder mitweltlichen Gegebenheit.) Jemand kann keine belebte Straße, keinen größeren Platz überqueren, weil ihn schon beim Versuch dazu ein heftiges Angstgefühl befällt und ihm, sollte er den Versuch fortsetzen, die Beinmuskeln schlaff werden, die Knie zittern, der Schweiß ausbricht, das Herz stürmisch klopft, so daß er sich beeilt, umzudrehen und auf den rettenden Bürgersteig zurückzukehren (Platzangst oder Agoraphobie). Phobieauslösende Situationen können in ihrer bedrohlich anmutenden Bedeutsamkeit abgewandelt sein und verschiedene Grade von Angst und Vermeidungszwang hervorrufen. Man spricht dann von einer »Angst-Hierarchie«: An der Spitze einer solchen Hierarchie steht z. B. die voll ausgeprägte Straßen- oder Platzsituation mit wimmelndem, von allen Seiten kommendem Verkehr und mit der Zumutung, allein ohne Begleitung auf die andere Seite hinüberzugelangen. Das erregt höchste Angst, und der Versuch dazu muß nach wenigen Schritten aufgegeben werden. Manchmal, wenn auch unter Überwindung heftiger Angst, gelingt die Überquerung in Begleitung einer anderen Person. Weniger Angst tritt auf, wenn der Verkehr gering und Begleitung vorhanden ist, noch weniger Angst, wenn von einer Straßenbahninsel aus in Begleitung nur ein schmales Stück Straße überquert werden muß usw. bis hin zu ganz oder fast völlig angstfreien Situationen, z. B. bei Überquerung eines stillen, menschenleeren Innenhofs allein oder doch lieber noch in Begleitung. Solche Angst-Hierarchien kann man unschwer durch Befragen der Patienten feststellen; ihre Ermittlung wird wichtig im Rahmen der später zu besprechenden Verhaltenstherapie *(vgl. S. 230f.)*.

Die Zahl der Phobien ist theoretisch unbegrenzt, da vielerlei, eigentlich alle umweltlichen Gegebenheiten eine irgendwie bedrohliche Physiognomie annehmen können. Ein amerikanischer psychologe (G. S. Hall, zitiert nach Levitt[18]) hat eine Liste von 135 Phobien zusammengestellt. Sie tragen zum Teil von alters her gelehrt klingende griechische Namen, von denen wir die Agoraphobie schon erwähnten, die Klaustrophobie (Angst in geschlossenen Räumen), die Erythrophobie (Angst vor dem Erröten), die Syphilidophobie und die Cancerophobie (Krebsangst) als weitere bekannte Formen noch hinzufügen.

Freud unterschied von den Phobien, die eine »allgemeine physiologische Bedrohung« übertreiben, wie etwa die Angst vor Schlangen, Gewittern, Dunkelheit, Ungeziefer, die *Phobien der Lokomotion,* die an bestimmte Bewegungen des Körpers im Raum gebunden sind, wofür die erwähnte Platzangst das markanteste Beispiel ist, aber auch die Angst, Brücken zu überschreiten, Türme zu ersteigen, der Höhenschwindel exemplarisch anzuführen wären.

Dem *Höhenschwindel* hat J. Zutt eine ausführliche Untersuchung gewidmet, die das Wesen der Phobien überhaupt phänomenologisch beleuchtet.[19] Beim Höhenschwindel handelt es sich tatsächlich um eine echte Phobie, nicht etwa um eine organische Schädigung des Gleichgewichtsapparates, ebensowenig um den Ausdruck allgemeiner Ängstlichkeit oder gar Feigheit. Höhenschwindlige verlieren an exponierter Stelle die Standsicherheit, müssen sich sogleich von solchen Stellen zurückziehen, sich hinlegen oder setzen oder Halt mit den Händen suchen; sie werden von einer »Angst und Qual« befallen, wie sie Goethe nach eigenem Bekenntnis beim Besteigen des Straßburger Münster-Turms erfuhr. Beim Höhenschwindel sind Abstufungen der Intensität sehr deutlich, die erwähnte Angst-Hierarchie unverkennbar. Es gibt Menschen, die nur im Gebirge in wirklich exponierten Lagen, etwa auf schmalen Graten, schwindlig werden, wenn sie sich nicht mit den Händen festhalten können, den Schwindel aber sofort verlieren, sobald der Fels Griffe bietet oder der Betreffende angeseilt ist. Solche Fälle stehen der objektiv begründeten Realangst vor dem Abstürzen nahe, obwohl das Überschreiten eines schmalen Grates an die Gangsicherheit keine größeren Anforderungen stellt als das Beschreiten eines schmalen Waldpfades. Nun gibt es aber auch Menschen mit Höhenphobie, die schon auf einer kleinen Hausleiter schwindlig werden, wo objektiv die Gefahr des Stürzens äußerst gering ist. Immer ist es der Blick in die Tiefe, in den Abgrund, der den Höhenschwindel hervorruft. »Es ist der Abgrund selbst, der ängstet, sein Wesen, nicht irgendein Accidens, nicht die reale Gefahr; nicht einzelne wenige, balanceunsichere, ängstliche Menschen verfallen dieser Angst beim Anblick des Abgrundes, sondern, wie wir wissen, viele, die weder allgemein ängstlich oder balanceunsicher sind.« Gestört ist hier die »raumphysiognomische Daseinsordnung«, die dem aufrecht stehenden Menschen den festen Stand auf zuverlässigem, vertrauenswürdigem Boden ermöglicht. Die Standfläche verliert ihre tragende Kraft, ihre bergende Bedeutung und wandelt sich zum Abgründigen, sie wird gefährlich. »Zur Introspektion begabte Schwindlige bemerken dieses Unsicherwerden der Standfläche deutlich. Die meisten Höhenschwindligen fühlen außerdem eigentümliche Sensationen und eine Unsicherheit in den Beinen.« Manche werden vom Abgrund geradezu angezogen, verspüren den Sog der Tiefe in einer eigentümlichen Mischung von Lust und Angst. So erschließt sich vom unmittelbar-anmutungshaften, rational kaum neutralisierbaren Erlebnis der Tiefe, des Abgrunds, d. h. von bestimmten, physiognomischen Raumqualitäten, her das anthropologische Wesen des Höhenschwindels. Die Betrachtungsweise, die zu solcher verstehender Einsicht führt, ist die der existential-anthropologischen Phänomenologie, die das leibseelische, welthafte Ganze des Menschseins in systematischer Intuition zu Gesicht bringt. Damit ist nichts über die lebensgeschichtliche Entstehung oder biologische Fundierung des Höhenschwindels im einzelnen Fall gesagt. Da man organische Veränderungen in den meisten Fällen mit Sicherheit ausschließen kann, bleibt für die genetische Erklärung die tiefenpsychologisch orientierte Biographie. F. Baumeyer[20] hat den Höhenschwindel von neurotischen Personen psychoanalytisch interpretiert und deren Phobie als Abwehr intensiver, unbewußter Hingabebedürfnisse gedeutet. Der Stand in der Höhe mobilisiere beim Menschen Macht- und Besitzregungen. Höhenschwindel trete dann auf, wenn diese Regungen unter dem Druck von Schuldgefühlen verdrängt und durch Hingaberegungen ersetzt werden. Der Phobische wehre die Versuchung ab, durch Hinabspringen Selbstmord zu begehen, wobei Selbstmord als Selbstbestrafung aufgefaßt wird. Zutt schreibt in seiner Erwiderung auf Baumeyer u. a., daß das Abgründige des Abgrundes nicht einer Hinausprojektion innerer Konflikte in eine an sich bedeutungslose Umwelt entspreche, daß vielmehr die Umwelt ihre durchaus eigene, für den Menschen bedeutsame physiognomische Kraft habe, mit der sich der Mensch auseinanderzusetzen, der gegenüber er sich zu behaupten hat.[21]

Die Kontroverse zwischen Zutt und Baumeyer ist erhellend für die Gegensätzlichkeit, aber auch Ergänzungsbedürftigkeit der beiden Betrachtungsweisen: der eidetischen·und der genetischen. »Eidetisch« im Sinne von Husserl ist die von Zutt am Beispiele des Höhenschwindels und an der Daseinsordnung des tragenden Grundes geübte Betrachtungsweise insofern, als sie das Eidos, die Wesensgestalt der auf ihren Sinn hin angeschauten Phänomene, Profil gewinnen läßt. »Genetisch« ist die Frage der ursächlichen Herleitung, die in diesem Falle eine biographisch-psychodynamische ist und sich auf die von Freud konzipierte Entwicklungstheorie der Persönlichkeit stützt. Für den Psychotherapeuten müssen sich beide Betrachtungsweisen ergänzen, sie sind aufeinander angewiesen. Das rechte eidetische Wesensverständnis eröffnet den Zugang zur wirklich gelebten und erlebten inneren und äußeren Situation des Patienten, der sich zunächst einmal in seiner Not unmittelbar verstanden wissen will. Das Wissen um die Genese ist wichtig, um den therapeutischen Hebel an der richtigen Stelle anzusetzen. Freuds Interesse und überhaupt das der psychoanalytischen Psychotherapeuten gilt vorwiegend der Genese psychopathologischer Zustände und Verläufe. Wenn es gilt, genetische Zusammenhänge aufzudecken und möglichst weit bis in die Kindheit, ja bis zur Geburt zurückzuverfolgen, geht das nicht ohne hypothetische Grundannahmen und interpolierte Zwischenglieder ab, an denen die Psychoanalyse reich, ja überreich ist und durch die sie die Skepsis derer hervorruft, die sich stärker an verifizierbare Befunde gebunden fühlen. Wenn Freud z. B. in der Analyse der Phobie eines 5jährigen Knaben die primär unverständliche Pferdeangst des kleinen Hans – die Angst, er könne von einem Pferd gebissen werden – zunächst bis auf das Erlebnis eines auf der Straße gestürzten Pferdes zurückverfolgt, dann aber den Kastrationskomplex des Jungen dahinter entdeckt, so kann er sich auf eine von den Eltern berichtete, recht unpädagogische Drohung der Mutter stützen, dem Hans werde zur Strafe für seine frühen onanistischen Manipulationen die Penis abgeschnitten. Die Schlußfolgerung, das Gebissenwerden durch ein Pferd bedeute für den kleinen Hans von da an die Drohung, seines Gliedes beraubt zu werden, ist natürlich interpoliert, hypothetisch, weder durch Aussagen des kleinen Patienten selbst noch durch Angaben der Eltern gedeckt. Erst recht hypothetisch ist die weitere, ausgedehnte Verwendung des

Kastrationskomplexes in der Psychoanalyse, die schließlich das Erlebnis aller körperlichen Läsionen, ja alles Getrenntwerdens und Sichlösens symbolisch für die Kastrationsangst der Knaben bzw. den Penisneid der Mädchen nimmt. Doch sind solche und ähnliche Hypothesen psychodynamisch-genetischen Charakters unerläßlich für die Erforschung der Persönlichkeitsentwicklung, sei es der normalen und durchschnittlichen oder der vom Durchschnitt abweichenden. Wissenschaftlich nachprüfbar sind sie weniger durch den sich selbst bestätigenden psychoanalytischen Kommunikationsprozeß als durch frühzeitig im Säuglings- und Kindesalter einsetzende, fortlaufende Longitudinalstudien, wie sie für das Problem der Angstgenese erst in Ansätzen vorliegen (vgl. den Abschnitt über Kinderängste).

Die Sinngestalt, das Wesensbild (Eidos) einer normalen oder gestörten menschlichen Verfassung hat dagegen ihre eigene Evidenz, die genetischer Rekonstruktionen nicht bedarf. Das Eidos wird nicht tiefenpsychologisch erfaßt, es liegt gewissermaßen an der Oberfläche. Aber gerade durch seine »Oberflächlichkeit«, seine unmittelbare Sichtbarkeit verbirgt es sich dem durch wissenschaftliche Auffassungsschemata voreingenommenen Blick. Es muß in Akten der Wesensschau eigens herausgehoben und dargestellt werden. Für die Phobien geschah das außer durch Zutt besonders durch von Gebsattel und E. Straus.

Von Gebsattel geht von einer klinischen Einteilung aus, wie sie ähnlich schon von Freud[22] vorgenommen wurde. Er unterscheidet die psychasthenische von der anankastischen Phobie. In der *psychasthenischen* Phobie sind es die Weite, die Tiefe, die Höhe der in ihrem Ausdrucksgehalt wahrgenommenen Welt, selten auch die Fülle des Sichtbaren (so in dem von Hufeland beschriebenen Fall einer psychogenen Tagblindheit mit heftigster Angst vor Helligkeit und gegenständlicher Deutlichkeit), also die physiognomischen Raumqualitäten, die für den Phobiker ein »pathisches Widerfahrnis« bedeuten, dem er hilflos ausgesetzt ist, anstatt zur »Aktion der Weltbewältigung« angeregt zu werden. Das markanteste Beispiel für eine solche psychasthenische, den Menschen in seiner Widerstandsschwäche und Passivität treffende Phobie ist wiederum die Platzangst, in der Weite und freier Raum nicht locken, nicht zum Durchschreiten auffordern, sondern fast bis zur Agonie, bis zum buchstäblichen Zusammenbruch schrekken und ängstigen. Auch die Umschlossenheit des häuslichen In-

nenraumes kann raumsymbolisch durch bedrückende Enge
überwältigen, anstatt schützend und bewahrend zu wirken: Klaustrophobie. Der erwähnte Höhenschwindel, hervorgerufen durch
die Physiognomie des lockenden Abgrundes, gehört ebenfalls
hierher. Wenn den Psychastheniker der gelebte und erlebte
Raum durch seine Weite, Enge oder Abgründigkeit überwältigt,
so ist darin auch ein zeitlicher, »werdensgenetischer« Aspekt
enthalten, aber keine »genetische« Aussage im obigen Sinne
zeitlich geordneter Entstehungsbedingungen gemacht: Es ist eine
wie immer zustande gekommene »Werdenshemmung«, die den
psychasthenischen Phobiker daran hindert, sich der Zukunftsbedeutung des räumlich Erschlossenen zu überlassen, über das Gegebene hinauszuschreiten, die futurische Bedeutung jener Qualitäten zu leben. Im ganzen gilt für die psychasthenische Phobie:
»Es ist die ungeheure Verlorenheit des Menschen in der Welt,
die, durch die adynamische Reaktionsweise aktualisiert, in ihm
hochsteigt und im Angsterleben von ihm Besitz ergreift.«[23]
Der *anankastische* Phobiker leidet an anderen, ebenfalls irrationalen Ängsten. Während der Psychastheniker den angstauslösenden Situationen auszuweichen trachtet, ihnen zumeist auch
durch bestimmte Vermeidungen ausweichen kann, beantwortet
sie der Anankast mit aktiven Abwehrmaßnahmen, die zum Teil
einem Ritual gleichen, zum Teil absurde Übertreibungen normaler Gewohnheiten sind, wie z. B. der Waschzwang oder Kontrollzwänge. Was als Angst hinter solchen oft sehr störenden, manchmal geradezu deletären, den Menschen völlig isolierenden
Verhaltensweisen steckt, ist eine Art von »Entweltlichung«, die
anderes und mehr bedeutet als das bloße Überwältigtwerden
durch raumsymbolische Qualitäten. Es ist eine Verzerrung und
Entstellung der Welt in Richtung auf das Schmutzige, Verwesende, Kotige, Leichenhafte, Chaotische – zerstörerische Qualitäten, Schatten der eigenen Person, Projektionen eines destruktiven Inneren, Szenen einer magischen Gegenwelt (vgl. dazu
besonders E. Straus[24]).
Von Gebsattel spricht von gestaltauflösenden Potenzen, von einem »Antieidos«, um die Erlebniswelt dieser phobischen
Zwangskranken in ihrem repulsiven, ekelerregenden, drohenden
Charakter zu kennzeichnen. Die freundlichen, einladenden Daseinsmächte treten in dieser Gegenwelt hinter den feindlichen,
abstoßenden ganz zurück. Es gibt weiterhin Fälle, in denen sich

das Unreine in das Unkeusche transformiert und damit Anlaß zu pseudomoralischen, pseudoreligiösen Skrupeln, zu einer pervertierten Gewissensangst wird. Die Werdenshemmung bedeutet in solchen Fällen Lähmung des Selbstwerdens, fortschreitenden Gestaltverlust durch Festlegung auf einförmige, sterile, zwangshafte Abwehrzeremonien. »Schmutz ist ein Bild des stockenden, des nicht im Fortschreiten sich reinigenden Lebens.«[25] Will man die klinischen Phobien im ganzen von ihrem »extremen Zielort« her verstehen, so sind sie »unfreiwillig gelebter Nihilismus, Gestalten des Nichts.«[26]

Doch nicht allein in den klinischen Phobien – in jeder Form von überhandnehmender, destruktiver Angst handelt es sich nach von Gebsattel um »Gestalten des Nichts«. Die Angst sei der Gradmesser für den »Sog des Nichts«. Das jeweils Bedrohende liefert den Menschen mitten im Dasein dem Nichts aus, das aus ihm selber aufsteigt als die erlebte Unmöglichkeit, des Seins teilhaftig zu werden. Die Vorherrschaft des Nichts zeigt sich personal im einzelnen und in der Gruppe als »Depotenzierung der geistigen Führungszentren«, als »Potenzierung der Primitivperson«. Die obersten Werte verlieren ihre Geltung, es kommt zu einem Abbau der Grundakte des Glaubens, der Hoffnung und der Liebe. Der Mensch vermag kraft dieses nihilistischen Zuges der Zeit nicht mehr »zur Eigentlichkeit der personalen Existenz« zu gelangen, er gerät in die Glaubenslosigkeit, Hoffnungslosigkeit, Liebesunfähigkeit und damit vor das Nichts. Das »Nichts« jedoch, dessen »gorgonischer Anhauch« in der Angst verspürt wird, ist nie das reine Nichts. Es begegnet in vielerlei Verkleidungen, »aber auch das verhüllte, verschleierte Nichts wird zur Quelle der Angst«.[27] In verschiedenen Gestalten des Nichts werden die elementaren Bedrohungen des Menschen anschaulich, die Möglichkeiten des äußersten Seinsverlustes (physischer und geistiger Tod) und die mannigfachen Weisen des Nichtseinkönnens vorweggenommen. Gleichsam in einer zweiten Rückzugsbewegung des Nichts zeigen sich die bekannten psychopathologischen Ängste: z. B. die Dunkelangst als geheime Todesangst, die skrupulöse Überschätzung relativ belangloser Fehltritte als verborgene Sündenangst, die hypochondrische Krankheitsbefürchtung der Cancero- oder Syphilidophobie als Ausdruck der notvollen Unfähigkeit, in die Eigentlichkeit der personalen Existenz als Mann oder Frau einzutreten, die Panik universellen Versagenmüssens vor dem Hintergrund eines von lebendiger Liebe abgeschnittenen Daseins, die Schicksals-, Verarmungs- und Berufs-Angst als Angst, sich selbst im Dasein zu verfehlen. In den psychoanalytischen und neopsychoanalytischen Entwürfen, nach denen Angst Folge unerfüllter oder verdrängter sexueller und anderer Antriebe sei, sieht von Gebsattel, wenn auch in positivistischer Abschwächung, den anthropologischen Grundgedanken bestätigt, »daß eine Bedrohung im Vollzug der Selbstverwirklichung oder des personalen Seins in höchst sinnvoller Weise zur Angstquelle werden kann.«[28]

Von Gebsattels tiefgründige Angst-Lehre bezieht sich ausdrücklich auf Kierkegaard und Heidegger; sie ist philosophisch-theologisch inspiriert, zugleich aber in jeder Einzelheit spürbar aus der psychotherapeutischen Kommunikation mit dem angstgeplagten Menschen erwachsen. Sie versteht den Menschen vom extremen Zielort seiner nichtigen Daseinsweise her, also nicht genetisch im Sinne psychodynamisch-biographischer Herleitung, sondern teleologisch, wobei das Ziel als ein Ende in der Verneinung und Vernichtung gesehen wird. Der nihilistische Grundzug aller den Menschen überwältigenden Angsteinbrüche und angstbedingten Deformierungen der Persönlichkeit ist nun keine rein philosophisch-theologische Konstruktion, sondern phänomenologisch aufweisbar. Eine klinische Psychopathologie, die sich diesem Aufweis entzöge, wäre schlecht beraten und würde an der eigentlichen Not der von pathologischen Ängsten gepeinigten Menschen vorbeigehen. Der Schöpfer der hier kurz referierten anthropologischen Angst- und Phobienlehre betont aber selbst zu wiederholten Malen, daß dem Psychotherapeuten der Angst eine genetisch-biographische Analyse ihrer jeweiligen individuellen Entstehungsbedingungen obliegt. So findet auch er, daß sich z. B. die Agoraphobie häufig auf dem Boden eines Ambivalenzkonfliktes erotischer oder sonstiger Natur entwickelt und die darin investierte Angst an die Stelle einer klaren Entscheidung tritt.[29]

Sicher mit Recht gehen anthropologisch und personalistisch eingestellte Psychotherapeuten von der Annahme aus, daß neurotische Angst sehr viel mit verborgener, uneingestandener *Schuld* zu tun hat, wobei Schuld in diesem Zusammenhang mehr ist als bloßes Schuldgefühl oder Über-Ich-Mechanismus, mehr auch als das Bewußtsein der Übertretung gesetzlicher und moralischer

Regeln, nämlich existentielle Selbstverfehlung oder Abfall vom Glauben, wofür der Mensch in mehr oder minder hohem Grade verantwortlich ist. Es gibt Autoren, die in selbstverantwortlich eingegangener, den absoluten oder soziologisch-relativen Normen menschlichen Verhaltens widersprechender Schuld den eigentlichen Motor der Angst-Entwicklung gerade auch in pathologischen Fällen erblicken, so z. B. der amerikanische Psychologe Mowrer[30], der von der Konditionierung von Angst durch Schmerzreize bei Ratten ausging und von seiner klinischen Erfahrung immer mehr zur Anerkennung spezifisch humaner Angst-Faktoren gedrängt wurde. Auch Condrau bekennt sich in seinem bemerkenswerten Versuch, das Wesen und die Entstehung von Angst und Angst-Neurosen in größerem Zusammenhang darzustellen, zur Schuld-Theorie der Angst.[31] Der Nestor der medizinischen Anthropologie, von Gebsattel, ist in dieser Beziehung vorsichtiger. Er lastet der individuellen Verantwortlichkeit weit weniger an, als dies andere Autoren tun, betont mehr den überindividuellen, bereits von Nietzsche hervorgehobenen nihilistischen Geist des Zeitalters, spricht angesichts der phobischen Fehlhaltung nur vom *unfreiwillig* gelebten Nihilismus, im Hinblick auf die »conduite d'échecs (s. u.) von einer »teils erspielten, teils erlittenen Weise des Nichtseinkönnens«[26].

Angstbedingte Persönlichkeitsentwicklung

Klinisch sind die in diesem Abschnitt zu besprechenden Fälle von den behandelten Angst-Neurosen und Phobien dadurch unterschieden, daß es sich nicht um dramatische Angst-Anfälle oder krankhaft wirkende Unruhezustände pervasiver Angst, auch nicht um umschriebene, im Persönlichkeitsganzen relativ isoliert dastehende Phobien handelt, sondern um Dauerprägungen, strukturell-charakterologische Anomalien des Persönlichkeitsganzen, hinter denen manifeste oder latente, manchmal tief verborgene Angst als treibende Kraft steckt. Kein menschliches Dasein, keine Persönlichkeitsentwicklung kann der Auseinandersetzung mit der Angst entraten – einer Auseinandersetzung, die geradezu die Voraussetzung persönlicher Reifung, des Gelingens von Selbstzügelung, höherwertiger Leistung, sittlich-moralischer Orientierung, Berücksichtigung der Interessen anderer usw. ist. Zugleich aber kann Angst, wenn sie sich in den erwähnten Generalisierungs- und Fixierungsprozessen des Daseins und Werdens wie ein klebriger Stoff oder wie ein Nebel bemächtigt, Deformierungen des Charakters bewirken, seltsame Abwehrformen hervorrufen, die Selbstverwirklichung des Menschen aufs empfindlichste stören, ja hintanhalten. Kein anderer hat diese zweideutige heilsam-unheilvolle Wirkung der Angst so plastisch und tiefsinnig beschrieben wie wiederum von Gebsattel. Er hebt auf eine charakterologisch ausgeprägte Fehlhaltung ab, die der des selbstunsicheren Psychopathen nach K. Schneider[32] verwandt ist, und schildert die Entwicklung einer solchen Persönlichkeit[33]: Gegebenenfalls ausgelöst durch traumatische, schreckhafte Primitivreaktionen, aber auch ohne solche, kommt es zu höhergestaffelten phobischen Fehlhaltungen besonders dann, wenn von Hause aus zur Furchtsamkeit und Ängstlichkeit Neigende einer Angst-, Schreck-, Sorge- und Ohnmachtsgefühle erregenden Dauerbelastung ausgesetzt sind. Dadurch wird der Boden für Einstellungen der Entmutigung und der Einschüchterung bereitet. »Eine generelle Selbstwertunsicherheit und Aktionsscheu wird gezüchtet, mit dem Effekt, daß die auf Vermeiden und Ausweichen ausgerichtete Lebensführung zu einer Aufeinanderfolge von Niederlagen führt« – zu jener Art des Versagens, die man mit Janet als *conduite d'échecs* bezeichnet. Weniger durch Versagen als durch zwangshafte (anankastische), durch ihre Lebensführung keineswegs gerechtfertigte Gewissensangst sind die von K. Schneider beschriebenen selbstunsicheren und selbstunsicher-anankastischen Persönlichkeiten charakterisiert: »Der extrem Selbstunsichere hat keine Lebensgenüsse und doch immer ein schlechtes Gewissen. Diese Menschen leben in einer ständigen Angst, etwas versäumt oder Schlimmes angerichtet zu haben, aber auch nur ganz allgemein, es passiere etwas. Und diese Angst holt aus einer scheinbar beliebigen Gelegenheit ihre Inhalte: die Melodie findet ihre Worte.« Eine solche Anankastin fand man einmal in höchster selbstgrüblerischer Angst, und auf die Frage, was sie sich denn wieder vorzuwerfen habe, sagte sie: »Ich weiß es ja noch nicht.« Hierher gehören Unglücks-, Verantwortungs- und Verschuldungs-Angst, die sich bis zur Erinnerungsfälschung verdichten können, hierher gehören auch die Beichtskrupel. Es handelt sich um Menschen, die das Gegenteil von einem »robusten Gewissen« haben.[34]

Eine systematische Lehre von der *persönlichkeitsprägenden Wirkung der Angst* entwickelt Fritz Riemann.[35] Nach dieser Lehre sind es spezifische Ängste, die das ganze menschliche Dasein begleiten und in den unvermeidlichen Antinomien des Lebens wurzeln. Er beschreibt vier Angst-Formen und die dazugehörigen charakterologischen Deformierungen: *1. Die Angst vor der Selbsthingabe, vor Ich-Verlust und Abhängigkeit* disponiert zum schizoiden Charakter mit seinen Kontaktschwierigkeiten und Rückzugstendenzen und der ihm eigenen Privatisierung und Entleerung der gemeinsamen Welt. – *2. Die Angst vor der Selbstwerdung, vor Ungeborgenheit und Isolierung* stellt das Gegenbild der Hingabe-Angst dar und prägt auch einen entgegengesetzten Charaktertypus, den depressiven, dessen Grundzug die Angst vor dem Herausfallen aus primär-kindlicher Geborgenheit ist. Der depressive Mensch ist abnorm abhängig, wehrlos, überfordert, ausnützbar. Er zeigt manifeste Lebensangst, »weil jeder neue Mensch, jede neue Situation, jede Tätigkeit unter dem Aspekt der Forderung erlebt wird, der man kein Eigen-Sein gegenüberzusetzen hat...« – *3. Die Angst vor Wandlung, Unsicherheit und Vergänglichkeit* verleitet den Menschen zu übertriebenem Streben nach Dauer und Stabilität, formt die Persönlichkeit zur Zwanghaftigkeit, zu übermäßigen Sicherungstendenzen. Starrheit auf allen Lebensgebieten wird herrschend. Klinische Zwänge, wie Zähl- und Waschzwang, binden diese Angst. Bei Versuchen, den Zwang bewußt zu machen und ihn aufzulösen, sich ihm nicht zu fügen, wird die gebundene Angst frei. Zwischen Impuls und Ausführung schaltet sich bei einem solchen Menschen jedesmal der Zweifel ein, der für ihn schon als Kind den »Ur-Zweifel« ausmachte: »Darf ich ich selbst sein, tun, was ich will, oder muß ich gehorchen?« – *4. Die Angst vor dem Endgültigen, vor Notwendigkeit und Unfreiheit* formt die hysterische Persönlichkeit, wie sie von der klinischen Psychiatrie seit K. Jaspers und K. Schneider als geltungsbedürftige Persönlichkeit bezeichnet wird. Endgültig ist die Realität, wie sie ist, sind die »Lebensgesetze«, die vom Hysteriker durch Wunschphantasien und Aufbau einer Pseudowelt übersprungen werden. Besonders an der Endgültigkeits-Angst zeigt es sich, daß die Grundängste dem Betreffenden gar nicht bewußt zu sein brauchen oder sich auf scheinbar sinnlose und belanglose Nebenängste beziehen, denen man durch Vermeidung ausweichen kann, während die eigentliche Grundangst in ihrer jeweiligen Form nicht zu umgehen ist und zu einer grundsätzlichen Auseinandersetzung mit ihr drängt. Das Ausweichen vor der Auseinandersetzung mit der Grundangst, besonders mit der hysterischen, führt zu immer größeren Auslassungen, Lücken, Unechtheiten. Wenn die Auseinandersetzung akzeptiert und durchgestanden wird, hat die Angst einen schöpferischen Aspekt, bietet sie eine Chance, über die jeweilige Reifungsstufe hinauszuwachsen und charakteropathische Deformierungen zu vermeiden, eventuell rückgängig zu machen. Unter diesem Gesichtspunkt dient die von Riemann vorgelegte Typologie der Grundängste und der ihnen entsprechenden Persönlichkeiten einer mehr an das Geistige als an die biologischen Triebe appellierenden Psychotherapie.

Wie chronische Angst sich unter Umständen in Sucht, besonders in Trunksucht, umsetzt und damit die Persönlichkeit in einer spezifischen Weise destruiert, möge an einem kurz geschilderten eigenen Fall veranschaulicht werden. Derartiges ist nicht selten: Neurotisches Trinken entwickelt sich aus der Angst-Abwehr, wird zur Gewohnheit und schließlich zur echten Sucht mit totaler körperlicher und seelischer Abhängigkeit und all den bekannten Folgen des chronischen Alkoholismus. Der angstgetriebene Trinker verkörpert nicht den Typus des gutgelaunten, geselligen Zechers, er wirkt vielmehr introvertiert, scheu, trinkt mit Vorliebe im Verborgenen, hat kein Bedürfnis nach Geselligkeit und überhaupt ein geringes Kontaktvermögen. Riemann würde ihn in die Kategorie des schizoid Ängstlichen einreihen.

Unser erst 32jähriger Trinker, ein im Beruf nicht untüchtiger Installateur, sollte wegen nachlassender Leistungsfähigkeit und einer unklaren rechtsseitigen Handlähmung in der Klinik behandelt werden. An den regelmäßigen Genuß von mehreren Flaschen Wein und Bier täglich gewöhnt, geriet er nach Entziehung dieser Alkoholmengen in den typischen Zustand eines Delirium tremens mit Händezittern, Desorientiertheit und Halluzinationen. Er wähnte sich an seiner Arbeitsstätte und griff nach der nicht vorhandenen Bohrmaschine. Das Delir klang nach wenigen Tagen ab, die Handlähmung war dann auch verschwunden. Sie mußte nachträglich als psychogen aufgefaßt werden, da sich weder am Bewegungsapparat noch am Nervensystem die geringsten organischen Veränderungen fanden, die eine solche Schwäche und Gebrauchsunfähigkeit der Hand hätten begründen können. Es stellte sich heraus, daß der Patient wohl infolge seines dauernden Trinkens bei Gruppenarbeit hinter der Leistung seiner Kameraden zurückblieb und sich unter Berufung auf eine Schwäche seiner rechten Hand krankmeldete. Die Handlähmung war dann längere Zeit unter Verkennung ihrer seelisch-reaktiven Entstehungsbedingungen mit Schonung und einem Gipsverband behandelt worden, was nur zu Verschlimmerung und Fixierung führte. Das durchgemachte Delirium tremens ließ den Patienten gewissermaßen seine Lähmung vergessen und diese innerhalb weniger Tage völlig verschwinden. Der Patient stellte sich nun als ein extrem ängstlicher, selbstunsicherer Mensch heraus. Er stammte vom Lande, wo sein Vater einen kleinen Industriebetrieb führte, hatte zwei unauffällige Geschwister. Während der Vater sich nicht viel um ihn kümmerte, war er der verhätschelte Liebling der Mutter, weil wohl immer ein wenig schwächlich, ängstlich, besonders anhänglich, besonders brav, wenig aus dem Hause strebend, den üblichen Bubenstreichen abhold, durchaus fügsam und leicht zu erziehen. Die starke Mutterbindung hat er zeitlebens beibehalten; so lebt er jetzt wieder, nachdem drei Ehen gescheitert waren, bei den Eltern. Aber auch die Ängstlichkeit hat ihn zeitlebens nicht verlassen. Sie war zunächst greifbar in Form einer starken kindlichen Dunkelangst, abgesehen von seiner Scheu und Schüchternheit im Verkehr mit Gleichaltrigen und überhaupt in der Schule. Auch heute ist der Patient noch dunkelängstlich, schläft nur bei brennender Nachttischlampe ein, was er freilich damit rationalisiert, daß er das Ausknipsen der Lampe vergesse. Die »anxiolytische«, angstbehebende Wirkung des Alkohols hat er schon mit 16 Jahren entdeckt, damals aber nur mäßig und nicht regelmäßig getrunken. Die Trunksucht entwickelte sich erst im Verlauf seiner drei unglücklichen Ehen. In dieser Beziehung, d. h. im Hinblick auf sein Verhältnis zu Frauen, hatte sich der Patient einer ausgesprochenen *conduite d'échecs* unterworfen, indem er stets Frauen wählte, die ihn schlecht behandelten, brutalisierten, beschimpften, betrogen. Die letzte Frau hatte nicht einmal eingewilligt, an ein- und demselben Ort mit ihm gemeinsam zu leben, sondern darauf bestanden, in der Großstadt wohnhaft zu bleiben und ihn nur gelegentlich zu besuchen. Es erhob sich der begründete Verdacht, daß diese Frau zusammen mit ihrer Schwester dort in der Großstadt der Prostitution nachging. All dieses eheliche Ungemach hat unser Patient in seiner unsicheren, verängstigten, völlig mutlosen Art jeweils jahrelang ertragen, ehe er sich auf Drängen seiner Angehörigen zur Scheidung entschloß. Daß der Alkohol ihm immer für kurze Zeit ein wenig Mut machte, ihm das Gefühl einer scheinbaren Sicherheit und Stärke vermittelte, die Angst wegnahm, hat er uns selbst mehrfach bestätigt.

Ähnliche Trinkerbiographien sind wirklich keine Seltenheit. Die Entziehungstherapie kann nur erfolgreich sein, wenn es gelingt, solche Menschen in eine bergende Gemeinschaft einzugliedern, in der das Gefühl, ständig bedroht und in Frage gestellt zu sein, einem relativen Selbst- und Weltvertrauen weicht. Übrigens war in diesem Fall auch bemerkenswert, daß die psychogene Hand-lähmung als hysterisches Konversionssymptom angstentsprun-gen war, d. h. ihre Entstehung der ängstlichen Besorgtheit ver-dankte, durch den alkoholbedingten Leistungsschwund den Arbeitsplatz zu verlieren. Psychodynamisch darf man wohl an-nehmen, daß das ganze Leben dieses Mannes angesichts seiner übermäßig starken Mutterbindung von einer nie überwundenen infantilen Trennungs-Angst beherrscht wird.

Eine weitere Form von persönlichkeitsprägender Angst-Abwehr ist durch die *reaktive Entwicklung wahnhafter Imaginationen* charakterisiert. Aus sozialer Angst, mitmenschlicher Verunsi-cherung wird Mißtrauen, aus Mißtrauen Wahn. Tendiert jede stärkere, die Person zentral treffende Angst zu Übertreibungen und illusionären Ausgestaltungen des Gefürchteten, so trifft das für wahnhafte Entwicklungen, die aus selbst noch nicht wahnhaf-ten Erlebnissen des Bedrohtseins entstehen, in besonderem Maße zu. Solche wahnhaften Entwicklungen sind im Vergleich zur Häufigkeit von Angst-Neurosen und Phobien selten. Mei-stens haben sie einen komplizierten Ursprung. Aus Angst, Real-angst hervorgegangene, psychosenahe Wahnentwicklungen von durchsichtiger Entstehungsweise, aber auch echte Wahnpsycho-sen, sahen wir in einzelnen Fällen politischer und rassischer Ver-folgung, also nach psychophysischer Extrembelastung und somit in einem Zusammenhang, den wir auf Seite 186 ff. dieses Kapitels ausführlich behandeln werden.

Angst in der Kindheit

Das Thema der Kinder-Angst hat uns im Vorhergehenden schon etwas beschäftigt, besonders im Zusammenhang psychoanalyti-scher Auffassungen. Die Ansätze frühkindlichen Angsterlebens versinken in Amnesie, sind der Erinnerung des Erwachsenen entzogen. Man kann sie in der verbalen Psychotherapie nicht wirklich rekonstruieren, es sei denn, man deutet Trauminhalte und andere Spuren des unbewußten Seelenlebens im Sinne ar-chaischer, phylo- und ontogenetisch alter Angst. Ergiebiger ist die unmittelbare Kinderanalyse, wie sie Freud mit Hilfe analy-tisch vorgebildeter Eltern an der Phobie des 5jährigen Hans zum erstenmal erprobte. Kinderanalysen stützen sich nicht oder nicht vorwiegend auf verbalen Kontakt; ihre empirische Grundlage ist

die teilnehmende Beobachtung im spielenden und sonstigen alltäglichen Umgang mit dem Kinde, der schon in der vorsprachli-
chen Phase beginnen kann. Die eigentliche Kinderanalyse ist
dann allerdings wiederum sehr stark mit kombinatorischen und
konstruktiven, die schlichte Empirie weit hinter sich lassenden
Deutungsversuchen befrachtet. Wir haben uns hier mit den Ergebnissen der Kinderanalyse (Melanie Klein, Anna Freud u. a.[36])
nicht des näheren auseinanderzusetzen, obwohl sie das Angst-
Thema vielfach berühren.
Wichtiger erscheinen uns die ohne hypothetische Voraussetzungen jederzeit nachprüfbaren Verhaltensbeobachtungen der Kin-
derpsychologen (vgl. Remplein[37]). Man kann am Verhalten des
Säuglings mit einiger Sicherheit unmittelbar ablesen – und auch
Freud ging davon aus –, daß angstähnliche Reaktionen, die nicht
mehr mit einer direkten Schmerzzufügung oder Triebfrustration
(Hunger, Durst) zusammenhängen, sondern auf die wahrgenom-
mene Bedeutung einer Situation, wenn auch noch so andeu-
tungsweise beziehbar sind, schon oder erst von der zweiten Hälfte
des ersten Lebensjahres an erscheinen. Sie treten am häufigsten
auf, wenn die Mutter sich vorübergehend entfernt oder wenn,
unter Umständen sogar in Gegenwart der Mutter, ein fremder
Mensch, ein fremdes Gesicht am Bettchen des Kindes auftaucht.
Man spricht hier von jeher vom »Fremdeln« der Kleinsten in Ge-
stalt von Weinen, Zurückweichen, offensichtlicher Gehemmtheit, Anklammern an die Mutter, wenn diese neben dem Fremden zugegen ist. Auch der Gesichtsausdruck läßt dann schon
Züge der Ängstlichkeit erkennen. Ängstlichkeit erwecken beim
Säugling manchmal auch andere unvertraute Situationen und
Gegenstände, plötzliche laute Geräusche, Nachgeben der festen
Unterlage, eventuell der haltenden Hände des Erwachsenen.
Man kann nunmehr schon mit einigem Recht vermuten, es vom
Gebaren und Ausdrucksverhalten des Kindes ablesen, daß dieses
sich vor etwas fürchtet, daß also ein irgendwie gearteter, keim-
hafter intentionaler Bezug waltet, nicht mehr nur eine vorinten-
tionale Unlustüberflutung. Auersperg[38] hat, gestützt auf Beobachtungen der amerikanischen Kinderpsychologin Käthe Wolf
und ihrer Mitarbeiter, das Fremdeln der Säuglinge als »drohende
Entbergung aus vertrauter, geschöpflicher Abhängigkeit« bezeichnet und »Fundamental-Angst« genannt. Diese Frühform
der Angst ist nach seinen Feststellungen besonders intensiv, wenn

eine sehr enge und innige Mutter-Kind-Beziehung vorhanden ist. Der Fundamental-Angst folgt – durch unmittelbare Beobachtung freilich nicht in allen Fällen verifizierbar – die »Existential-Angst«: bei Beschränkungen der bewegungsmäßigen Eigenmächtigkeit des Säuglings oder Kleinkinds, das seine Motorik zu gebrauchen lernt. Sie tritt vor allem beim An- und Ausgezogenwerden und auch bei unerwarteten Folgen eigener Bewegungen auf, entwickelt sich manchmal aus der Vertrauenskrise des Fremdelns, manchmal aber auch bei zunächst angstfrei erscheinenden Säuglingen. Sie entspringt aus einer dem normalen und gesunden »autoerotischen Funktionskreis« drohenden Gefährdung, die einer Gefährdung der erwachenden Eigenmächtigkeit und Selbständigkeit gleichkommt. Diese fundamentalen bzw. existentialen Ängste (»existential« natürlich in einem ganz anderen Sinn als die Existenzangst der Philosophen) entwickeln sich in den ersten beiden Lebensjahren des Kindes, sind Vorformen späterer, teils traumatisch entstandener, teils auch aus dem Dunkel archaischer, wohl angeborener Trieb- und Gefühlsgrundlagen hervorbrechender Ängste. Das kleine, nun schon sprachfähige Kind kann sagen, wovor es sich fürchtet: vor dem schwarzen Mann, dem bösen Wolf, dem Polizisten, wenn ihm unvernünftige Erwachsene derartige Bilder des Schreckens eingeimpft und zum seelischen Trauma haben werden lassen, vor dem kalten Wasser, der heißen Herdplatte usw., wenn frühere Erfahrungen mit dermaßen unangenehmen und wehtuenden Dingen geschreckt haben, aber auch vor den elementar wirkenden Eindrücken der Dunkelheit, grollender Geräusche in der Heizung, vor dem Zukken der Blitze, Rollen des Donners, ekligem Ungeziefer, naßkalt sich anfühlenden Reptilien, unheimlich sich windenden Schlangen usw. Es ist die Welt der kindlichen Phobien, die sich hier auftut und von der wohl kein einziges Menschenkind ganz verschont bleibt. Freilich ist auch in dieser Welt vieles erlernt und keineswegs angeboren, z. B. nachweislich manche Tierphobie.

Der psychoanalytisch orientierte Erzieher und Kinderpsychologe Hans Zulliger[39] meint, daß alle Kinder, Knaben und Mädchen, an Phobien leiden, und zwar zumeist an Kastrations-Ängsten und Kastrations-Phantasien. Weitere Kinder-Ängste rangieren in Zulligers Liste mit hohen Prozentziffern (bezogen auf 400 Knaben und Mädchen zwischen 2 und 18 Jahren): vor Tieren, Gespenstern und Einbrechern, fremden Leuten, vor Blut, vor Schule

und Prüfungen, während die Ziffern für die bekannten Dunkel-
und Gewitterängste unter 50 % bleiben. Die Liste verliert allerdings an Informationswert dadurch, daß sie nicht nach Altersstufen gegliedert ist.

Zweifellos haben die Ängste der Kinder einen verschiedenen In-
tensitätsgrad und Stellenwert, auch eine verschiedene Qualität je
nach der Altersstufe. Dies haben vor allem sehr gründliche amerikanische Untersuchungen gezeigt (Jean W. Macfarlane u. Mitarbeiter, 1938/39[40]), die ein Kollektiv von 126 sonst nicht auffällig gewordenen Kindern vom 21. Lebensmonat bis zur Reifezeit
durch regelmäßige Befragungen der Mütter verfolgten. Hier
handelt es sich also um eine der relativ seltenen, aber wissenschaftlich besonders ertragreichen Longitudinalstudien, die einen Entwicklungsverlauf durch fortgesetzte Beobachtung oder
Befragung zu verfolgen gestatten, ohne daß das Material von
vornherein durch Arztbedürftigkeit, Erziehungsschwierigkeiten
oder sonstige Faktoren ausgelesen wäre. Auch die amerikanischen Untersucher finden phobische Erlebnisse (*specific fears*)
bei beiden Geschlechtern in mehr als 90 %. An der Spitze ihrer
Angst-Liste stehen Angst vor Hunden und vor Dunkelheit. Dun-
kel-Angst überwiegt bei Knaben. Alle diese Ängste zeigen die
Tendenz, mit steigendem Lebensalter abzuklingen. Man findet
bei Kindern aber neben den genannten und anderen Phobien
auch eine mehr diffuse allgemeine Ängstlichkeit und Furchtsamkeit, und zwar vor allem da, wo es auf körperlichen Mut an-
kommt. Solche Kinder schlafen unruhig, träumen schwer, zeigen
allerhand andere Verhaltensanomalien. Ihre diffuse Angst weist
zwei Häufigkeitsgipfel auf, einen in der Zeit vor dem Schuleintritt
und einen zweiten während der Pubertät. Es ist keineswegs gesagt, ja sogar wenig wahrscheinlich, daß sich aus ängstlichen Kindern immer ängstliche Erwachsene entwickeln, während man
rückläufig in der Anamnese von Angst-Neurosen sehr häufig auf
infantile Frühängste stößt. Meistens ist es aber doch so, daß die
fast ubiquitären Phobien der Kinderzeit in der Pubertät oder danach endgültig verschwinden. Es gibt aber auch die andere Möglichkeit, daß Kinder-Ängste persistieren, geheimes, uneinge-
standenes Leiden erzeugen, die charakterliche Entwicklung
hemmen, auch die Verstandesentwicklung beeinflussen und zu
einer Art von Scheindebilität führen (Zulliger). Deshalb ist es
eine selbstverständliche Pflicht der Eltern und der Lehrer, die

Angst des Kindes zu bekämpfen, ihre Anlässe soweit wie möglich auszuschalten, z. B. dadurch, daß man magisch-totemistische Ängste des Kleinkindes vor gewissen, durch die Phantasie belebten Gegenständen oder vor verschiedenen Tieren durch eine Art »Gegenzauber« heilt, indem man dem Kind als Fetisch eine Tierpuppe oder einen anderen Gegenstand schenkt, der ausdrücklich mit beschützender Kraft begabt wird. Mit dem timiden Knaben der ersten Schuljahre soll der Vater ein bißchen spielerisch boxen, um ihm Vertrauen in die eigenen Kräfte einzuflößen usw. Vor allem aber muß das Familienklima angstfrei sein. Schwierigere Fälle gehören nicht zu spät in die Hut von Erziehungsberatungsstellen mit ihren Fachleuten.

Eine heute relativ seltene, in früheren Jahren offenbar häufiger gewesene Kinder-Angst, die einen stark alarmierenden Charakter hat, ist der *Pavor nocturnus*. Sein Auftreten deutet nicht selten auf eine tiefere Gestörtheit des Kindes hin. Wir folgen der Definition und klassischen Beschreibung durch August Homburger[41], wenn wir den Nachtschrecken als einen den normalen Schlaf unterbrechenden Ausnahmezustand verstehen, der mit verändertem Bewußtsein ängstliche Inhalte verbindet. »Das Kind, das ruhig eingeschlafen ist, fährt meist in der ersten Hälfte der Nacht plötzlich aus dem Schlaf in die Höhe, ringt nach Luft, schreit auf, oder aber es erhebt sich ohne Zeichen erschwerter Atmung im Bett mit äußerst erschrecktem, schwer verängstigtem Gesichtsausdruck, reißt die Augen weit auf und scheint sich vor etwas zu fürchten. Oder es blickt voll Entsetzen umher und läßt an Worten und Gebärden deutlich erkennen, daß es Gestalten sieht, die ihm Angst einflößen ...« Im Pavor ist das Kind umdämmert, bewußtseinsgetrübt, desorientiert, kennt oft nicht einmal seine Angehörigen. Ob geweckt oder zur Ruhe gebracht – nachträglich weiß das Kind nichts mehr von dem Zustand, es besteht dafür eine Amnesie. Manchmal schließt sich an Pavor-Anfälle ein Nachtwandeln an. Neben konstitutionellen Momenten kann nach Homburger jegliche Lebenserschwerung zu nächtlichem Aufschrecken führen und nach deren Abstellung zum Verschwinden des Pavors. Es kann sein, daß dem Kind bloß von Erwachsenen Angst gemacht wurde. In einer Reihe von Fällen konnte aber auch Homburger die Erfahrungen von Freud bestätigen, daß unverarbeitete Sexualerlebnisse eine häufige Ursache der kindlichen Angst-Neurose sind: Das im Schlafzimmer der Eltern untergebrachte Kind wird ungewollt und ungeahnt Zeuge des elterlichen Sexualverkehrs, den es mit stark ambivalenten, stets an der Äußerung gehinderten Emotionen erlebt. Die kindliche Sexualität wird damit vorzeitig wachgerufen, ohne in die normale Latenz der späteren Kindheit zurückkehren zu können. Es kommt dabei unter Umständen zur Entwicklung perverser Triebrichtungen. Wenn der Pavor die Pubertät auch selten überdauert, so soll er genau wie jede andere nicht nur flüchtige und situationsbedingte Angst der Kinder die ihm gebührende kinderpsychiatrische Beachtung finden. Er kann durch Symptomverschiebung in späteren Lebensepochen von anderen neurotischen Manifestationen abgelöst werden.

Eine wichtige Angst-Manifestation im Kindesalter, viel häufiger als der genannte Nachtschrecken, ist die im *Stottern* sich äußernde Sprechangst.[42] Hier handelt es sich um eine zweifellos angstbedingte, umschriebene Leistungsstörung, die das Sprechen als Mittel verbaler Kommunikation betrifft. Die am Sprechen beteiligten Muskeln geraten in einen erhöhten Spannungszustand, der etwas Krampfartiges hat und die harmonisch gegliederte Bewegungsfolge, die zur Laut- und Satzbildung notwendig ist, unterbricht und spastisch behindert. Nach Gutzmann[43] tritt das Stottern der Kinder in drei Epochen bevorzugt auf: in der Zeit der lebhaften Entwicklung der Kindersprache um das 3. und 4. Jahr herum, beim Eintritt in die Schule und während der Geschlechtsreife. Während der ersten Periode scheint es sich um ein Mißverhältnis von Sprachantrieb und Sprechenkönnen zu handeln, später um spezifisch mitmenschliche Konflikte, in denen das Kind den von der Gesellschaft geforderten und vorausgesetzten Reifungsschritten nicht gewachsen ist oder sich in ängstlicher Selbstunsicherheit nicht gewachsen fühlt. In weitaus der Mehrzahl der Fälle ist das Stottern Ausdruck einer auch sonst in allen möglichen Formen übertriebener Erwartungs-Angst sich äußernden Angst-Neurose, seltener Folge eines akuten Erschreckens oder einer anderen zeitlich fixierbaren, realen Bedrohung, z. B. durch Strafe. Stotternde Kinder sind primär ängstlich, werden aber durch das mitleidslose Verhalten ihrer Altersgenossen, die sie verspotten und hänseln, zu verstärkten Angst-Reaktionen getrieben, zu geheimer Aggressivität oder scheuem Rückzug veranlaßt. Mädchen stottern seltener als Knaben, wie sie im Durchschnitt auch früher sprechen lernen.

Es gibt nach Homburger und einem von ihm zitierten älteren Autor (Merkel, 1866) auch Stotterer, die auf den ersten Blick nicht ängstlich, sondern eher sanguinisch, leicht erregbar, überlebhaft wirken. Doch seien diese jungen, im Sprechen sich überstürzenden Stotterer zugleich auch als feige zu charakterisieren, zugleich als trotzig, belastenden Situationen nicht gewachsen, nach Missetaten von heftiger Folge-Angst befallen, ihre ängstlichen Regungen nur in augenblicklicher Aufwallung zu übertönen fähig. Solche Kinder stottern oft nur in ganz bestimmten, immer wiederkehrenden peinlichen Lagen als ausgesprochene Situationsstotterer.

A. Dührssen[44] findet bei den Müttern von Stotterkindern sehr häufig Frauen, die durch einen ganz besonders lebhaften Redeschwall auffallen. Das Kind einer solchen Mutter erlebt von klein auf, daß ihm nicht genügend zugehört, statt dessen ins Wort gefallen und viel verboten wird. Weiter sei die Familienkonstellation von Stotterkindern dadurch charakterisiert, daß hinter einer vorgetäuschten Friedfertigkeit scharfe Spannungen unter den Familienmitgliedern herrschen. Angst und Aggressivität gehen bei kindlichen und jugendlichen Stotterern oft enge Verbindungen ein. Tritt das Kind in die Pubertät, so kann die aus der Latenz aufbrechende genitale Sexualität zur Quelle der Angst-Entwicklung werden. Homburger[45] macht auf die bereits von Freud und seiner Schule geschilderte Angst-Lust oder Lust-Angst masturbierender Kinder und Jugendlicher aufmerksam. Sie geraten bei erhöhter allgemeiner Angst-Bereitschaft in bestimmten, für sie bedrohlichen Situationen, z. B. bei Prüfungen oder beim Aufsatzschreiben in der Schule, in unlustvolle, ängstlich gefärbte Erregung, in der sie an ihrem Körper bisher unbekannte Mißempfindungen fühlen, auch Mißempfindungen von der Art der Spannungs-, Druck- und Juckreize an den Genitalien. Beim Knaben kommt es zu quälenden Erektionen, bei beiden Geschlechtern zu masturbatorischen Akten, deren emotionale Komponente jene eigentümliche Mischung von verpönter Lust und angstvoller Erregung ist. Die sexuelle Entspannung wird dann ihrerseits zur Quelle heftiger Gewissens-Angst und diese wiederum zum bedingenden Moment einer motorischen Neurose, etwa des Stotterns. In der Pubertät, zum Teil aber auch schon früher bilden sich ängstlich-zwanghafte Reaktionen und ritusähnliche Verhaltensweisen heraus, Ordnungszwänge,

Waschzwänge, Rückversicherungszwänge, magische Zwangsbefürchtungen, ähnlich dem abergläubischen, aber gewöhnlich nicht zwanghaften Schadenabwendungszauber.[46] Ebenfalls gegen Ende der sogenannten Latenzzeit und im Beginn der Pubertät pflegen sich die Ängste der übergewissenhaften, skrupulösen jungen Menschen zu profilieren, etwa als Beichtskrupel in Erscheinung zu treten, nicht selten erste, unzweideutige Manifestationen einer ängstlich-selbstunsicheren Charakterentwicklung. Charakteristisch für selbstunsichere Jugendliche ist die mit peinlichen Verlegenheitsgefühlen einhergehende Errötungsfurcht (Erythrophobie). Diese Errötungsfurcht führt automatisch, durch psychogene Erregung des Gesichtsvasomotoriums, zu heftigem Erröten und Hitzegefühl. Dührssen betont, daß dieser Mechanismus bei jüngeren Kindern seltener zu beobachten ist und zu einem eigentlichen Problem im allgemeinen erst in der Pubertät wird. Es handelt sich hier um eine sogenannte Kontaktneurose, die nur bei Begegnungen mit anderen Menschen, meist in größerer Gesellschaft auftritt. Solche Begegnungen, verbunden mit dem Gefühl, irgendwie unangenehm aufzufallen, sind belastet durch die ambivalente Einstellung der Jugendlichen, bei dem sich Hingabewünsche, Hingabeängste und gehemmte Aggressionen in der Auseinandersetzung mit der eigenen Geschlechtsrolle als unbewußte oder auch als mehr oder minder bewußte Spannungsmomente erweisen. Nach E. H. Erikson ist es überhaupt das Problem der Identitätsfindung und die Gefahr der »Rollendiffusion«, die bei Jugendlichen zur Furcht vor dem Identitätsverlust, unter Umständen zur Flucht in Pseudoidentität und zur Wiederbelebung infantiler, irrationaler Ängste führt.[47] Die Angst, Verlegenheit, Unsicherheit, ja manchmal sogar psychotische Zusammenbrüche erzeugende Schwierigkeit der Identitätsfindung erwächst nach dieser Lehre bei Jugendlichen nicht so sehr aus den neuen sexuellen Triebimpulsen als solchen als vielmehr aus dem Problem, in die von der Gesellschaft vorgezeichnete Rolle, die eben auch, aber nicht ausschließlich eine Geschlechtsrolle ist, hineinzuwachsen und damit zugleich zur Übereinstimmung mit sich selbst zu gelangen.

Von hohem Interesse ist schließlich eine besondere, nur in einem ganz spezifischen Krankheitsrahmen beobachtete Kinder-Angst: Die sich bis zum Paroxysmus steigernde Angst von Kindern, die an *frühkindlichem Autismus* leiden, entzündet sich vor allem an

Veränderungen in der dinglichen Umwelt und im Ablauf der alltäglichen Gewohnheiten. Das ängstlich-zwanghafte Bedürfnis nach Gleichhaltung der umgebenden Dinge ist schon dem Erstbeschreiber dieser höchst eigenartigen, nosologisch bisher nicht eindeutig bestimmbaren Erkrankung oder Fehlhaltung aufgefallen: Diese Kinder suchen nach »*security in sameness*« (Leo Kanner). Sie geraten in angstvolle Panik, wenn z. B. ein neuer Milchkrug auf dem Tisch steht oder wenn der gewohnte Teppich nicht da ist. Sie sind ängstlich erregt, wenn sie sich außerhalb ihres Zimmers, auf der Straße oder in der Beratungsstelle aufhalten müssen. Dieses Symptom läßt sich bei autistischen Kindern aber – entsprechend der Entwicklung der Angst-Fähigkeit – nicht vor dem 2. Lebensjahr mit Sicherheit feststellen (E. Fischer[48]).

Angst durch psychophysische Extrembelastung

In lebensbedrohlichen Situationen ist häufig nicht nur die angstvolle Qual der Erwartung des Endes gegeben, sondern vielfach schon in der Situation selbst auch eine schwere leibliche Beeinträchtigung angelegt: Hunger, Schlafmangel, Verletzungen, Mißhandlungen, Schutzlosigkeit gegenüber Witterungseinflüssen, Treiben im Wasser usw. Deshalb sprechen wir von psychophysischen Extrembelastungen.* In den gebräuchlichen Klassifikationen seelischer Störungen rangieren die pathologischen Angst-Erscheinungen im Zusammenhang mit katastrophalen Ereignissen der Umwelt unter Titeln wie »traumatische Neurose«, »traumatische Phobie«, also unter den neurotisch-psychopathischen Phänomenen. Diese Einordnung hat nur ein bedingtes Recht. Gewiß, es überschneidet sich vieles in den Bereichen von Neurose und Psychopathie einerseits, abnormer seelischer Verarbeitung von schweren äußeren Eingriffen in die psychophysische Integrität andererseits. Doch haben die Erlebnis- und Verhaltensstörungen der letzteren Art ihr eigenes Gewicht und manche Besonderheiten, die es angezeigt erscheinen lassen, sie in einem eigenen Abschnitt zu behandeln. Dies zeigt sich besonders an den psychopathologischen Dauerfolgen grausamster

---

* Wir hätten für diesen Abschnitt auch den Titel »Katastrophen-Angst« wählen können, wenn eine ähnliche Bezeichnung (»Katastrophenreaktion«) nicht durch Kurt Goldstein für die Fachsprache eine allzu enge Bedeutung erhalten hatte.[49]

Terrormaßnahmen, die früher in solcher Häufung entweder nicht vorkamen oder psychiatrisch nicht erfaßt wurden.

Der deutsche Psychiater E. Baelz[50] erlebte das Erdbeben von Tokio 1894 am eigenen Leib und hatte so Gelegenheit, seine eigene Reaktionsweise zu beobachten. Er geriet in die seither nach ihm benannte »Emotionslähmung«, d. h. es kam bei ihm zu einer Art Erstarrung des Gefühlslebens, in der Angst und Schrecken verschwanden oder gar nicht erst auftauchten. Das Gefühlsleben, alle Sorge um die eigene Erhaltung und die der Angehörigen, alles Mitgefühl war wie erloschen, und das bei klarem Verstande. Die Schrecklichkeit der Vorgänge um ihn herum habe er mit derselben kalten Aufmerksamkeit beobachtet, mit der man ein spannendes physikalisches Experiment verfolgt. Dieser abnorme Zustand verschwand so plötzlich, wie er gekommen war. Daß trotz erhaltener Verstandestätigkeit doch der Horizont des Bewußtseins eingeengt gewesen sein muß, geht aus der Bemerkung hervor, daß er erst zu sich gekommen sei, als sein Kutscher an ihm zerrte.

Erdbeben verbinden mit der Verunsicherung des tragenden Grundes vielleicht die intensivste, die im Wortsinn fundamentale »Real-Angst« wie kaum ein anderes natürliches Geschehen. Doch sind Zustände von Emotionslähmung, auch Emotionsstupor genannt, auch bei anderen katastrophalen Anlässen mit großer Regelmäßigkeit beobachtet worden. Panse beschreibt sie in seinem Werk *Angst und Schreck,* das auf Erlebnisberichten von der Luftbombardierung des deutschen Heimatgebietes während des Zweiten Weltkriegs fußt.[51] In Luftschutzkellern beim Fallen der Bomben trat nach mancher Selbstschilderung die Angst hinter einem distanzierten, »objektiven«, zuweilen auch mit Entfremdungsgefühlen verbundenen Erleben zurück; nachträglich breitete sich eine stumpfe Apathie aus. Müde Teilnahmslosigkeit, ja geradezu Traumverlorenheit sah man nach der Entwarnung im Strom der ausgebombten Flüchtlinge. Die Gleichgültigkeit der Geschädigten, ja zum Teil ihre euphorische Gehobenheit war schon Stierlin beim Erdbeben von Messina 1908 aufgefallen. Es ist, als ob ein instinktiver Schutzmechanismus die Emotionalität des Menschen in der Katastrophe vor der Überflutung und Überwältigung durch den Angst-Affekt bewahrte.

Die älteren Beobachter von Erdbeben- und Grubenkatastrophen haben aber an abnormen Reaktionsweisen noch mehr als die bloße, fast physiologisch zu nennende Emotionslähmung, nämlich weit auffälligere, dramatischere Verhaltensmuster beschrieben. Es kam bei einzelnen Menschen nicht nur zu totaler Unansprechbarkeit und stummem und regungslosem Verharren am Orte des Unglücks, sondern auch zu trancehaften Zuständen mit getrübtem Bewußtsein und mangelhafter Orientierung, sinnlosem Hineinrennen in die Gefahr oder Fortlaufen, wenn schon alles vorüber war, kindischem Gehabe und dergleichen. Noch bei den Frontsoldaten des Ersten Weltkriegs wurden derartige Schreck-Dämmerzustände relativ häufig gesehen, an der Front im Zweiten Weltkrieg schon sehr viel seltener. K. Schneider erwähnt aus eigener kriegsärztlicher Erfahrung einfache ängstliche Erregung und Verwirrtheit, pathetische feierliche Spannung und Gehobenheit, apathischen Stupor und Pseudodemenz mit grob verkehrten und kindlichen Antworten. Im letzten Falle vermutet er eine Zweckreaktion. Auch sonst war eine wirkliche Bewußtseinstrübung oft fraglich und kaum feststellbar, ob Schreck oder Angst die Ursache war.[52] In der vom Luftkrieg heimgesuchten Heimat hat man weder auf deutscher (Panse) noch auf englischer Seite (Schmideberg[53]/Wolfenstein[54]) Dämmerzustände oder sonstiges abnormes, panikartiges Verhalten in nennenswertem Maße gesehen. Die Zivilbevölkerung verhielt sich auf beiden Seiten erstaunlich ruhig und besonnen, auch nicht feindselig gegen die eigene Führung; der gegen die Zivilbevölkerung geführte Luftkrieg war in psychologischer Hinsicht praktisch wirkungslos. Wenn man mit Kretschmer[55] instinktbiologische Vergleiche anstellt und die mehr lähmungsartigen, immobilisierenden Verhaltensweisen in höchster Lebensgefahr mit dem »Totstellreflex« und die motorisch erregten Zustände mit dem »Bewegungssturm« mancher Tiere in eine Linie stellt, so übersieht man die durchschlagende Wirksamkeit soziokultureller Faktoren, die sich auch auf diese scheinbar so leibnahen, animalisch-instinkthaften Angst- und Schreckreaktionen erstreckt. Es ist nämlich gar kein Zweifel, daß in den letzten fünfzig bis sechzig Jahren innerhalb der Reichweite der industriellen Zivilisation mit dem Seltenerwerden hysterischer Darbietungsformen der Neurose auch die Angst- und Schreckreaktionen an Augenfälligkeit und Dramatik eingebüßt haben. Nach Panse sah man bei der dem Luftbombardement ausgesetzten Zivilbevölkerung nur noch Rudimente von Immobilisation und »Bewegungssturm«, flüchtige, nur Stunden bis Tage anhaltende Bilder von Tonusverlust (Weichwerden der Knie, psychogene Gangstörung), Zittern, unwillkürliches Sichducken und Einziehen des Kopfes, dranghafte Unrast, Sichanklammern. Was sich als viel konstanter und dem soziokulturellen Wandel weniger unterworfen erwies, waren die vegetativ-vasomotorischen Erscheinungen der Angst, wie Blässe, Gänsehaut, Fröstelln, Herzbeschwerden, seltener kalter Schweiß. Ganz selten waren freilich wiederum im Ensemble autonomer Dysregulationen die bekannten Begleiterscheinungen der Angst im Bereich des Magen-Darmkanals und der Blase, wie Übelkeit, Brechreiz, Stuhl- und Harndrang. Das Wachbewußtsein war trotz einer gewissen, nicht zu leugnenden Einengung des Wahrnehmungshorizontes und rasch vorübergehenden Verlustes der vollen Besonnenheit so gut wie nie ganz ausgeschaltet (»Ohnmacht«) oder auch nur wesentlich umdämmert. Zu dämmrigen Bewußtseinsstörungen kam es eher einmal *nach* Lösung der ängstlichen Spannung. Diese an der englischen und russischen Bevölkerung bestätigten Beobachtungen lehren, daß die Autonomie primitiver, biopsychischer Reflexapparate beim Menschen doch viel weniger weit geht, als das noch nach den Erfahrungen des Ersten Weltkriegs vermutet und bis in die militärische Planung hinein vorausgesehen wurde. Nicht einmal die unmittelbare, höchst sinnfällige Bedrohung durch Tod und Verderben in den Luftschutzkellern, die Plötzlichkeit und Wucht naher Explosionen, das Getöse einstürzender Häuser, die Brände in den Straßen, das hilflose Eingeschlossensein haben im Durchschnitt grobe Entgleisungen des Verhaltens hervorgerufen und das Vegetativum, wenn auch wohl regelmäßig, so doch nur in relativ geringem Maße beeinträchtigt. Auf keiner Seite der Kriegführenden gab es Massenpaniken, wiewohl eine suggestive Ansteckung mit Angst im Stadium der Erwartungsspannung vor dem Angriff keine Seltenheit war.[56]

Über *Panik* bei der kämpfenden Truppe wurde jedoch auch noch aus dem Zweiten Weltkrieg in einigen Fällen berichtet (Brickenstein[57]/Deussen[58]/Schultz und Mitarbeiter[59]). Der Ausdruck »Panik« – etymologisch meist vom griechischen Hirtengott Pan, der die Viehherden zu erschrecken beliebte, abgeleitet – bezeichnet kollektive, außer Kontrolle geratene, den einzelnen mitreißende Angst-Reaktionen, die sich bei realer oder vermeintlicher Lebensgefahr ausbreiten. Solche Reaktionen wurden bei Theaterbränden, Schiffsuntergängen, Vulkanausbrüchen, vor allem aber in Kriegssituationen bei der kämpfenden Truppe beobachtet. Sie manifestieren sich in allgemeiner Kopflosigkeit, rücksichtslosen, oft ganz unzweckmäßigen und unkoordinierten Versuchen, sich in Sicherheit zu bringen, in aufgelöster Flucht oder tollkühnen Angriffen nach vorn, gelegentlich auch in ganz sinnlosen Dranghandlungen, brutalen Aggressionen und Suiziden. Der Panik militärischer Verbände geht oft eine von Gerüchten genährte Panikstimmung voraus. Nicht selten sind es einzelne, primär zu Angst disponierte Personen, die auf falsch verstandene, mißdeutete Gefahrensignale hin eine Massenpanik entfachen. Dabei zeigt sich die der Realangst oder Furcht eigene Tendenz der Gefühlsansteckung, der Induktion ängstlicher Emotionen im Hinblick auf den bedrohlichen Umweltaspekt. Wesentlich ist auch das Moment der physischen und psychischen Erschöpfung, in der sich eine panikbereite Truppe befindet. Militärische Panik konnte in der älteren Kriegsgeschichte hier und da schlacht- und kriegsentscheidend sein; sie wurde bewußt beim Gegner erzeugt, so etwa von Napoleon I. im Feldzug gegen Preußen im Jahre 1806. Noch im Ersten Weltkrieg gab es bei den französischen Kolonialtruppen 1917 Paniksituationen, die die Gesamtlage ernstlich erschütterten. Im Zweiten Weltkrieg kam es dann nicht mehr zu Paniken größeren Stiles, wohl aber hier und dort zu entsprechenden Reaktionen kleinerer Verbände. So räumte in den Rückzugsgefechten in den Karpaten 1944 eine deutsche Kompanie überstürzt eine wichtige Höhenstellung und floh in voller Auflösung – auf Geräusche in einem Waldstück hin, in dem überlegene russische Kräfte vermutet wurden, jedoch nur ein paar Wildschweine ihr Wesen trieben (Brickenstein).

Die Londoner Psychotherapeutin Melitta Schmideberg ließ ihre Patienten während des »Blitzes«, d. h. während der heftigen deutschen Luftangriffe im Herbst 1940, niemals im Stich. Was sie dabei in ihrer Sprechstunde und in der Londoner Bevölkerung überhaupt beobachtete, entspricht im wesentlichen den Feststellungen von Panse an der deutschen großstädtischen Bevölkerung in ähnlicher Lage. Hier wie dort hielt sich der Angst-Pegel auf erstaunlich niedrigem Niveau. Unzählige blieben lieber in ihren Wohnungen in der Stadt, ohne von den Evakuierungsmöglichkeiten Gebrauch zu machen. Massenpaniken blieben völlig aus, aber auch die Reaktionen der einzelnen variierten in Richtung auf das Pathologische in relativ bescheidenen Grenzen. Zu stärkeren und länger dauernden Angst-Reaktionen kam es in London wie in den deutschen Städten bei Übermüdung und Schlafmangel oder auch bei einer Wiederholung unmittelbar bedrohlicher und erschreckender Situationen – Panse spricht in diesem Zusammenhang von »Sensibilisierung«, die anstelle von Gewöhnung einzelne Menschen empfindlicher, reagibler gegenüber wiederholten Schreckerlebnissen macht. Einzelne Neurotiker waren während des »Blitzes« angstfrei, andere gerieten gelegentlich in verlängerte und hysterisch ausgebaute Angst-Zustände. Nicht nur bei Neurotikern kam es zur Wiederbelebung alter Kindheitsängste; manche sonst Gesunde fühlten sich durch die wahrhaft unverschuldeten Kriegsereignisse für irgendwelche unerlaubten Lüste und Aggressionen bestraft und zur Sühne verurteilt.

Zu ähnlichen Ergebnissen kam die amerikanische Psychologin Martha Wolfenstein[60], die Beobachtungen bei Tornadokatastrophen und anderen Unglücksfällen und Kriegsereignissen auswertete. Die Überlebenden der besonders in den USA nicht ganz seltenen Windkatastrophen, über die ein reiches Material von Selbstschilderungen und Befragungsergebnissen vorliegt, zeigen sich in ihrer Angst-Anfälligkeit in erheblichem Maße durch unbewußte Motivationen und durch die psychodynamische Ausgangslage bestimmt. Da gibt es bei manchen Personen eine Verleugnung der Gefahr aus dem Gefühl der Unverwundbarkeit heraus – vermutlichem Residuum infantiler Allmachtsphantasien –, das jäh zusammenbricht, wenn der Wirbelsturm tatsächlich wütet, die Häuser zerstört und dann zu schwereren und länger dauernden Angst-Reaktionen führt als bei denen, die der Gefahr ins Auge sahen. Andere ängstigen sich lange im voraus, prophezeien Panik und Wahnsinn, projizieren damit eigene latente Ängste in die Zukunft und fürchten im Grunde die destruktive Dynamik ihres Trieblebens, die sie mit unkontrollierbarer Angst zu überschwemmen droht. Auch nach dieser Auffassung ist es die Angst vor der Angst, die am schlimmsten peinigt. Während der durchschnittliche, unneurotische Mensch sich verhältnismäßig rasch ins Unvermeidliche fügt, seine auch bei ihm nicht fehlenden Verleugnungstendenzen beim Einbruch der Katastrophe zugunsten einer realistischen Einstellung aufgibt und trotzdem die Zuversicht des Überlebens bewahrt, die ganze Situation, mag sie ihm noch so große Schäden zugefügt haben, ohne nachhaltige Störungen seines seelischen Gleichgewichtes meistert, löst der plötzliche Zusammenbruch der *neurotischen* Gefahrenverleugnung heftigste Angst vor dem Einbruch eigener Aggressions- und Selbstvernichtungstendenzen aus und vielfach auch jenes dunkle Schuldgefühl und irrationale Bewußtsein, durch die Katastrophe irgendwie zu Recht bestraft zu werden. Im Lichte dieser, der späteren Freudschen Angst-Lehre nahestehenden Interpretation sieht Wolfenstein das scheinbar teilnahmslose, depersonalisierte Verhalten neurotischer Personen während der Katastrophe, wobei allerdings anzumerken ist, daß affektive Anästhesie und auch Depersonalisation sicher nicht ausschließlich an neurotische Vorbedingungen gebunden sind. Wenn aber dann manche Überlebenden solcher Katastrophen für Wochen und Monate gespannt, ruhelos, unkonzentriert, reizbar bleiben, über Schlaflosigkeit und Angstträume klagen, ihre ständige Furcht vor Wiederholungen ähnlicher Katastrophen nicht unterdrücken können, so wird man dies eher einer neurotischen Prädisposition zuschreiben, als die unmittelbare, das Gefühlsleben lähmende und entfremdende Wirkung übermächtiger Angst. Wovon die Überlebenden von Tornados nicht selten berichten, was aber auch von anderen Katastrophen her bekannt war, ist die von Wolfenstein so bezeichnete *post disaster utopia*. Menschen, die soeben Schwerstes miteinander durchgemacht haben, fühlen sich für eine Weile mit den Personen ihrer Umgebung, manchmal auch mit wildfremden Menschen aufs innigste verbunden, ihnen gegenüber von überströmender Güte und Mitteilsamkeit erfüllt, auch zu selbstloser Hilfe bereit: *saints for about ten days* (Heilige für etwa zehn Tage) – denn leider hält diese menschenfreundliche Gemütsverfassung meistens nicht länger vor. Wolfenstein deutet dieses Verhalten folgendermaßen: Nach der Bestrafung durch die Katastrophe darf man eine wunderbare Vergebung erwarten. Das Erwartete gleicht dem Tausendjährigen Königreich der Liebe, das den Unbilden der gegenwärtigen Weltzeit folgt. Panse, der ebenfalls die Euphorie nach dem Schrecken beschreibt, sieht darin »eine biologisch zu verstehende Kontrastreaktion des affektiven Apparates«.[61] Doch ist die utopische Euphorie nach Katastrophen keine überall zu erwartende automatische Reaktion des aus extremer Ablenkung zurückschwingenden affektiven Apparates. Die überlebenden Japaner nach den Atombombenabwürfen auf Hiroshima und Nagasaki haben jedenfalls nicht so reagiert, sondern ganz anders, nämlich mit offen ausgesprochenen schweren Schuldgefühlen ihren hilflos gewordenen und getöteten Angehörigen gegenüber.[62]

Der klassischen deutschen Psychiatrie und ihrer Lehre von der überwiegend vorstellungs- und wunschbedingten traumatischen Neurose verpflichtet, unterscheidet Panse[63] »thymogene« von »ideagenen« Angst-Reaktionen als wesensverschiedene Vorgänge. Thymogen ist das unmittelbare, reflexartige Ansprechen der Affekt- und Instinktapparate des Gehirns in lebensbedrohlichen, angstprovozierenden Situationen. Thymogen kann es bei entsprechend disponierten Menschen in extremer Gefahr zu überdurchschnittlich starken Affektreaktionen kommen, die ausgeprägte vegetative Fehlsteuerungen erzeugen, aber auch die Erlebnisfähigkeit vorübergehend herabsetzen, das Motorium und die Bewußtseinslage beeinflussen. Thymogen ist die erwähnte Sensibilisierung mancher Menschen bei sich wiederholenden Gefahrensituationen, ebenso die besagte affektive Kontrastreaktion der nachträglichen euphorischen Gehobenheit. Thymogene Angst- und Schreckreaktionen, auch solche stärkster Art, haben aber nur eine begrenzte Dauer, schwingen meist schon nach wenigen Stunden oder Tagen in die Norm zurück, abgesehen von dem längerfristigen Phänomen der Sensibilisierung. Ideagen ist die von Vorstellungen, Befürchtungen und Wünschen getragene, mehr oder minder bewußte oder auch unbewußte Zutat der Person, die sich mit den ihr widerfahrenen Schreckenserlebnissen auseinandersetzt. Ideagene Einflüsse können – wiederum bei entsprechend disponierten Menschen – die unmittelbaren, biologisch verstandenen Angst- und Schreckreaktionen intensivieren, verlängern, in traumatische Neurosen übergehen lassen, die dann den Charakter von Zweckreaktionen erhalten: Der in arger Bedrängnis gewesene und darin vielleicht schon lädierte Mensch will nicht mehr in die Gefahr zurück (Schüttelneurosen des Ersten Weltkriegs), glaubt, durch das Erlittene zu materiellen Entschädigungsansprüchen berechtigt zu sein (Rentenneurose), verfällt vielleicht auch nur aus anlagemäßiger Ängstlichkeit in übertriebene Besorgnisse hinsichtlich seiner körperlichen und seelischen Gesundheit (hypochondrische Reaktion). Aus dem oben Gesagten mag bereits hervorgegangen sein, daß das Verhalten von Menschen vor, in und nach psychophysischer

Extrembelastung komplizierter und vielschichtiger ist, als das nach der Zweiteilung in thymogene und ideagene Reaktionsweisen der Fall zu sein scheint. Schon das unmittelbare Verhalten in der Belastungssituation ist so variabel, so stark von individuellen Vorgegebenheiten der Lebensgeschichte, aber auch von soziokulturellen Faktoren abhängig, daß es nicht mehr als schablonenhafte, apersonale, eigengesetzlich verlaufende Instinktreaktion aufgefaßt werden kann. Natürlich kann niemand leugnen, daß Angst- und Schreckreaktionen einen biologisch determinierten, in den leibnahen Schichten der Persönlichkeit gelegenen, psychosozialer Formung entzogenen Kern haben. Wir haben darüber im Kapitel über Biologie und Physiologie der Angst (S. 45 ff.) Näheres gebracht, was hier nicht zu wiederholen ist. Der biopsychische Kern der Angst bedeutet aber für den Menschen in der Katastrophe keine starre Festlegung auf bestimmte Verhaltensmuster und Reaktionsabläufe. Schon dem Ansturm der Gefahr begegnet der Mensch in relativer Freiheit, aber auch mit der Möglichkeit, sich selbst panischer Kopflosigkeit hinzugeben oder sich von anderen suggestiv dazu verführen zu lassen. Andererseits kann der biopsychische Kern der Angst durch besonders schwerwiegende und lang dauernde Belastungen auch ohne »psychogene Überlagerung«, d. h. tendenziöse Zutaten der auf Sicherheit bedachten Person, so nachhaltig erschüttert werden, daß persistierende Ängste auf Jahre hinaus, ja vielleicht ein ganzes Leben lang resultieren. Wir werden im nächsten Unterabschnitt einiges darüber zu sagen haben.

Die *Anthropologie der Katastrophe* läßt indes über die Erschütterung biopsychischer Kernregionen hinaus eine nicht minder gravierende Erschütterung des Weltbezuges der Person erkennen: Wo der Tornado wütet, das Meer über die Dämme tritt, der Grund und Boden im Erdbeben erzittert, schwankt und klafft, aber auch wo technische und kriegerische Explosionen Haus und Hof zerstören, hat sich die vertraute Welt jäh ins Unvertraute, Unheimliche gewandelt, das Unterste zuoberst gekehrt, die Zuverlässigkeit und Berechenbarkeit verloren, die Züge des Furchtbaren, tödlich Drohenden, des Feindlich-Entfesselten, durch keine Veranstaltung zu Bändigenden angenommen. Die Welt bietet hier als natürliche Umwelt keinen sicheren Boden mehr, keine ruhige Atmosphäre, kein bergendes Gehäuse, keinen Platz freier Bewegung, keine Wegsamkeit, keinen hoffnungsvollen Anblick und Ausblick. Der Weltbezug des Menschen in der Katastrophe ist von Grund aus in Frage gestellt, verunsichert, seiner sonstigen Sinngehalte – die Welt als zu nutzende und zu genießende Welt – beraubt. Der von der Katastrophe überfallene Mensch mag sich noch eine Zeitlang für unverwundbar halten – er wird dann doch der tödlichen Bedrohung gewahr, die gerade *ihm* gilt, ja scheinbar *ihn* ins Zentrum des Wirbels stellt: Wolfenstein spricht von der *illusion of centrality*.[64] Das Gefühl absoluter Verlassenheit überkommt ihn, der Verlassenheit durch alle wohltätigen Mächte. Es mag sein, daß die psychoanalytischen Autoren recht haben, die jenes Gefühl des totalen Verlassenseins als Wiederaufleben infantiler Trennungs- und Straf-Ängste deuten und psychologisch als besonders gefährdet diejenigen Personen betrachten, die noch nicht von Resten infantiler Allmachtsphantasie frei geworden und sich bis zum Moment des Zusammenbruches in besonderer Sicherheit gewiegt hatten. Das sind jedenfalls interessante Deutungen, die aber nur zum Teil durch Selbstaussagen der Überlebenden solcher Katastrophen gedeckt werden. Daß es aber in der Katastrophe eine Verlassenheit gibt, der man völlig hilflos gegenübersteht, eine Wandlung der Physiognomien der Welt in krasse Feindlichkeit, erbarmungslose Grausamkeit, der man sich wehrlos ausgeliefert fühlt – das sind Beschreibungen, die immer wiederkehren und die ihren Grund sicher nicht *allein* in den Triebschicksalen der Person und in ihrer individuellen Anfälligkeit haben, sondern mindestens im gleichen Maße in der physiognomischen Schreckensgestalt der ins Apokalyptische gewandelten, zerberstenden, in Flammen aufgehenden, überfluteten oder wie auch immer sich selbst zerstörenden Welt.

Nun ist aber nicht gesagt, daß da, wo in Naturkatastrophen, Unglücksfällen oder kriegerischen Ereignissen die natürliche Umwelt, zentriert um das Opfer, ihre vertraute Gestalt verliert und zu Bruch geht, auch das *Mitmenschliche* jeglichen schützenden, bergenden, den einzelnen im Verband haltenden Einfluß verloren haben müßte. Die Feindlichkeit der Elemente, die bis zur Erbarmungslosigkeit gehende Ungunst der äußeren Lage wird gemildert durch das Bewußtsein, hilfsbereite Leidensgenossen zu haben, oder zumindest durch die Hoffnung, in der Gefahr Institutionen der Zuflucht, Rettung, ärztlichen Behandlung, der Erfüllung elementarer Lebensbedürfnisse vorzufinden. Gemildert wird der angsteinjagende Eindruck des Schreckens aber auch durch das Bewußtsein, vertrauenswürdige Führer zu besitzen, die die Situation überblicken und gegebenenfalls einen Ausweg finden – Führer, denen man sich willig und diszipliniert unterzuordnen vermag. In diesem Sinne haben Selbach und Selbach[65] am Schicksal versprengter Soldatengruppen am Ende des Zweiten Weltkriegs im Osten gezeigt, wie bei erhaltener Gruppenkohäsion und Disziplin die Krise überwindbar war, die anderen versprengten Haufen in panikartigen Verhaltensweisen zum Verderben wurde. Nordamerikanische Panikforscher (Schultz und Mitarbeiter[59]) heben ebenfalls hervor, daß Paniken entstehen, wenn der Gruppenzusammenhalt verlorengeht und der einzelne sich wie in einer Falle fühlt, ohne Rücksicht auf die anderen Mitbetroffenen durch verzweifelte Fluchtreaktionen sein Leben retten will. Ein instinktives Wissen um diesen Sachverhalt zeigte sich deutlich bei den »konventionellen« und atomaren Kriegskatastrophen des Zweiten Weltkrieges, bei denen die einzelnen eher durch erhöhte Fügsamkeit gegenüber organisatorischen Anordnungen als durch eigenmächtiges Handeln oder sinnloses Davonlaufen auffielen.

Nun gibt es aber von Menschen erzeugte Schreckenszeiten, extreme Belastungen, die nicht nur die Opfer durch unabsehbare Dauer und so gut wie völliges Fehlen jeder Aussicht auf Befreiung zermürben, sondern ihnen durch den Entzug aller mitmenschlichen Akzeptierung und Sicherheit die seelisch-soziale Existenz zerstören, ehe die physische Vernichtung nach ihnen greift.

Annihilierung

Im Zusammenhang mit der sogenannten »Endlösung der Judenfrage«, d. h. der geplanten und zum großen Teil auch durchgeführten physischen Vernichtung der europäischen Juden durch das Naziregime während des Zweiten Weltkrieges, sprechen wir von »Annihilierung« (von Baeyer, 1961[66]). Mit diesem Ausdruck soll der anthropologische Charakter, d. h. der das Menschsein im ganzen betreffende Zug, jener quälerischen Vorstadien der Tötung bezeichnet werden, der den Juden in der sozialen Diskriminierung, in Verstecken, Gettos, vor allem aber in den Konzentrationslagern auferlegt war. Doch war von vornherein klar, daß Annihilierung, oder wie man diese geistig-seelische und soziale Existenzvernichtung vor der Auslöschung des Lebens nennen will, nicht allein dem Rassegegner – einem Pseudo-Gegner (W. von Baeyer-Katte[67]) –, sondern auch anderen Gruppen politischer, völkischer und religiöser Gegner zugedacht war. Außerdem wurden und werden Annihilierungsvorgänge auch außerhalb des Naziregimes angetroffen. Sicher ist es nur eine globale Umschreibung, wenn wir Annihilierung einer totalen, existentiellen Sinnberaubung gleichsetzen; etwas konkreter gesprochen bedeutet das: »Diese Sinnberaubung ging einher mit dem Entzug der wirtschaftlichen Subsistenzmittel, mit sozialer Ächtung, Freiheitsentzug, psychologischer und physischer Quälerei und Ängstigung, war aber doch mehr als die Summe aller solcher Eingriffe in die Integrität der leiblichen, seelischen, sozialen Personenbereiche. Sie war total, indem sie das Ganze der geschichtlich-sozialen Existenz betraf, des Menschen eigene Geschichtlichkeit, seine Vergangenheit, Gegenwart und Zukunft vernichtend angriff, ebenso sein Raum-Haben in der Welt wie sein Miteinandersein und Begegnen. ›Vernichtung‹ der geschichtlichen Existenz ist nicht ganz korrekt, da völlige Vernichtung mit Tötung identisch wäre und die Möglichkeiten menschlicher Freiheit ja nie restlos zerstörbar sind. Unter Anerkennung des totalen Ansatzes jener Sinnberaubung spricht man wohl besser von ›Vernichtigung‹ oder ›Annihilierung‹.« Damit mag einigermaßen deutlich geworden sein, was hier gemeint ist und worauf die unvorstellbaren, zeitlich unabsehbaren und daher keine Hoffnung lassenden Entbehrungen, Quälereien und Erniedrigungen der zum größten Teil als Pseudogegner zu betrachtenden Opfer nationalsozialistischer Verfolgung zielten. In untrennbarer Weise verquickten sich dabei die physische Entbehrung und Tortur mit der seelisch-sozialen Ächtung und Erniedrigung der Person. Unsere späteren empirischen Untersuchungen an einer großen Reihe von Begutachtungsfällen[68] haben gezeigt, daß psychodynamischer Schwerpunkt der erlebnisreaktiven Syndrome Verfolgter die mehr oder minder anhaltende Verunsicherung der mitmenschlichen Beziehungen ist. In diesen den einzelnen tragenden, ja in gewissem Sinne sogar konstituierenden Beziehungen liegt gerade diejenige verletzlichste Zone des Menschseins, die durch die Annihilierung angegriffen und oft unheilbar lädiert wurde. Was sonst an Entbehrungen und Schrekken mitgemacht wurde, konnte, wie bei den besprochenen Katastrophen, eher im leib-seelischen Wirkungszusammenhang gelöscht werden als gerade die Verunsicherung, in der der Mitmensch auf das gründlichste und überzeugendste jegliche Vertrauenswürdigkeit verlor. Wir können hier natürlich die nationalsozialistische Verfolgung und ihre psychologisch-psychopathologischen Wirkungen ebensowenig ausführlich erörtern wie andere Arten grausamer Quälerei und Verfolgung, die unsere Zeit *in extenso* und bis zur Perfektion entwickelt hat: durch inhuman vollzogene Kriegsgefangenschaft, ebenso inhumane Gerichtspraktiken und Strafvollzug (Folterungen), Festhalten in Zwangsarbeitslagern hier und dort u. a. m. Das Thema der auf Zerstörung des Lebenssinnes ausgerichteten Annihilierung kann hier nur soweit behandelt werden, als es unmittelbare Beziehung zur Problematik der Angst hat. Doch ist hervorzuheben, daß noch so raffiniert angelegte und langdauernde Annihilierungsmaßnahmen nicht *jeden* Charakter zerbrachen, nicht *jeden* Glauben raubten, sondern von einzelnen in bewundernswerter Stärke, menschlicher Reife und Gesinnungstreue überstanden wurden. (Weitere Literatur zum Thema der psychologisch-psychopathologischen Auswirkungen nationalsozialistischer Verfolgung bei Cohen[69]/Venzlaff[70]/March[71]/Eitinger[72]/Paul und Herberg/Matussek et al.[73]).

Der sich von der »Machtergreifung« 1933 an im Deutschen Reich ständig verstärkende Druck auf die jüdische Bevölkerung wurde von den Betroffenen nicht immer nur mit verständlicher Besorgnis und Furcht erlebt, sondern in vielen Fällen geradezu verdrängt, verleugnet oder bagatellisiert, ähnlich wie voraussehbare Naturkatastrophen. Der volle Umfang des über die Juden Europas verhängten Unheils war vor dem Krieg nicht bekannt und wurde während des Krieges nur allmählich ruchbar. Als schon Gerüchte über die Gaskammern im Osten kursierten, konnten sich europäische, schon vor der Deportation stehende Juden noch der Illusion hingeben, bei der Verschickung handele es sich um eine relativ harmlose Maßnahme (Cohen). Doch sah der Amsterdamer Psychiater Stokvis[74] in seiner jüdischen Klientel, der schon harte Lebenseinschränkungen und diskriminierende Behandlung auferlegt waren, zahlreiche Manifestationen von Erwartungsangst, als Ende 1942 die Deportation näherrückte. Angst um das Leben und Gefühle totaler Verlassenheit waren verbreitet, vereinzelt gab es aber auch einen unkritischen Optimismus. In Gestalt von reaktiven Depressionen, hysterischen Symptomen, neurasthenischen Beschwerden war damals in Amsterdam die Angst sicher häufiger störungserzeugend als bei anderen bevorstehenden oder schon unmittelbar drohenden Katastrophen. Das Zweckmoment spielte hier insofern eine Rolle, als es in gewissem Umfang möglich war, durch ein ärztliches Attest die vorübergehende Zurückstellung von der Deportation zu erlangen. Immerhin kam es gehäuft zu Selbstmorden und Selbstmordversuchen.

Was bei der Einlieferung ins Konzentrationslager, meist nach tagelangen Bahntransporten in überfüllten Viehwagen und unter schlimmsten hygienischen Verhältnissen, geschah, haben Cohen u. a. eindrucksvoll geschildert. Es machte einen Unterschied aus, ob der Empfang im Lager den realistisch-pessimistischen Erwartungen entsprach oder aber alle Vorstellungen von Schrecken übertraf. Im ersteren Fall gelang es, sich in einen inneren Zustand von Depersonalisation (Entfremdungsgefühl), von affektiver Teilnahmslosigkeit zurückzuziehen, als ob einen das alles nichts anginge. Im zweiten Fall waren Schrecken, Angst, Niedergeschlagenheit zunächst ganz überwältigend, vor allem als klar wurde, daß es ins Gas ging, daß Angehörige und Freunde schon vorher diesen Weg gegangen waren. Den initialen, oft schockartigen Reaktionen folgte aber auch in diesen Fällen eine Minderung der Angst in Gestalt von apathischen, an die Baelzsche Emotionslähmung erinnernden Zuständen. Die Menschen fühlten sich, wie das besonders Cohen beschrieben hat, depersonalisiert, als ob die Vorgänge sie nicht betrafen und wie ein Schauspiel vor ihnen abliefen. Minkowski spricht in diesem Zusammenhang von »affektiver Anästhesie«, Bettelheim von einem *state of detachment*.[75] Dann machte sich nach allen Beschreibern des KL-Lebens bei den meisten Insassen zugleich mit der dauernden Mangelernährung, dem ewigen Hunger eine Primitivierung und Einengung der Persönlichkeit, ein Nachlassen jeglicher Initiative geltend. Im Wachen und im Traum kreisten die Vorstellungen um das Essen, wurden lockende Speisephantasien gehegt. Der Egoismus, die mitleidlose Registrierung des Leidens anderer, manchmal auch brutale Rücksichtslosigkeit nahmen überhand. Die geistigen Interessen schwanden. Es schwand auch die Hoffnung auf eine bessere Zukunft. Die Menschen regredierten unter Angst und Entbehrung auf ein tieferes Niveau, wobei wiederum die psychischen und die physischen Belastungsfaktoren schwer auseinanderzuhalten waren. Bei den täglich und stündlich schrankenloser Willkür ausgesetzten KL-Insassen, besonders bei den Insassen der mit Gaskammern ausgestatteten Vernichtungslager (Auschwitz, Maidanek usw.), aber auch in anderen Lagern und Gettos hätte die reale Lage eine ununterbrochene und unerträgliche Todesangst gerechtfertigt. Wenn Ängste dann auf die Dauer eben nicht die Szene regierten, sondern primitive Essenswünsche, Wahrnehmung kleiner persönlicher Vorteile, apathisch-initiativlose Verfassungen, manchmal fast traumhaft wirkende Entfremdungsgefühle, so darf man hinter diesen z. T. abnormen Verhaltens- und Erlebnisweisen Strategien der Angst-Abwehr vermuten.

Es gab noch eine andere Art der Angst-Abwehr im KL, die seltsam anmutet, aber öfter beschrieben und nicht zu leugnen ist: die von Freud in ganz anderem Zusammenhang entdeckte Identifikation mit dem Aggressor, die sich bei vielen Häftlingen in einer partiellen, bei einigen in totaler Übernahme des Verhaltensstiles und Wertsystems der SS-Leute, in der Kopierung ihrer Sprechweise und ihres forschen Umgangstones, ja sogar in antisemitischer Aversion bei jüdischen Häftlingen äußerte, und besonders bei denen, die sich zu Kapodiensten bereit fanden, das ganze Register brutaler Menschenverachtung miteinbezog. Erst kürzlich ist es uns an Zeugen in Prozessen gegen ehemalige Gestapo- und SS-Leute aufgefallen, daß diese Zeugen spontan und wiederholt die Eleganz und Blondheit ihrer Quäler und Mörder mit schlecht verhehlter Bewunderung hervorhoben.[76] Die Psychoanalyse sieht sich angesichts dieser Form von Angst-Abwehr an das infantile, mit Ambivalenz beladene Verhältnis zum übermächtigen Vater erinnert, der nicht nur gefürchtet, sondern auch bewundert wird. Der Zusammenbruch aller Angst, auch aller Angst-Abwehr, ereignete sich bei Häftlingen, die halbverhungert, aber auch ohne Initiative, sich noch irgendwelche Nahrung zu ergattern, jede Hoffnung und jede Lebenszuversicht aufgegeben hatten: im Typus des in allen KZ-Lagern bekannten »Muselmannes«. Wenn man jedoch annehmen sollte, die maßlosen Quälereien im KL hätten die Häftlinge in großer Zahl in Wahnsinn, Verzweiflung und Selbstmord getrieben, so irrte man. Das Gegenteil war der Fall: Psychosen, abnorme Erlebnisreaktionen, etwa vom Typus der bei Naturkatastrophen beobachteten Schreckdämmerzustände, gehörten zu den großen Ausnahmen. Menschen, die in der Freiheit an Phobien, Angst- und Zwangsneurosen, Depressionen gelitten hatten, verloren im KL ihre Symptome, um sie allerdings nach der Befreiung wiederzubekommen. Man kann diese eigentümliche Tatsache vielleicht psychodynamisch damit erklären, daß bestimmte pathogene Triebimpulse, nämlich solche destruktiv-sadistischer und selbstzerstörerisch-masochistischer Art, durch das aktuelle Erleben im KL gleichsam abgesättigt und erledigt waren.

Das grundsätzlich Neue an den KL- und sonstigen Verfolgungserfahrungen der jüngsten Vergangenheit liegt aber nicht so sehr im aktuellen Wirkungszusammenhang – soviel dieser auch zur Anthropologie und Psychopathologie der totalen Wehrlosigkeit beiträgt – als in den chronischen, zum Teil lebenslangen Folgeerscheinungen bei den Überlebenden. Es besteht eine für unumstößlich gehaltene Regel der älteren Psychiatrie, daß noch so schwere Erlebnisse, extreme psychophysische Belastungen nach einer kurzen Phase vorübergehender emotionaler Labilisierung und allgemeiner Erschöpfung folgenlos überwunden werden, es sei denn, ein eigennütziges Entschädigungsbegehren oder ein der Konstitution zugeschriebenes, wehleidig-hypochondrisches Sichgehenlassen sorgte für den Fortbestand oder sogar für die nachträgliche Neuentstehung neurotischer Symptome. In der Friedenspraxis der Verkehrs- und Betriebsunfälle bestätigt sich in den meisten Fällen die tendenziös entstandene und tendenziös gebundene traumatische Neurose mit ihren unkontrollierbaren Beschwerden und ihrem simulationsähnlichen Verhalten. Doch geben manchmal schon verhältnismäßig harmlose Verkehrsunfälle Anlaß zu monatelangen, mit dem besten Willen nicht überwindbaren Verkehrsphobien, die aber dann doch schließlich von selbst abklingen oder nur bei einer nachweislich neurotisch-psychopathischen Vorgeschichte auf lange Zeit hin bestehen. Es sind das Fälle, bei denen Entschädigungswünsche keine oder nur eine verschwindend geringe Rolle spielen (vgl. Hallen[77]).

Die Psychiatrie der Verfolgten lehrt uns jedoch, daß dauernde, erlebnisreaktiv entstandene Veränderungen der Persönlichkeit als Folge der KL-Haft und anderer Verfolgungsarten keine Seltenheit sind. Kein Untersucher mit größerer Erfahrung fand hier tendenz-neurotische Entwicklungen in nennenswerter Anzahl (in unserem Material von 500 Begutachteten 3 % tendenziöse Fehlhaltungen[78]). Um Grad, Umfang und Dauer derartiger erlebnisreaktiv entstandener, d. h. nicht durch organische Läsionen erklärbarer Persönlichkeitsveränderungen annäherungsweise richtig zu bestimmen, mußten Begriffe eingeführt werden wie »untendenziöse Umstrukturierung der Persönlichkeit auf erlebnisreaktiver Basis« (von Baeyer, 1957), »vollständiger Bruch der Lebenslinie« (Kolle, 1958), »erlebnisbedingter Persönlichkeitswandel« (Venzlaff, 1958). Ausländische Autoren haben von »Konzentrationslagersyndrom« und »Asthenie der Deportierten« gesprochen. Die ersten dänischen, norwegischen und französischen Untersucher derartiger Zustände fanden noch in größerer Zahl organische Krankheitssymptome, vor allem vegetative Dysregulationen, aber auch gravierendere Stoffwechselstörungen und Zeichen zerebraler Mitbeteiligung. Auf seelischem Gebiet korrelierten mit den Körpersymptomen allgemeine Unruhe, Reizbarkeit, Schlafstörung, Angstträume, Gedächtnisschwäche, sexuelle Trieb- und Potenzschwäche. Man kann sagen, daß in den ersten Monaten und Jahren nach der Befreiung ein schwerer psychophysischer Erschöpfungszustand herrschte. Die wenig charakteristische, bei vielen anderen Krankheiten in gleicher Form vorkommende Erschöpfungssymptomatik besserte sich aber in der Regel unter genügender Pflege und ärztlicher Behandlung. Prononcierte psychische oder psychosomatische Syndrome erschienen meist nach einer monate- bis jahrelangen Latenzphase. Dann erst kam es zu ausgesprochen chronischen Depressionen, angstneurotischen Bildern, autistischen und anderen Persönlichkeitsveränderungen, für die ein körperliches, insbesondere zerebrales Korrelat nicht mehr aufzufinden war. Unter unseren 500 Gutachtenfällen fanden wir nur bei 19,6 % zerebrale Schäden, von denen der größte Anteil auf zerebralsklerotische und sonstige präsenile und senile Abbauprozesse zurückzuführen war. Bei der Bewertung dieser altersbedingten Hirnschäden mußte berücksichtigt werden, daß auf der einen Seite das fortgeschrittene Lebensalter der Begutachteten eine verfolgungsunabhängige Ursache darstellen konnte, auf der anderen Seite aber mit belastungs- und verfolgungsbedingten Voralterungsprozessen zu rechnen war. Unter dem Gesichtspunkt der Angst-Entwicklung und Angst-Perpetuierung beanspruchen überwiegendes Interesse die zerebral-organisch *nicht* erklärbaren Folgeerscheinungen der durchgemachten Extrembelastung. Von unseren 500 Begutachtungsfällen hatten immerhin 38 % beträchtliche, krankheitswertige, chronisch-erlebnisaktive Syndrome, für die eine Gehirnverletzung oder sonstige Gehirnerkrankungen nicht verantwortlich gemacht werden konnten. Dabei handelt es sich meist um relativ einförmige, mit chronisch reaktiven Depressionen vergleichbare Verfassungen reduzierter seelischer Spannkraft, mangelnden Antriebes, tiefer Niedergeschlagenheit und Mutlosigkeit, gesteigerter depressiver Labilität mit Tränenausbrüchen, sozialen Rückzugstendenzen bis zur Menschenscheu, häufig auch um Zustände erhöhter Angst-Bereitschaft und phobischer Reaktionsweise, Neigung zu schreckhaften Träumen, gestörten Nachtschlafes, mangelnder Anpassungsfähigkeit und erhöhter Irritabilität der vegetativen Funktionen.

Die Erinnerung an die durchgemachte Schmach und Qual, an den Verlust aller oder fast aller Angehörigen, die totale Einbuße von Besitz, Rang und heimatlichem Wurzelgrund verliert kaum an Erlebniswirkung, ist leicht erweckbar und immer wieder geeignet, Erregung, Trauer, Erbitterung zu erzeugen. Viele dieser Verfolgten haben das Vertrauen in die Menschheit, viele den religiösen Glauben verloren, manche kommen aus dem Mißtrauen nicht mehr heraus, manche nehmen eine anklägerische Haltung ein. Ausgesprochen wahnhafte Entwicklungen bleiben Ausnahmen. Die im reiferen Alter Verfolgten neigen mehr zu chronischen Depressionen, die jüngeren Jahrgänge zu angstneurotischen Erscheinungen, ohne daß sich zwischen beiden Polen gestörter Erlebnisverarbeitung eine in allen Fällen deutliche und überzeugende Unterscheidung machen ließe. Bei Menschen, die in jungen Jahren, zwischen 6 und 17, in Lagern eingesperrt waren, ergeben sich nach den Untersuchungen von Kolle (1958) ängstliche, infantile, kontaktschwache, energielose, mißtrauische Züge, zum großen Teil verbunden mit körperlichen Entwicklungsstörungen. Nach unseren Untersuchungen liegen die Entwicklungshemmungen der verfolgten Kinder und Jugendlichen mehr auf seelisch-charakterologischem Gebiet: Kinder, die vor dem 10. Lebensjahr verfolgt waren, trugen relativ häufig autistische Entwicklungshemmungen davon, d. h. Fehlhaltungen von der Art extremer Selbstunsicherheit, Menschenscheu und sonstiger Kontaktgestörtheit. Einzelne Kinder und Jugendliche wurden später zu verwahrlosten Dissozialen, die psychopathisch agieren. Dies schien besonders dann der Fall zu sein, wenn die befreiten jungen Menschen keine normale Familiensituation vorfanden, den völligen Verlust ihrer Familie zu beklagen hatten und in wechselnden Pflegestellen untergebracht werden mußten. Jedenfalls kam es bei verfolgten Jugendlichen auch auffallend häufig zu angstneurotischen Entwicklungen. Daß die Schwere und Dauer der durchgemachten Verfolgung mit dem Schweregrad der erlebnisreaktiven Folgeerscheinungen positiv korreliert, konnten wir durch unsere Befunde wahrscheinlich machen.

Wenn Untersuchungen wie den unsrigen hinsichtlich ihrer Allgemeingültigkeit ein Zweifel anhaftet, weil sie sich auf Gutachtenfälle stützen, d. h. auf Personen, die nach dem Bundesentschädigungsgesetz Antrag auf finanzielle Kompensation (zumeist Rente) gestellt haben, so ist darauf hinzuweisen, daß in älteren und neueren ausländischen Arbeiten auch Gruppen von Verfolgten erscheinen, die keinen Entschädigungsantrag gestellt haben und vom Verdacht einer aggravatorischen Beeinflussung der Ergebnisse frei sind. In diesem Zusammenhang wäre besonders auf die vergleichenden Untersuchungen von Leo Eitinger[79] hinzuweisen, der u. a. bei 66 israelischen Kibbuzangehörigen, die sämtlich ein KL durchlaufen hatten, aber voll arbeiteten und psychiatrische Behandlung ablehnten, fand, daß zwei Drittel nicht unerhebliche funktionell-nervöse Erscheinungen boten, vor allem Schlafstörungen mit quälenden Verfolgungsträumen. Alles, was man über die erlebnisreaktiven Syndrome der Verfolgten weiß, spricht dafür, daß in den allermeisten Fällen nicht frühinfantile bzw. psychopathische Voraussetzungen eines späteren abnormen Reagierens auf die Extrembelastungen der Verfolgung gegeben sind, sondern daß die in tiefe Vitalschichten hineinreichende Existenzerschütterung durch die jahrelang erlittene Annihilierung den gewichtigsten Faktor darstellt.

Schwer abtrennbar von den Folgen der Annihilierung sind allerdings die *nach* der Befreiung sich fortsetzenden emotionalen Belastungen – hervorgerufen durch Familienverlust, Entwurzelung, Schwierigkeiten des beruflichen Neubeginns und des Sicheinlebens in einem Asylland mit fremder Sprache, auch durch Konfliktsituationen, die durch übereilte Wiederverheiratung der völlig Vereinsamten entstehen. Diese zusätzlichen Belastungen, die in mehr oder minder direktem Zusammenhang mit der Verfolgung stehen und als solche auch entschädigungsrechtlich gewertet werden, muß man berücksichtigen, wenn man die außerordentliche, manchmal ganz therapieresistente Hartnäckigkeit erlebnisreaktiver Verfolgungsschäden verstehen will. Hier haben wir es nicht mit den Folgeerscheinungen in ihrer Gesamtheit zu tun, sondern nur mit dem Element Angst, das freilich diese Folgeerscheinungen zentral beherrscht.[80] Schlafstörungen durch nächtliche Angst-Träume sind die häufigste Ausdrucksform der aus dem Verfolgungserleben stammenden, persistierenden Angst. Sie haben oft einen pavor-nocturnus-ähnlichen Charakter und reproduzieren mehr oder minder realistisch die faktisch durchgemachten Ängste und Schrecken. Der französische Psychiater Targowla beschrieb solche, durch Barbiturat-Halbnarkose provozierte Wiederbelebungen durchgemachter Schrecken unter den Zeichen heftiger, krisenhafter Erregung. Noch heute bekunden jüdische Zeugen in Mordprozessen gegen SS- und Gestapoleute ihre ständig wiederkehrenden Angstträume, z.B.: »Ich schreie im Schlaf, meine Frau weckt mich dann auf, und ich fühle, als ob man mich erschießen will... Träume sind viel schlimmer als die Wirklichkeit. Habe ich (sc. damals) für mich selbst sorgen müssen, habe ich (sc. heute) auch Kinder, und das passiert jetzt mit meinen, wenn ich träume...« Dieser Zeuge spielt damit auf die Erschießung von Kindern bei der Räumung eines polnischen Gettos an. Schon die bevorstehende Vernehmung vor einem deutschen Gericht weckt bei manchen dieser Zeugen gehäufte und verstärkte Angst-Träume, ähnlich wie seinerzeit im Eichmann-Prozeß.[81] Auch nach unserer Symptomstatistik bei Begutachtungsfällen[82] erscheinen Verfolgungs- und andere schwere Träume an der Spitze aller Angst-Phänomene (in etwa 45 %). Noch häufiger, nämlich bis zu 70 %, wurden Schlafstörungen registriert, die auch ohne erinnerte Verfolgungsinhalte zum großen Teil als angstbedingt anzusprechen sind. Phobische Symptome rangieren nur wenig seltener als Angst-Träume (40–45 %), diffuse Angst, d. h. eine allgemeine, nicht an spezielle Auslöser gebundene Angstbereitschaft, in 32 %. Ordnet man die erlebnisreaktiven Syndrome der Verfolgten nach Diagnosen, d.h. nach der vorherrschenden Symptomatik im Sinne einer Akzentuierung, nicht aber in eindeutiger Gruppierung, so erscheinen angstneurotische und phobische Syndrome unter 377 Fällen in über 34 %, was nicht ausschließt, daß Angst als Symptom oder als Symptomhintergrund auch noch bei vielen anderen diagnostischen Kategorien vorkommt, z. B. im Rahmen depressiver, hypochondrischer, sensitiv-paranoider Bilder. Die angstneurotischen Zustände überwiegen eindeutig bei den schwersten Verfolgungsarten in Vernichtungslagern, Gettos und in äußerst bedrohten Verstecksituationen.[83] Persistierende Angst-Phänomene bei ehemals Verfolgten fanden auch ausländische Autoren, die Patienten unabhängig von Entschädigungsanträgen untersucht hatten, in großer Zahl, so Klein, Zellermayer und Shanon in Israel sowie Eitinger, ferner auch Matussek und Mitarbeiter. Die ersteren Autoren registrierten bei den Patienten einer Psychiatrischen Klinik, die verfolgt worden waren, Angst-Phänomene in 64 %, bei nichtverfolgten Patienten, die sonst nach den gleichen Kriterien ausgelesen waren, nur in 20 %.[84]

Diese Zahlenangaben beziehen sich natürlich nur auf manifeste Ängste, soweit sie in Gestalt von Angst-Träumen, gesteigerter allgemeiner Angst-Bereitschaft, Phobien oder anderen ängstlich gefärbten Erscheinungen die Verfolgungszeit überdauern. Wir haben sie in folgender Weise klassifiziert[85]:

Reversible, traumatische Angst-Neurosen (Erlebnisreaktionen). Das sind oft jahrelang anhaltende, aber schließlich doch rückgängig werdende Zustände von allgemeiner Ängstlichkeit, Schreckhaftigkeit, Schlafstörung, vegetativen Erscheinungen, wie Herzklopfen, Zittern, Schweißausbrüche.

Angstneurotisch-phobische Symptombilder. Das sind chronische, nicht mehr oder nicht mehr völlig reversible Zustände einer permanenten Angst-Bereitschaft, die durch Erinnerungen an die Verfolgungszeit krisenhaft verstärkt wird, zum Teil verbunden mit phobischen Ängsten in realiter harmlosen Situationen, die in irgendeiner Weise an Verfolgungserlebnisse erinnern, z. B. bei Eingeschlossensein in großen Menschenmengen.

Pathologisch gesteigerte Realängste und Angst-Träume. In diesen Fällen dominieren ohne ständige Angst die eben erwähnten gesteigerten Realängste, die durch Erinnerungen an die Verfolgungszeit mobilisiert werden. Damit sind sehr häufig Angst-Träume verbunden.

Phobien und phobische Fehlhaltungen. Die Abgrenzung der phobischen Erlebnisweisen von den gesteigerten Realängsten ist unscharf. Man kann sagen, daß die Phobien stärker auf bestimmte Situationen zentriert sind und die Anlässe deshalb leichter vermieden werden können, als das bei einer allgemein gesteigerten Angstbereitschaft der Fall ist. Dominieren unter den Phobien archaisch-infantile Ängste, wie z. B. Tierphobien, Dunkel- und Gewitterangst, so besteht allemal die Vermutung, daß die Wurzel der phobischen Fehlhaltung in solchen Fällen doch eher in infantil-genetischen Voraussetzungen als in den Verfolgungserlebnissen zu suchen ist. Anders verhält es sich bei jenen Verfolgten, die ihre Kinderzeit in Lagern, Gettos und Verstecken zubringen mußten. Bei den aus dem KZ Theresienstadt befreiten Kindern beobachteten A. Freud und S. dann nach Überwindung der ersten elementaren Unsicherheit und Verängstigung klassische Phobien, wie man sie sonst bei früher gesunden erwachsenen Verfolgten nicht findet, z. B. Angst vor Staubflocken, Fliegen, Wasserwellen, Brücken, Dunkelheit. Diese Kinder zeigten neben solchen Phobien auch anderweitige neurotische Symptome.[86]

Das auf frühen Lebensstufen einer traumatischen Situation ausgesetzte Kind ist selbst meist nicht in der Lage, die Fatalität und Bedrohlichkeit seiner Situation wahrzunehmen. Es leidet objektiv an mangelnder Aufsicht, Erziehung und Unterrichtung, fehlenden Entfaltungsmöglichkeiten, auch am Mangel gehaltvoller Nahrung usw. Doch diese Mängel werden in der Regel nach der Befreiung nicht erinnert, erinnert auch nicht die gar nicht perzipierte hohe Gefährlichkeit der Situation. Wenn solche Kinder trotzdem ängstlich, gespannt, nervös wirken und es lange Zeit nach der Befreiung bleiben, so ist das auf die mehr oder minder unbewußt wahrgenommenen Einflüsse der erwachsenen Umgebung zurückzuführen. Soweit Erwachsene sich überhaupt um das Kind kümmern, ist es von ihrerseits verängstigten, verschreckten, verunsicherten, nervösen, gespannten, in hohem Grade besorgten Personen umgeben, und deren emotionale Spannung überträgt sich auf das Kind. Das kann schon bei verhältnismäßig geringfügig Gefährdeten der Fall sein und eine abnorme Entwicklung einleiten: So sahen wir kürzlich, 25 Jahre nach der Befreiung, eine inzwischen längst verheiratete Frau mit erheblichen depressiv-ängstlichen, kontaktgestörten Zügen. Diese »nichtarische« Patientin befand sich von ihrem 7. bis zu ihrem 11. Lebensjahr unter der Obhut von Mutter und Großmutter in einer einzelstehenden Villa im Versteck, ohne die Möglichkeit zum

Schulbesuch und in völliger Isolierung von anderen Menschen. Mehrere Monate vor der Befreiung erfolgten einige überstürzte Aufenthaltswechsel, an deren Eiligkeit und Hetze sich die Patientin noch erinnert. Doch fehlte dieser Erinnerung jede Angsttönung des Erlebens. Diese setzte erst nach der Befreiung in der Reifezeit ein, persistierte als erhebliche Selbstunsicherheit und führt bis heute zu Konflikten und Schwierigkeiten im Eheleben. Außerdem überdauern bei den Verfolgten verschiedenartige *Transformationen der Angst*, d. h. Fehlhaltungen, in deren psychodynamischer Genese das extreme Bedroht- und Belastetsein in der Verfolgungszeit eine wesentliche Rolle spielt, manifeste Angst aber zurückgedrängt, verleugnet oder ganz ausgeschaltet ist. Hier wären zunächst die paranoischen, *wahnhaften Fehlhaltungen* zu erwähnen. Wir haben sie eingeteilt in vorübergehende, singulär-paranoische Reaktionen und in paranoide Fehlhaltungen von mehr oder minder großer Chronizität.[87] Daß ehemalige Lagerhäftlinge in den ersten Monaten oder Jahren nach der Befreiung ein sich an objektiv belanglose Anlässe knüpfendes Gefühl des Verfolgtwerdens haben, ist keine Seltenheit. Flüchtlinge glaubten in außerdeutschen Asylländern auch weiterhin dem Naziterror ausgesetzt zu sein. Ähnliches wurde von Rückkehrern aus ostasiatischen Indoktrinierungslagern berichtet.

Permanente wahnhafte Fehlhaltungen mit fixierten, unkorrigierbaren Wahnerlebnissen, die an der Grenze zur paranoiden Schizophrenie stehen oder allmählich in eine sich von den Anlässen ablösende, selbständige Wahnpsychose hinüberführen, sind demgegenüber viel seltener. Unter unseren 324 Fällen mit seelischen Fehlhaltungen und abnormen Reaktionen bei Verfolgten wurden nur 5 Antragsteller mit permanenten paranoiden Fehlhaltungen registriert.[88] Während in den Lagern nur einzelne flüchtige paranoide Syndrome auftraten, die die reale Bedrohtheit, wo dies überhaupt noch möglich war, subjektiv steigerten und ausweiteten, war eher die Einwanderung in ein sprach- und kulturfremdes Land nach der Befreiung Anlaß solcher Reaktionen. Dies entspricht den Beobachtungen an anderen Flüchtlingsgruppen. In den paranoiden Reaktionen und Fehlhaltungen konkretisiert sich die Angst der Verfolgung in imaginären Befürchtungen, deren Irrealität, im Gegensatz zu den Phobien, nicht eingesehen werden kann. Der Ursprung in der Verfolgungs-Angst ist deutlich zu erkennen, meist auch der zeitliche

Zusammenhang mit der Verfolgung, zumindest über Zwischenstadien von depressiver Verstimmung, Gefühlen des Zurückgesetztseins leicht zu rekonstruieren.

Als Transformationen der Verfolgungs-Angst – wenn auch schwieriger nachweisbar – haben zudem bestimmte *psychosomatische Erkrankungen* zu gelten, denen der holländische Psychiater Bastiaans eingehende Untersuchungen gewidmet hat. Neben Bronchialasthma, Fettsucht, Magen- und Darmgeschwüren, Muskel-/Skelettsyndromen, Blutdruckerhöhung rechnet Bastiaans auch Fälle von Lungentuberkulose bei heimgekehrten Deportierten zu den psychosomatischen Erkrankungen, bei denen die Phänomene der langen Latenzzeit und des Symptomwechsels von mehr emotionalen zu mehr somatischen Störungen die ursächliche Beurteilung erschweren.

Schließlich lauert auch in gewissen Einstellungsänderungen, Abbiegungen der inneren Haltung die durchgemachte Verfolgungs-Angst, ohne als solche im Querschnittsbild direkt kenntlich zu sein. Sowohl bei Heimkehrern aus rotchinesischen Indoktrinierungslagern wie auch bei jüdischen Überlebenden des Naziterrors ist als reversible oder auch irreversible Persönlichkeitsprägung die »defensive Isolierung« beschrieben worden (Lifton, Häfner und Ranabauer[89]). Die Erinnerungen an die durchgemachten Ängste, Schrecken und Entbehrungen der Verfolgungs- bzw. Haftzeit lassen sich nicht verleugnen und verdrängen, sosehr das von den Überlebenden auch erstrebt und gewünscht wird. Sie schaffen unausdrücklich und ungewollt eine Kluft zwischen dem, der das alles durchgemacht und durchlitten hat, und seiner mitmenschlichen Umgebung, in die er zurückkehrt. Dort findet er Gleichgültigkeit und Unverständnis vor, vielleicht sogar abschätzige Kritik in dem Sinne, daß ihm Gefügigkeit gegenüber den Verfolgern und Verrat an den ums Leben gekommenen Leidensgenossen vorgeworfen werden könnte, was wohl de facto selten geschieht, aber als mögliche Verdächtigung vom Überlebenden argwöhnisch in Rechnung gestellt wird. Manchmal dominiert im Überlebenden ganz ausdrücklich und bewußt die »Überlebensschuld« (*guilt of survival*). Der Rückkehrer wirft sich, meistens völlig unberechtigterweise, manchmal aber auch nicht ganz ohne jeden Grund vor, am elenden Sterben seiner nächsten Angehörigen und Freunde mitschuldig gewesen zu sein. Wir haben auf derartige Schuldgefühle schon anläßlich der Reaktionen der japanischen Bevölkerung auf die Atombombenkatastrophe hingewiesen *(vgl. S. 193)*. In defensiver Isolierung wird der Rückkehrer in seiner alten oder neuen Umgebung nicht mehr heimisch, er zieht sich zurück, wird verschlossen, mißtrauisch und argwöhnisch, selbstunsicher, sieht sich in seinen sozialen Kontakten, zuweilen auch in seinen erotisch-sexuellen Aktivitäten gehemmt und behindert. Es kommt zu sozial restriktiven Verhaltensweisen, die wir bei immerhin fast 40 % der nicht organisch geschädigten und nicht psychotischen Antragsteller feststellten.[90] Genauere, die psychodynamischen Zusammenhänge berücksichtigende Analysen der Opfer von Annihilierungsprozessen – nicht nur nazistischer Provenienz – haben gezeigt, daß nicht allein die in der Annihilierung gelegene Existenzerschütterung und die psychophysische Dauerbelastung für psychopathologische Perpetuierungen der Angst und entsprechende Abwehrformen verantwortlich zu machen sind, sondern daß außerdem das erhebliche *emotionale Gefälle zur Umwelt,* das bei den überlebenden Rück- und Heimkehrern besteht, als miturächlicher Faktor zu betrachten ist.[91] Die Verunsicherung der mitmenschlichen Beziehungen überdauert die Haftzeit, wobei freilich die Grundvoraussetzung bleibt, daß die Verfolgung selbst mit ihrer totalen Terrorisierung in Permanenz den Wurzelgrund der Persönlichkeit im Vertrauen auf Recht und persönliches Angenommensein bereits tiefgehend zerrüttet hat. Erst von dieser defizienten Grunderfahrung der Annihilierung aus wird es verständlich, daß ein emotionelles Gefälle zur mitmenschlichen Umwelt auf lange Zeit oder auf die Dauer bestehenbleibt. In der Annihilierung haben sich die verschiedenartigen Nöte, Bedürfnisse und Leidenschaften angestaut oder sind Verleugnungs- und Verdrängungsprozessen anheimgefallen: einmal die Erlebnisse ständigen Bedroht- und Entwürdigtseins, in denen sich schließlich Angst in Apathie wandelt, dann die Bedürfnisse liebenden Angenommenwerdens, denen im KZ nur hier und da im engsten Kameradenkreis Genüge getan wurde, weiterhin die erwähnten Schuldgefühle gegenüber den ermordeten oder verhungerten Nächsten, vor allem aber Aggressions- und Racheimpulse gegenüber den Verfolgern, die niemals ausgelebt werden konnten. Für derartige unterdrückte Aggressionen fand sich bei manchen Häftlingen ein Ventil in gegenseitiger Gereiztheit und Rücksichtslosigkeit, ja mitunter sogar in Mißhandlungen, was wiederum Anlaß zu Schuldgefühlen werden konnte. Auch die gar nicht so seltene Identifikation mit den Verfolgern in Gestalt geheimer Bewunderung und Übernahme von deren Wertsystem verdient als letztlich scheiternder, in Konflikte führender Versuch der unmittelbaren Angst-Verminderung in diesem Zusammenhang noch einmal genannt zu werden. So hat das den Opfern der Verfolgung auferlegte Leiden und die damit verbundene Angst einen wahren Hexenkessel zwischenmenschlicher Beziehungsstörungen aufgerührt, deren psychodynamische Nachwirkungen im Verhältnis zur nichtverfolgten, glücklicheren Umwelt zutage treten, so erneute Unsicherheit und Angst erzeugen, die Angst perpetuieren, die Persönlichkeit im Sinne des »erlebnisreaktiven Persönlichkeitswandels« (Venzlaff) in ihren Entfaltungsmöglichkeiten behindern, beengen und belasten – nicht immer, aber vielfach doch auf die Dauer des restlichen Lebens. Die Angst der Annihilierung aber ist der Quellpunkt solcher betrüblichen und, wie sich bisher gezeigt hat, therapeutisch sehr schwer zu beeinflussenden Entwicklungen.

Angst in endogenen Psychosen

Was endogene (wörtlich: von innen her entstandene) Psychosen sind, läßt sich dem Nichtpsychiater schwerlich in Kürze klarmachen, schon einfach deshalb, weil ja auch dem Fachmann keine bündige Antwort zu Gebote steht. In jedem Fall handelt es sich um fundamentale Abwandlungen des personalen und sozialen Daseins, die den Menschen für Zeit oder Dauer, plötzlich oder schleichend, in Phasen, Schüben oder chronisch verlaufend, seinem ursprünglichen Befinden, Erleben und Verhalten entfremden und ihn zugleich den Mitmenschen entfremden. Es kann sich nach dem heute noch nicht überholten Kraepelinschen Schema um vorwiegend emotionale, manisch-depressive, auch zyklothym genannte Abwandlungen mit günstiger Streckenprognose, aber starkem Rückfallrisiko handeln oder um sehr viel tiefere, nicht auf das Emotionale beschränkte Einbrüche in das geistig-seelisch-soziale Gefüge, insbesondere in die Konturen des Ich und seiner Beziehungen zur Um- und Mitwelt, die seit E. Bleuler (1911) schizophren genannt werden und eine nicht ganz ungünstige, aber doch wesentlich schlechtere Prognose haben als die

Zyklothymien, insofern mindestens ein Drittel dieser Psychosen mit schizophrener Symptomatik zu irreversiblen oder schwer zu beeinflussenden Dauerveränderungen führt. Außerdem gibt es alle erdenklichen Mischformen zyklothymer und schizophrener Typik. Was die Entstehungsbedingungen endogener Psychosen angeht, glaubt man zu wissen, daß spezifische, erbliche Anlagemomente die *conditio sine qua non* bilden, aber zu ihrer Manifestation zusätzlicher Schädigungen bedürfen, die heute gewöhnlich mehr auf psychosozialem als auf körperlichem Gebiet gesucht werden. Erbforscher sprechen von der Theorie der multifaktoriellen Entstehung mit Schwellenwerteffekt, wobei die Momente, die zur Überschreitung der Manifestationsschwelle führen, nicht-erblicher Art sind. Ein konstanter anatomischer oder stoffwechselchemischer Befund ist bei den endogenen Psychosen bisher weder am Gehirn noch am übrigen Körper aufgedeckt worden.

Bei den endogenen Psychosen mit schizphrener Symptomatik kann man nicht selten mit Evidenz zeigen, daß dem psychotischen Zusammenbruch eine charakteristisch motivierte Angst vorangeht, die eine von Hause aus ichschwache, scheue, kontaktgestörte, selbstunsichere Persönlichkeit in verhaltene Erregung versetzt und in der Tiefe erschüttert: die Angst vor einer halb ersehnten, halb verabscheuten, meist erotischen Annäherung oder auch die Angst vor dem Verlassensein beim Bruch einer derartigen Beziehung. Die Scheu vor einer über oberflächliche Kontakte hinausgehenden persönlichen Bindung bezeichnet P. Matussek auf Grund psychotherapeutischer Erfahrungen als das »eigentliche Angstobjekt schizophrener Daseinsweisen«.[92] Angst in solchen und ähnlichen Zusammenhängen scheint geradezu als psychophysisches Bindeglied bestimmte zentralnervöse, funktionslabile Strukturen zu überfordern und zur funktionellen Entgleisung in Gestalt schizophrener Symptome zu bringen (Diebold[93]). Weniger einleuchtend scheint uns die Hypothese einer direkten Umsetzung zwischenmenschlicher Konflikte in die vom normalen Seelenleben grundsätzlich verschiedene schizophrene Kernsymptomatik zu sein. Aber auch für die zyklothymen Depressionen ist die psychophysische Rolle der Angst als Zwischenglied zwischen der prämorbiden Person und Situation und der Psychose zu bedenken. Der zur endogenen Depression disponierte »Typus melancholicus«, den uns Tellenbach[94] an-

Zwei Gemälde einer 25jäh-
rigen Schizophrenen, die
sich vor ihrer Krankheit nie
künstlerisch betätigt hatte.
Während die Patientin dem
Bild oben keinen Titel gab,
nannte sie das Bild unten
»Professor Hoff und
Totenkopf«. Beide Bilder
entstammen der Sammlung
Professor Hoffs (Psychia-
trisch-Neurologische Uni-
versitätsklinik Wien).

schaulich geschildert hat, entspricht dem infantil gebundenen, trennungsängstlichen, übermäßig an Ordnung und Ordentlichkeit fixierten, übergewissenhaften und skrupulösen Menschen. Gerät ein solcher Mensch in eine Situation – sie kann objektiv ganz harmlos, ja erfreulich aussehen –, die seine spezifische Gebundenheit überfordert, so tritt unter verzweifelter Angst die »Endokinese« ein, d. h. der Übergang in das eigentliche Gemütsleiden mit seinen leiblichen Beschwerden, seinen übermächtigen Hemmungen oder Erregungen, seiner Selbstzerstörungssucht, seinen wahnhaft ausgebauten Unheils-Phantasien.

Die *endogen-depressive* oder *melancholische Angst* dominiert besonders innerhalb der Depressionen des Rückbildungsalters. Ängstliche Erregung pflegt hier die stille, gehemmte Traurigkeit des jüngeren Depressiven zu ersetzen oder zu übertönen, auch bewegungsmäßige Unrast, die Gestik der Verzweiflung das Bild zu bestimmen. Hervorzuheben ist weiterhin der phantastisch-illusionäre, manchmal geradezu groteske Charakter melancholischer Angst. Sie projiziert sich noch viel ungehemmter und radikaler, als das bei den neurotischen Phobien der Fall ist, in ungeheuerliche, höchst konkrete Sinnbilder persönlicher und allgemeiner Vernichtung, in wahrhafte »Gestalten des Nichts« (von Gebsattel), denen gegenüber die Einbildungen der Neurotiker an Drastik weit zurückbleiben. Man spricht von nihilistischem Wahn, der das Schreckliche, die Vernichtung zum Teil schon unmittelbar wahrnimmt, sie meist aber in ihrem unaufhaltsamen Heranrücken in fieberhafter Angst *erwartet*: die eigene Hinrichtung, die Ermordung der nächsten Angehörigen, den Abtransport ins Zucht- oder Irrenhaus, das große Strafgericht, die Höllenqualen und die endgültige Verdammnis, den leiblichen und geistigen Verfall, die Zerstücklung des eigenen Fleisches zu Büchsenfleisch, die totale Verarmung, die Verachtung der gesamten Mitwelt usw. All diese monströsen Wahnübel sind schon halb gegenwärtig, zugleich aber noch im Kommen, mit unzweifelhafter Sicherheit bevorstehend, als verdiente Buße oder auch als sinnloses Schicksal angstvoll gewärtigt. Der Nihilismus solcher Melancholiker, der wie kein anderer ein gelebter und erlebter, nicht bloß erdachter ist, schweift ins Unermessene, knüpft an das eigene Geschick den Untergang aller Dinge, an die eigene Schuld ganz ungeheuerliche Bußen, z. B. einen ganzen Berg mit eigenen Händen abzutragen. Den geheimen Größenwahn, der hinter diesen grotesken Angstbildern steckt, hat weniger die klinische Psychiatrie als die Psychoanalyse aufgehellt (Abraham[95]). Nach K. Schneider[96] deckt die melancholische Psychose die vorgegebenen Urängste des Menschen auf, ohne sie positiv zu produzieren: die Angst um die Seele, um den Leib und die Notdurft des Lebens, wobei im einzelnen das Wahnthema von der präpsychotischen Wertwelt des Kranken abhängt. Wenn man tiefenpsychologische Konstruktionen nicht scheut, kann man die vorgegebenen Urängste, die in der Melancholie aufbrechen, auf die infantile Frühzeit des Menschen zurückführen. Sie gelten nach Abraham dem elterlichen »Liebesobjekt«, zumeist der Mutter, die, wie zuerst Freud annahm, dem eigenen Unbewußten übereignet, introjiziert und in der Psychose Gegenstand einer Mischung von Haß und Selbsthaß wird, vernichtet durch kannibalisches Verschlingen und anales Ausstoßen. Das mag phantastisch klingen, findet jedoch eine Bestätigung in manchen Wahn- und Trauminhalten von Melancholikern und in seltsamen Verschwisterungen von Selbstvernichtungsdrang und Aggressivität, für die die klinische Psychiatrie sonst keine rechte Erklärung zu bieten vermag.

Auch in den akuten erlebnisreichen Psychosen des *schizophrenen Formenkreises* begegnen wir qualvollen Ängsten. Ihre Inhalte projizieren sich durch Wahnwahrnehmungen, Wahneinfälle und akustische und andere Halluzinationen auf die für die Krankheit typischen Beeinträchtigungsthemen (Verfolgungen aller Art, Vergiftung, Bespitzelung und dergleichen), seltener auf eindrucksvolle kosmische oder metaphysische Erlebnisse. So wird der unmittelbar bevorstehende oder schon in Gang befindliche Weltuntergang an falsch gedeuteten Zeichen und Signalen und an einer ganzheitlich-anmutungshaften Veränderung der physiognomischen Umweltcharaktere vom Vertrauten, Gewöhnlichen, Unauffälligen ins Drohende, Unheimliche, Düstere, Grauenhafte erkannt (Wetzel[97]). Haben innere Angst-Quellen auf diese Weise, d. h. durch wahnhaft-halluzinatorische Konkretisierung, gleichsam ein Bett gefunden, in dem sie kanalisiert dahinfließen können, so pflegt die Angst schon nicht mehr auf ihrem Höhepunkt zu sein, manchmal sogar auffallendem Gleichmut zu weichen. Unendlich viel quälender ist die psychotische Angst in den *Vorstadien* des wahnhaft-halluzinatorischen Erlebens. Diese sind durch eine unbestimmte, oft sehr stark angstgetönte Daseinserschütterung (»Trema« nach Conrad[98]) charakterisiert.

Die Kranken spüren, daß etwas in der Luft liegt, daß ihnen etwas droht, ohne Quelle und Ziel ihrer vagen Befürchtungen ausmachen zu können. Die banalsten Dinge nehmen für sie das Aussehen undefinierbarer Bedeutsamkeit an, die noch nicht einmal, wie in der ausgebildeten Wahnwahrnehmung, eindeutig auf ihre eigene Person hinweist. Dieser Zustand wird »Wahnstimmung« genannt. Ihm verwandt und ebenfalls nicht selten angstgetönt ist der Zustand der Ratlosigkeit, den Wernicke (1905) zum erstenmal klar beschrieb: Den Kranken erscheint alles seltsam, ungewohnt, rätselhaft, fragwürdig, befremdend, auch wenn es sich um ganz alltägliche Vorgänge handelt und gröbere Veränderungen der eigenen Erlebniswelt nicht oder nicht mehr im Spiele sind. Einer von Wernickes Kranken z. B. konnte nicht aufhören, sich darüber zu wundern, daß im Korridor der Klinik Wäschestücke abgezählt wurden, daß der Arzt einmal mit übereinandergeschlagenen und ein andermal mit ausgestreckten Beinen dasaß usw. Störring beschreibt die »ratlose Angst bei Schizophrenie« in einem exemplarischen Fall wie folgt[99]:

Der Patientin erscheint die Umwelt verändert, alles hat einen unheimlichen Charakter. Sie sagt immer wieder: »Was ist, ist denn eigentlich die Welt untergegangen...?« Sie vermutet, daß ihr Todesurteil vom Arzt an der Schreibmaschine geschrieben wird. Aber dominierend sind nicht solche konkreten Befürchtungen, sondern das angstvolle Gefühl einer allgemeinen undefinierbaren Veränderung: »Ich hab' so Angst gehabt, weil ich nicht gewußt habe, was das alles ist... wie mir so alles anders vorgekommen ist...« Die Kranke springt schließlich aus dem Fenster des Untersuchungszimmers; sie hat Angst, verrückt zu werden; ihre eigenen Augen, ihr Gesicht kommen ihr gläsern, starr, maskenhaft vor, ihre Genitalien »pulsieren«, und sie kennt sich vor lauter Sinnlichkeit nicht mehr aus. Sie glaubt gar nicht mehr, sie selbst zu sein. Zuweilen glaubt sie, das Gesicht von anderen zu haben, ein Teil von diesem Arzt oder von jener Frau, ein Wurm, ein Frosch zu sein. Ängstlich-ratlos fragt sie: »Ach, hilft mir denn niemand, daß ich wieder ein Mensch werde?« Später wirkt ihr vieles ratloses Fragen mehr und mehr stereotyp und emotional entleert.

In diesem Beispiel ist die Ratlosigkeit freilich zum Teil schon bezogen auf konkrete Befürchtungen: verrückt zu werden, ein Tier, ein Teil von einem anderen Menschen zu sein. Es gibt aber auch die reine Ratlosigkeit, die man weder durch eine verstandes- oder wahrnehmungsmäßige Desorientierung noch durch verbalisierbare Entfremdungserlebnisse erklären kann. W. Blankenburg[100] spricht in diesem Zusammenhang von einem »Verlust der natürlichen Selbstverständlichkeit«, der ohne sonstige Symptomatik lange Perioden des Krankseins beherrschen und etwas durchaus Qualvolles, Unheimliches, Angst-Erregendes, ja zum Selbstmord Treibendes haben kann.

Ratlose Angst erzeugen aber auch höchst fremdartige Erlebnisweisen, wie Gedankenentzug, Gedankenausbreitung (als ob alle Menschen über meine innersten Gedanken Bescheid wüßten), Beeinflussungserlebnisse, alles »Gemachte«, das Ich fremdartig In-Beschlag-Legende, auch das überraschende Hören halluzinierter Stimmen, vor allem, wenn diese neuartigen Weisen des Welt- und Icherlebens akut über einen Menschen hereinbrechen. Doch ist auch wiederum zu sehen, daß dieselbe psychotische Wandlung, die dem Ich die Grenzen gegenüber der Umwelt entzieht oder durchlässig macht, die seine »Selbst-Demarkation« (Stierlin[101]) aufhebt, auch die emotionale Schwingungsfähigkeit beeinträchtigt und die Fähigkeit, sich zu ängstigen, reduziert, ja sogar zum Schwinden bringt. Durch die Depolarisierung der Ich-Welt-Beziehung kommt auch deren emotional-triebhafte Dynamik zum Erliegen, könnte man hypothetisch sagen. Das mit der Welt verschmelzende Ich büßt die Fähigkeit ein, zwischen Angst und Hoffnung zu schwingen, die Kranken erscheinen nach einiger Zeit im Verhältnis zur Schwere ihrer seelischen Veränderung seltsam unbetroffen. In dieser Sicht wäre die schizophrene Symptomatik eine Regression auf ganz frühe Stufen der Persönlichkeitsentwicklung, auf denen Ich und Welt noch nicht geschieden sind und auch eigentliche Angst noch nicht zustande kommt. Diese Regression kann freilich nur als eine partielle gedacht werden, die große Teilbereiche der erwachsenen Persönlichkeit ausspart, aber immerhin der Reduzierung oder Vermeidung unerträglicher Ängste dient. Angst – aus welchen Quellen auch immer – hätte somit die Tendenz, sich selbst aufzuheben, indem sie die Bewußtseinsmöglichkeiten des Individuums auf ein angstfreies, wenn auch keineswegs unlustfreies Frühstadium zurückschraubt, was bei fortgeschrittener Persönlichkeitsentwicklung aber immer nur im Sinne einer *partiellen* Depolarisierung geschehen kann. Solche und ähnliche Annahmen belassen den Ursprung der psychotischen Angst im Dunkeln, es sei denn, man schritte zu weiteren triebdynamischen Hypothesen vor, die sich einer phänomenologischen oder entwicklungspsychologischen Verifizierung entziehen. Auch in der Psychose scheint uns die Angst ein zentraler Faktor zu sein. Ihre Ableitung aus triebdynamischen Konflik ten, wie sie seit Freud von psychoanalytischen Autoren imme r wieder versucht wird, überzeugt nicht restlos. Sie scheint uns ehe r Ausdruck und Signal einer tieferen biopsychischen Daseinser schütterung zu sein, die im Kern mehr mit erbgenetischen als mi t psychodynamischen Faktoren zusammenhängt. Es führt jeden falls nicht viel weiter, wenn man die schizophrene Angst mit de r neurotischen gleichsetzt, indem man beide phänomenologisch deutlich geschiedenen Erlebnisbereiche als Signal der Gefähr dung des Ich durch unkontrollierte Einbrüche aus dem Es, dem Unbewußten, erklärt.

Kehren wir von der Spekulation noch einmal zur klinische n Wirklichkeit zurück, so ist unbestreitbar, daß Angst nicht nur i n den symptomarmen, ratlosen und in den paranoid-halluzinatori schen Bildern der Schizophrenie eine Rolle spielt, sondern auc h in den Formen, die durch katatone Unzugänglichkeit und Starr e (Stupor) oder motorisch-sprachliche Erregung gekennzeichne t sind. Auch katatone Kranke berichten hin und wieder, wenn s ie wieder zugänglich geworden sind, von qualvoller, ratloser An gst in Zuständen der bewegungsmäßigen Gebundenheit u nd Sprechunfähigkeit oder von einem chaotisch-apokalyptisch en Erleben (Conrad) in Zuständen, in denen Verwirrung herrsc ht, Emotionen extremster Art sich ablösen und verwischen und da bei auch ungekannte Ängste herrschend werden.[102]

Eine Zwischenstellung zwischen der manisch-depressiven und der schizophrenen Krankheit nehmen Psychosen ein, die phas en haft mit gesunden Zwischenzeiten verlaufen, aber eine sch izo phrenie-ähnliche, jedenfalls nicht eindeutig manisch-depres sive Symptomatik besitzen. In diese Gruppe endogener Psych osen gehört die (im Anschluß an Kleist) von Leonhard[103] genauer be schriebene »Angst-Glückspsychose«. In dieser Psychose w ech seln und mischen sich Zustände heftigster Angst, die zu wahr haf ter Eigenbeziehung und halluzinatorischer Verrücktheit füh ren kann, mit ekstatischen Glücksgefühlen. Der Faktor Angst spielt jedenfalls auch hier eine bedeutsame Rolle.

Körperlich bedingte Angstzustände

Wenn man, von der klinischen Psychiatrie herkommend, die Entstehung von Angst auf dem Boden körperlicher Störungen

218

untersucht, so orientiert man sich zunächst am Modell der »symptomatischen« oder besser: körperlich begründbaren Psychosen. Für die Annahme einer körperlich begründeten Psychose fordert K. Schneider[104]: 1. belangvolle körperliche Befunde, 2. einen evidenten zeitlichen Zusammenhang zwischen körperlichem Befund und der Psychose, 3. eine gewisse Parallelität der Verläufe von beiden und 4. psychische Bilder, wie man sie bei faßbaren Körperschäden auch sonst zu sehen gewohnt ist. Mag die Verursachung einer körperlich begründbaren Psychose noch so komplex sein und außer der betreffenden Körperkrankheit erbliche Vorgegebenheiten und Psychoreaktives eine Rolle spielen – zu fordern ist nur, daß die Psychose ohne die Körperkrankheit nicht vorhanden wäre. Von dem Grundleiden nimmt man an, daß es stets über eine Beeinträchtigung der Hirnfunktion psychoseerzeugend ist, auch da, wo es selbst nicht primär im Gehirn lokalisiert ist, sondern als Vergiftung, Kreislauf- oder Stoffwechselstörung, Endokrinopathie, Blutkrankheit und dergleichen den ganzen Körper betrifft. Die psychoseerzeugende Krankheit kann aber auch primär im Gehirn selbst lokalisiert sein, wie das z. B. bei Gehirnarteriosklerose, Gehirninfektionen und heredodegenerativen Abbauprozessen, auch bei epileptischen Leiden der Fall ist.

Angst findet man vor allem in solchen körperlich begründbaren Psychosen, die einen akuten Verlauf nehmen. Dabei ist meist das Wachbewußtsein getrübt, die Orientierung in Zeit und Raum gestört, Verwirrtheit, Sinnentrug, traumhafte Umdämmerung herrschend. Flüchtige, mit anderen Affekten wechselnde Angst-Zustände begleiten die Bewußtseinstrübung als Ausdruck elementarer Bedrohungserlebnisse, die zu schweren Aggressionen oder Selbstvernichtungstendenzen führen können. Elementare Angst, die zu dermaßen gefährlichen Reaktionen treibt, sieht man z. B. in epileptischen Dämmerzuständen, auch in der epileptischen Aura (besonders bei Temporallappen-Epilepsie), flüchtigere Ängste mit weniger gezielten Abwehrreaktionen in den Verwirrtheitszuständen der Gehirnarteriosklerotiker oder im Delirium tremens der Alkoholiker. Beherrschender Affekt ist die Angst in der bewußtseinsklaren Alkoholhalluzinose (Wyss[105]). Diese Kranken hören in voller Wachheit Stimmen, die sie in dramatischen Dialogen beschimpfen und bedrohen, zum Teil auch wieder in Schutz nehmen. Akustisch, zum Teil auch visuell halluzinierend, fühlen sie sich von allen Seiten von Feinden umgeben in einer angstvollen »Belagerungssituation« (Bilz[106]), gegen die sie Schutzmaßnahmen ergreifen, sich verbarrikadieren, fliehen, unter deren Eindruck sie eventuell sogar Selbstmord begehen. Die Stimmen stellen ihrem Inhalt nach Projektionen des eigenen schlechten Gewissens dar, lassen aber auch verdrängte aggressive und sexuelle Triebregungen durchscheinen. Wechselnde Angst-Momente findet man in den Erregungen und Bewußtseinstrübungen der Basedow-Psychose (Hyperthyreose), wiewohl eine gesetzmäßige Beziehung zwischen Schilddrüsenüberfunktion und pathologisch stimulierten Affekten zu vermissen ist.[107]

Schließlich gibt es eine Neurosen-Theorie, die eine körperlich bedingte, der psychophysischen Organisation unmittelbar und ohne konfliktbedingte »Psychogenie« entspringende Angst voraussetzt und so auch die psychopathisch-neurotische Angst auf die Leiblichkeit bezieht – einleuchtend vor allem für manche Fälle phasenhaft verlaufender Angst-Neurosen (López Ibor, Ey[1,2]).

Schweren Angst-Einbrüchen begegnet man nicht ganz selten bei experimentellen oder suchtbedingten Rauschmittelvergiftungen. Störring[108] schildert einen derartigen außerordentlich heftigen, nach einigen Stunden folgenlos abklingenden Angst-Zustand bei einer sonst gesunden Versuchsperson, einem Psychiater, der im Selbstversuch eine überhöhte Dosis des gereinigten, hochwirksamen Extraktes »Cannabinol« aus dem Indischen Hanf nahm. Von quälender Bedrohlichkeit war für diese Versuchsperson vor allem die an Katatonie erinnernde Symptomatik in Gestalt von immer wiederkehrenden Starrezuständen und Erlebnissen der Ich-Entmächtigung. Die Versuchsperson fühlte sich machtlos, Automatismen unterworfen, wie ein »Maschinenmensch«. In neuer Zeit hat sich in der Bundesrepublik insbesondere Hanscarl Leuner[109] in psychotherapeutischer Absicht und unter Heranziehung psychodynamischer Gesichtspunkte mit der Wirkung halluzinationserzeugender Rauschmittel, besonders des LSD 25, beschäftigt. Auch er stieß gelegentlich bei seinen Patienten und Versuchspersonen auf Angst-Einbrüche, zum Teil wiederum kombiniert mit Starrezuständen und gemischt mit anderen heftigen Affekten. Psychodynamisch betrachtet, kommt es nach Leuner in solchen Fällen zu Übersteuerungen der Emotionalität in Gestalt von explosionsartigen Angst-, Schreck- und Schulderlebnissen, die nur zum Teil durch den Toxinspiegel, also hirnphysiologisch, erklärbar seien. Es sei eine Art Reziprozität vorhanden: Bei hoher Dosierung der halluzinogenen Substanz kommt die Übersteuerung des affektiven Erlebens und der Antriebsstruktur auch ohne grobe neurotische Vorprägung zustande, während bei geringen Dosierungen solche Vorprägungen eine wesentlich größere Rolle spielen. So mag es sich prinzipiell auch bei den sogenannten *bad trips* der Rauschmittelsüchtigen verhalten, in denen sich starke Ängste und Vernichtungsgefühle mit phantastisch-visionären Erlebnissen verbinden und gelegentlich zu Suizid und Mord treiben.

Körperlich begründete, abnorme Angst spielt auch im Bereich der *inneren Medizin* eine bedeutende, wenn auch pathogenetisch mehrdeutige Rolle. Es ist nicht immer klar, wieweit bei Erkrankungen der inneren Organe und bei Allgemeinerkrankungen (selbstverständlich auch bei allen Leiden und Störungen, die von den chirurgischen Fächern behandelt werden) eine rational begründete Furcht vor Siechtum und Tod oder vor den sozialen Konsequenzen längeren Krankseins übersteigert erlebt wird und hypochondrische Phantasien erweckt, wieweit unmittelbar Angst durch die vitale Bedrohung im Sinne von Kunz[110] ohne das Dazwischentreten von gedanklichen und vorstellungsmäßigen Intentionen entbunden wird, wieweit zerebrale Prozesse mitspielen, deren psychisches Korrelat der Angst-Affekt ist. Sicher sind diese drei nur gesichtspunktmäßig zu unterscheidenden angsterzeugenden Vorgänge aufs engste miteinander verzahnt. Die älteren Lehrbücher der Inneren Medizin bringen die elementare, vitale Angst in engen, fast gesetzmäßigen Zusammenhang mit *Erkrankungen des Herzens*, besonders der Herzkranzgefäße (Coronararterien). Dabei wird vor allem auf Beobachtungen bei Angina pectoris hingewiesen, die, schon nach ihrem ersten Beschreiber, dem englischen Arzt Heberden[111], neben heftigsten, in die linke Schulter und in den linken Arm ausstrahlenden Schmerzen ein schweres Vernichtungsgefühl mit Todesangst aufkommen läßt.

Man hat das Herz geradezu als Organ der Angst angesprochen (Braun[112]). Das ist in solcher Allgemeinheit nicht richtig. Erkrankungen und Funktionsstörungen des Herzens rücken dieses im Leben des Gesunden nur hier und da sich durch besondere Sensationen meldende Organ ins Zentrum der Beachtung, die sicher oftmals eine furchtsame, ängstliche Selbstbeobachtung ist. Wie jede vom Gewohnten abweichende Modifikation des erlebten und gelebten Leibes, entreißt auch der in die Herzgegend lokalisierte Schmerz der Angina pectoris und des Myokardinfarktes das Herz seiner Unbemerktheit.* Schmerzen und unangenehme Empfindungen heben dieses Organ aus der Fraglosigkeit und Selbstverständlichkeit ungestörten Funktionierens heraus, entfremden es einerseits seinem Träger, um es andererseits in aufdringlicher Weise als das seinige erscheinen zu lassen, als das Organ, das *sein* individuelles Dasein aufrechterhält (Plügge[113]). Aus diesem gleichzeitig entfremdeten und peinlich nahen Organerlebnis kann Angst erwachsen, sofern *mein* Herz *mich* bedroht und durch seine Unverfügbarkeit und Unberechenbarkeit erschreckt. Aber das ist merkwürdigerweise nicht immer so: Schwerste Herzkrisen können angstfrei ablaufen, so deutlich allgemeine Schwäche, Herzklopfen und Schmerzen erlebt werden. Herzkranke Kinder unter 11-12 Jahren haben überhaupt keine Angst, keine Sorge um ihr leibliches Befinden (Plügge). Aber auch erwachsene Infarktkranke leiden während der akuten Herzkrise, in die sie die rasche Verstopfung von Herzkranzadern versetzt, in der Regel *nicht* an Angst, wohl aber an einem schrecklichen, geradezu unerträglichen Schmerz, oft auch an Luftmangel. Aber Todesangst ist dabei in der Regel nicht vorhanden, wenn nicht gar der Tod als Erlösung von den fürchterlichen Schmerzen ersehnt wird. Es ist, als ob der das Bewußtsein ganz erfüllende und durchdringende, intensive Schmerz das Angst-Erlebnis konsumierte, es gar nicht erst zum Bewußtsein kommen ließe. Viel weniger schmerzhafte, objektiv weit harmlosere stenokardische Anfälle bei Angina pectoris sind dagegen viel regelmäßiger mit Angst verbunden. Niemals aber ist der Herzinfarkt alleiniger Ausgangspunkt einer ausgesprochen herzphobischen Entwicklung, wie sie sich oft an den objektiv ungefährlichen sympathikovasalen Anfall anschließt (vgl. Kulenkampff und Bauer[114]).

Bekannt ist der Zusammenhang von Angst und Behinderung der

* Unter Angina pectoris versteht man heute Herzbeschwerden, die auf krampfartiger Zusammenziehung der Herzkranzgefäße beruhen, ohne im Herzmuskel Substanzdefekte zu hinterlassen. Das sind sogenannte stenokardische Beschwerden, die nicht zu Nekrosen führen, aber doch *Vorboten* des gefürchteten Herzinfarkts, d. h. von Nekrosen, Absterbeerscheinungen und somit Ausfällen in der lebenswichtigen Herzmuskulatur sein können.

Atmung, so etwa unter Wasser bei drohendem Ertrinken. Doch ist es nicht die wachsende Kohlendioxid-Spannung in den Lungenbläschen und im Blut, die Angst erzeugt, auch nicht der abnehmende Sauerstoffgehalt. Denn bei der in der Psychiatrie zuweilen verwendeten Behandlung mit Inhalation von Kohlendioxid oder reinem Stickstoff entsteht keine Angst; Bewußtlosigkeit stellt sich dabei allmählich und angstfrei ein. Auch in der zu Fliegertauglichkeitsprüfungen verwendeten Unterdruckkammer, in der der Sauerstoffpartialdruck der Atemluft vermindert wird, gibt es keine Angst; im Gegenteil, euphorische Zustände begleiten die ersten Stadien des zentralen Sauerstoffmangels. Es scheint demnach die Behinderung der Atmung als solche zu sein, die rasch ein unerträgliches Beklemmungs- und Angst-Gefühl erzeugt, das aber dann im Erstickungszustand schnell wieder schwindet und bei Fortdauer der Atmungsbehinderung präfinaler Bewußtlosigkeit Platz macht. Auch nicht alle Zustände herzbedingter Atemstörung (kardiale Dyspnoe, Asthma cardiale) erzeugen regelmäßig Angst, so lebensgefährlich und bedrohlich solche Zustände von Sauerstoffmangel auch sein mögen. Das Lungenasthma (Asthma bronchiale) dagegen führt häufiger, wenn auch ebenfalls nicht regelmäßig, zu Angst-Zuständen. Es gibt Asthmatiker, die das Erleben von Angst in Abrede stellen, obwohl sie den Eindruck erwecken, daß Angst bei ihnen unterschwellig vorhanden ist. Asthmatiker, die, wie das häufig der Fall ist, nachts oder in den frühen Morgenstunden einen Anfall bekommen, erinnern manchmal einen kurz zuvor gehabten Angsttraum. Andere Kranke erwachen mit Atemnot ohne begleitendes Angst-Gefühl. Das Asthma bronchiale erscheint aber auch psychodynamisch-genetisch mit Angst-Erlebnissen im Zusammenhang zu stehen. Bedrohungen vom Triebleben her oder durch eine überstarke, strafende Über-Ich-Instanz können eine neurotische Angst-Bereitschaft schaffen, die sich im Asthmaanfall verleiblicht. Damit wird die körperlich-allergische Verursachung des Bronchialasthmas nicht geleugnet oder unterschätzt, sie bedarf aber der psychologischen Ergänzung, weil bei Asthmatikern häufig auch seelische Überempfindlichkeiten in Gestalt spezifischer, mehr oder minder verdrängter Ängste ermittelt werden können (vgl. de Boor[115]).

Die Internisten wissen, daß die Mehrzahl der Menschen ohne Angst stirbt, auch ohne Schmerzen, im Zustand lethargischer

Hoffnungslosigkeit (Jores[116]). Eine, weltlich gesprochen, illusionäre Hoffnung auf Genesung kann den moribunden Krebskranken bis zum Ende begleiten; auch andere Patienten mit zehrenden Krankheiten ziehen sich gleichsam aus der äußeren leiblichen Hülle ins Innere zurück, indem sie noch bei vollem Bewußtsein jegliches Interesse an der Umwelt verlieren (Plügge[117]). Einen angstvollen Tod sterben nach Jores am häufigsten diejenigen Kranken, deren Leiden in einer Störung der Atem- oder der Herzfunktion gelegen ist. Schwerverletzte sterben in der Regel ohne jede Angst. Bei Abstürzen aus größerer Höhe oder besonders beim Ertrinken berichten Überlebende selten über Angst-Erlebnisse, sehr viel häufiger über die sogenannte Lebensbilderschau (Lindner[118]), d. h. über eine lebhafte und anschauliche Vergegenwärtigung vergangener Lebenssituationen ohne ängstliche, ja manchmal mit lustvoller Gefühlstönung.

Natürlich gibt es in großer Zahl und Variabilität Befürchtungen aller Art, die sich intentional auf den Leib beziehen, sei es, daß reale Erkrankungen dazu Anlaß geben oder hypochondrische Einbildungen vorherrschen. Hier haben wir es sicher nicht mit neurophysiologisch bzw. neuropathologisch erklärbaren Reizzuständen der zerebralen affektiven Apparate zu tun, selten auch mit elementarer Angst-Entbindung durch Situationen vitaler Bedeutsamkeit (Kunz), sondern in der Regel mit einem im engeren Sinne intentionalen, d. h. gedanklich-vorstellungsmäßig-willensmäßig auf den eigenen kranken oder vermeintlich kranken Leib gerichteten Vorgang: mit einem halb gewollten, halb schwächlich zugelassenen »Herumhypochondern« (Weitbrecht), einem oft unnötig und vermeidbar wirkenden sich selbst Bangemachen, wie es nach K. Schneider den asthenischen Psychopathen charakterisiert[119]. Freilich gibt es auch hypochondrische Ängste, die sehr viel tiefer fundiert sind und unmittelbar mit dem unfaßbaren Bevorstand des Todes konfrontieren.

Überhaupt sollte man das Phänomen der Todesangst, der Angst vor dem Nichts, der Vernichtung, nicht ableugnen oder bagatellisieren. Freud schreibt in *Hemmung, Symptom und Angst*[120]: »Der volltönende Satz: jede Angst sei eigentlich Todesangst, schließt kaum einen Sinn ein, ist jedenfalls nicht zu rechtfertigen.« Der Tod sei ein abstrakter Begriff von negativem Inhalt, für den eine unbewußte Entsprechung nicht zu finden sei. Kunz geht noch weiter und erklärt, daß Sterblichkeit und Tod kein Wovor der Angst seien, da unvorstellbare, unerfüllbare Intentionen des Denkens, Vorstellens und Erwartens. Doch ist der mit der Todesangst aufbrechende Schauder vor dem Nichts keine Erfindung der Philosophen, keine pathetische Deklamation. Sterblichkeit ist mehr als ein faktisches, »ontisches Konstituens des Menschseins« (Kunz), sie besitzt Erlebniswert, ist immanent im Gehalt und Grunde aller tieferen Angst-Erlebnisse impliziert, sei es real begründeter oder auch neurotischer und psychotischer. Zumindest wird das Sterben anderer als Entwerden und Vergehen angstvoll erwartet und schaudernd miterlebt. Der zweieinhalbjährige Junge, der von Tod und Sterben noch kaum etwas gehört hat, erschrickt aufs heftigste beim Anblick einer am Wegrand liegenden toten Katze, bricht in Tränen aus und strebt angstvoll vom Platz fort. Doch auch der eigene Tod kann als Blick in den Abgrund oder als drohender Sturz ins Nichts vorweggenommen werden, auch wenn – wie von Gebsattel sagt – das blanke Nichts unvollziehbar ist und nur als defizienter Modus die Bühne der menschlichen Seele betreten kann. Aber auch das verhüllte, das verschleierte Nichts wird zur Quelle der Angst (von Gebsattel[121]). Das eigene leibliche Kranksein und mindestens ebensosehr das der Nächsten kann den Menschen mit seiner Sterblichkeit konfrontieren. L. Binswanger hat in seiner Darstellung der schizophrenen Kranken Susanne Urban[122] höchst eindrucksvoll die Schreckensszene geschildert, die sich vor und in der Patientin abspielte, als sie von der unheilbaren Erkrankung ihres Mannes erfuhr, und die bei ihr den Auftakt zur Psychose bildete.

Zur Therapie pathologischer Angstzustände

Mit von Gebsattel sind wir der Ansicht, daß Angst als kreatürlich-humane Grundbefindlichkeit nicht schlechthin krankhaft, abnorm und in jedem Falle therapiebedürftig und therapierbar ist. Als Schutzfunktion der biologischen Entwicklung, als Motor und Regulator jeglicher Sozialisation, als emotionaler Reflex existentieller Ausgesetztheit und damit Voraussetzung personaler Entfaltung und Reifung, ja jeglicher Individuation, läßt sich Angst nicht restlos in die ärztlichen Kompetenzen eingliedern, auch nicht in die des behandelnden Psychologen, überschreitet und übergreift sie vielmehr den Horizont des Machbaren bzw. des auf billige Weise Abschaffbaren. ». . . die Angst ist zwar ein Pathos, aber im letzten Kern kein Übel«, sagt von Gebsattel. Man hat sich ihr zu stellen, um Mensch zu sein. Weicht man ihr aus, so verfehlt man sich selbst in Seinsvergessenheit und Gottesvergessenheit, so gerät man in die Gefahr der Zerstreuung und Betäubung bis zu den pathologisch-destruktiven Formen des existentiellen Verfalls. ». . . alle Methoden der Angstabwehr konservieren die wesenhafte Urangst, statt sie aufzulösen. . . Die Angst läßt sich nicht bekämpfen wie der Zorn oder irgendeine andere Untugend. Ein Handgemenge mit der Angst ist möglich, aber sinnlos, denn ihr eignet etwas Gespenstisches: sie hat keinen Umriß.«[123]

Trotzdem bleibt dem Arzt und Psychotherapeuten der Kampf mit der Angst nicht erspart, nämlich da, wo sie ihm als unerträgliche Not entgegentritt oder Symptom einer sie in ihr Leidensrepertoire einbeziehenden Krankheit oder Abnormität ist. Krankheit und Abnormität sind nur in seltenen Fällen auszeichnende, höher führende Existenzverfassungen. Zuallermeist sind sie gemeine Übel, die in ihnen investierte Angst ebenfalls von Übel. Der Therapeut der Angst darf ein gutes Gewissen haben, wenn er zweierlei nicht vergißt: daß Angst in seinem Zuständigkeitsbereich meist Symptom einer verborgenen Defizienz ist und daß sie in erträglichen Graden dazu dienen kann, den Patienten von seinen an der Oberfläche liegenden Behinderungen und Beschwerden auf deren Wurzelgrund zurückzuverweisen. Ähnlich wie der Schmerz erzeugt die Angst den Leidensdruck, der den Kranken überhaupt erst zum Patienten, d. h. zum Leidenden macht und ihn Hilfe beim Arzt suchen läßt. Wo Angst im Wahn, in der Sucht oder in psychosomatischen Krankheiten gänzlich konsumiert und absorbiert ist, gelingt es nur schwer, Behandlungswilligkeit zu erzielen und den Kranken zum richtigen Therapeuten zu bringen. Larvierte Angst führt z. B. nicht selten zu unnötigen Schilddrüsenoperationen oder zu anderen schlecht indizierten chirurgischen Interventionen.

Die *pharmazeutische Chemie* liefert das Rüstzeug zum Kampf gegen jede Art und jeden Grad von pathologischer Angst, der mit regelmäßigem, wenn auch meist nur vorübergehendem Erfolg rechnen kann. Man spricht den modernen Tranquilizern und neuroleptischen Mitteln mit Recht eine »anxiolytische«, d. h.

angstlösende Wirkung zu. Sie haben diese Wirkung aber nie exklusiv, sondern stets im Verband mit allgemein beruhigenden, sedierenden Einflüssen. Die Sedierung erstreckt sich auf das ganze Spektrum der Emotionen, bei Anwendung höherer Dosen auch auf den Antrieb, d. h. auf die hinter aller Einzelaktivität und Spontaneität zu vermutende Impulsquelle. Wenn man von müdemachenden, einschläfernden Initialwirkungen, die in der Regel nach wenigen Tagen behoben sind, absieht, kehrt bei mittleren Dosierungen ein bewußtseinsklarer Gleichmut ein, der sicher zu Unrecht mit dem vernunftgeleiteten Phänomen der stoischen Ataraxie (Unerschütterlichkeit) gleichgesetzt wird (Janz[124]). Die pharmakogene »Ataraxie« hat nichts mit Gleichmut oder Mut zu tun, ist vielmehr Gleichgültigkeit auf vitaler Ebene. Dabei bleiben – mittlere Dosierungen vorausgesetzt – die körperlichen Grundbedürfnisse, wie Hunger, Durst, Sexualität, intakt. Auch das Wachbewußtsein und die intellektuelle Kapazität sind nicht oder nur minimal beeinträchtigt. Gerade in dieser Mittellage pharmakotherapeutischer Sedierung werden die hirnphysiologischen Voraussetzungen des Angsthabens weitgehend reduziert und oftmals ganz ausgeschaltet.

Die neuroleptischen und verwandte Mittel greifen immer auch weit in den autonom-vegetativen Bereich und in die Tonisierung der Muskulatur hinein. Nur soweit sie das in fühlbarer und objektiv registrierbarer Weise tun, indem sie den Puls, den Blutdruck, die Schweißsekretion, den elektrischen Hautwiderstand, die periphere Durchblutung, den Muskeltonus u. a. m. beeinflussen, sind sie in merkbarem Ausmaß anxiolytisch. Das gilt für die eigentlichen wirkungsstarken Neuroleptika der Phenotiazin- und Butyrophenon-Reihe, aber auch für das chemisch ganz anders strukturierte Reserpin und für die antidepressive (thymoleptische) und sedierende Wirkungen vereinende Dibenzozykloheptadiengruppe (z.B. Amitryptilin)*. Nur diese Mittel versprechen Erfolg bei psychotischen Ängsten. Ihr Einsatz muß von kundiger Hand so gesteuert werden, daß die zahlreichen unerwünschten Nebenwirkungen nicht allzusehr ins Spiel treten. Hier ist meist klinische Behandlung mit höheren Dosen und einem Satz von Gegenmitteln gegen unerwünschte Begleiterscheinungen angezeigt. Die weniger potenten Tranquilizer, die zum Teil

* Die Mittel werden hier nur nach ihren internationalen chemischen Bezeichnungen, nicht nach ihren Firmennamen benannt.

frei verkäuflich sind und vielfach ganz unnötig als Tabletten aus dem Handtäschchen verbraucht werden, sind auch weniger anxiolytisch als die Neuroleptica und verwandte Thymoleptica. Der ihnen eigene mildere anxiolytische Affekt ist auf körperlichem Gebiet mit Muskelentspannung bis zu lästigem Schweregefühl und Schlaffheit der Glieder verbunden. Die autonomen, sympathicovagalen Nebenerscheinungen treten bei ihnen nur in hohen, meist nicht mehr therapeutischen Dosierungen auf. Es sind das Mittel der Glykolgruppe (z. B. Mepobramat) und der Benzodiazepingruppe (z. B. Diazepam, Chlordiazepoxyd, Oxazepam). Sie taugen bei psychopathisch-neurotischen Ängsten zur Dämpfung und damit zur Unterstützung und Vorbereitung psychotherapeutischer Einflußnahme. Eine phobische Fehlhaltung oder auch nur eine stärkere Einzelphobie allein mit solchen Tranquilizern zu beseitigen, gelingt fast nie. Außerdem können sie bei längerem Gebrauch zur Gewöhnung und Sucht führen.[125]

Eine in Deutschland nur ganz selten, im Ausland noch etwas häufiger, aber ebenfalls abnehmend geübte Methode der Therapie schwerer, sonst behandlungsresistenter Angst-Neurosen ist neurochirurgischer Art: die von dem Portugiesen Edgar Moniz erfundene präfrontale Leukotomie mit ihren verschiedenen Abarten, die sich auf Eingriffe in die weiße Substanz des Stirnhirns, aber auch zum Teil in die Hirnrinde bezieht (vgl. Obrador[126]). Solche Eingriffe sind in der Tat geeignet, pathologische Angst-Affekte auszuschalten. Das geschieht jedoch um den Preis einer Hirnnarbe, deren Auswirkungen auch bei vorsichtiger Operationstechnik nie ganz vorauszusehen sind. Außerdem besteht auch bei geglückter und zunächst erfolgreicher Operation eine erhebliche Rückfallsgefahr. Man wird solche blutigen Methoden der Angst-Dämpfung nur dann empfehlen, wenn es sich um schwerste, desperate, auf die Dauer mit keinem anderen Mittel zu mildernde Angst-Zustände handelt, die den Menschen aus dem sozialen Leben ausschalten und ihn in den Suizid treiben. Weniger risikoreich und kaum weniger wirksam sind stereotaktische Operationen am dorso-medialen Kern des Thalamus opticus, das sind mittels Röntgenkontrolle genau gezielte, auf winzige Hirnorte beschränkte Elektrokoagulationen, die in der Regel doppelseitig angelegt werden müssen.

Pathologische Angst ist bis zu einem gewissen Grad auch durch nicht-medikamentöse Muskelentspannung zu beeinflussen, besser noch durch das auf muskulärer Relaxation aufbauende, aber in tiefere autonome Schichten eingreifende »autogene Training« nach J. H. Schultz (vgl. dazu Langen[127]). Diese Methode hat neben ihrer entspannenden und immobilisierenden Wirkung einen nachweislich reduzierenden Einfluß auf die *arousal*-Reaktion der anatomischen Strukturen des verlängerten Markes und des Gehirnes (vgl. dazu das Kapitel über Biologie und Physiologie der Angst). Sie führt zu peripherer Blutgefäßerweiterung, während Angst das periphere Gefäßsystem kontrahiert bis zur bekannten Hautblässe des Ängstlichen, ferner zur ebenfalls angst-antagonistischen Verlangsamung der Herzaktion und zur Beruhigung der Atmung. Das einer unvollständigen Selbsthypnose gleichende autogene Training dämpft zugleich die Emotionen und führt zu einer begrenzten, jederzeit willkürlich aufhebbaren Einengung des Bewußtseins auf die Leibsphäre. Der ängstliche Patient lernt das autogene Training am besten im Gruppenunterricht, um es bald selbst zu beherrschen und ohne Suggestion von außen für sich üben zu können. Auch die klassische Hypnose kann man zur Angst-Dämpfung verwenden, evtl. mit formelartigen, suggestiven Vorsätzen, die sich auf innere Sicherheit, Ermutigung, Selbstvertrauen und dergleichen beziehen.

In den letzten Jahren gewann die dem autogenen Training als übendem und entübendem Verfahren verwandte *Verhaltenstherapie* zunehmend an Boden. Verhaltenstherapien moderner Art sind lerntheoretisch fundiert, gehen letzten Endes auf die berühmten Pawlowschen Experimente zurück, in denen am Versuchstier bedingte Reflexe erzeugt, verstärkt oder auch gelöscht werden können. Amerikanische Psychologen (Hull, Skinner u. a.) haben, auf den Prinzipien der reflektorisch-automatischen Konditionierung bzw. Dekonditionierung bestimmter Verhaltensweisen aufbauend, Lerntheorien in verschiedenen Variationen und Differenzierungsgraden entwickelt, auf die hier im einzelnen nicht noch einmal einzugehen ist *(vgl. 3. Kapitel)*. Auch der Mensch ist in seinem Verhalten und Erleben konditionierbar, d. h. steuerbar durch wiederholt dargebotene Reizkonstellationen, die sich mit bestimmten unbedingten Reaktionsmustern, wie z. B. Fluchtimpulsen, assoziativ verknüpfen und diese regelmäßig auslösen. Doch können nicht nur Impulse, sondern auch Hemmungen konditioniert werden, wobei sich Erregung und Hemmung nicht nur auf handelndes Verhalten, sondern auch auf affektiv-vegetative Befindlichkeiten beziehen. Einmal gelernte Verhaltensweisen bzw. eingeschliffene Gefühlsreaktionen können gelöscht werden, wenn sie einer regelmäßig sich wiederholenden, »reziproken Hemmung« unterworfen werden.

Darauf beruht die von dem Psychiater J. Wolpe entworfene und speziell auf Angst-Zustände zugeschnittene Therapie der reziproken Hemmung durch Desensitivierung *(desensitization)* (vgl. dazu Wolpe, Eysenck und Rachman, Gelder, Blöschel[128]). Schon Pawlow konnte durch widersprüchliche, die Versuchstiere verwirrende Konditionierung Störungen in der Ausbildung bedingter Reflexe und damit ein der menschlichen Neurose in einigen Punkten vergleichbares Fehlverhalten erzeugen. Die seither vor allem von amerikanischen Autoren mit ingeniösen Methoden erzeugte experimentelle »Neurose«, vor allem bei Ratten, hat der therapeutischen Konzeption von Wolpe zum Modell gedient. Pathologische, der Situation nicht angemessene Angst entsteht nach seiner Auffassung beim Menschen folgendermaßen: Das Individuum gerät in eine unausweichliche Situation, in der es entweder extrem negativen oder extrem ambivalenten Reizen ausgesetzt ist. Dadurch entsteht intensive Angst als Grundbedingung neurotischen Verhaltens. Durch Prozesse der Konditionierung und der Generalisierung heftet sich diese Angst an vorher neutrale Gegenstände oder Situationen, entweder an bestimmte, objektiv harmlose Gegebenheiten der Außenwelt, wobei Phobien entstehen, oder auch an diffuse, allgemeine Umweltqualitäten, wodurch es zu scheinbar freiflottierender, pervasiver Angst kommt. Dazwischen gibt es alle erdenklichen Abstufungen der Angst-Auslösung, von der ganz generellen, absoluten Allgegenwart der Zeit über relativ häufige allgemeine Umweltqualitäten, wie z. B. Zimmerwände, bis zum ausnahmsweisen Anblick eines Buckligen auf der Straße. Alle derartigen Ängste aber gelten als »gelernt« im Sinne eines neurophysiologischen Bahnungsvorganges, der zur fatalen Assoziation akuter oder chronischer Angst an objektiv gefahrlose Umweltbedingungen führt.

Von den lerntheoretisch orientierten Verhaltenstherapeuten hat am entschiedensten Hans Jürgen Eysenck betont, daß das manifeste Fehlverhalten und Fehlerleben, also z. B. eine Phobie oder die allgemeine, pervasive Angst-Bereitschaft, die Neurose ist, hinter der nichts weiter steckt als die im Laufe des Lebens durch akute oder chronische Traumatisierung erworbene bedingte

Fehlreaktion. Das Symptom selbst ist die Neurose, d. h. es gibt keine tiefere, dem Symptom zugrunde liegende, es hervorbringende neurotische Gestörtheit, die bei der Beseitigung des Symptoms u. U. dafür ein anderes substitutiv hervortreten ließe: »Man beseitigt das Symptom, und man hat die Neurose zum Verschwinden gebracht«.[129]

Nach Eysenck entsteht die »Neurose« genannte, bedingte Fehlreaktion in drei Stufen: Zunächst kommt es in der Kindheit, aber auch noch im Erwachsenenalter zu psychotraumatischen Ereignissen, die starke vegetative Reaktionen auf direkte, unkonditionierte Weise hervorrufen. Im zweiten Stadium erfolgt die Verknüpfung der ursprünglichen Reaktionen mit neutralen Auslösesituationen. In diesem Stadium entstehen pathologische Konditionierungen, die aber in vielen Fällen mangels fortgesetzter Bekräftigung *(reinforcement)* von selbst verschwinden: Spontanheilung der Neurose. Die meisten kindlichen oder jugendlichen Neurosen lösen sich in dieser Weise von selbst auf. Die Spontanremission tritt jedoch nicht auf, wenn der Patient die Vermeidung phobieerzeugender Situationen »lernt« und sich damit nicht etwa an etwas Nützliches gewöhnt, sondern im Gegenteil die Auslöschung des ganzen Vorganges verhindert. Es kommt zu einem »Teufelskreis«, der die bedingte Furchtreaktion vor der Löschung bewahrt.[130]

Bedingte Reflexe und konditionierte menschliche Verhaltensweisen können dem Vorgang der Löschung *(extinction)* unterworfen sein. Die Verknüpfung früher neutral gewesener Umweltgegebenheiten mit inadäquaten Einbrüchen neurotischer Angst löst sich, wenn Hemmungsvorgänge regelmäßig eingeschaltet werden, die den pathologischen Affektzustand abmildern und die Verknüpfung mit der spezifischen Auslösesituation unterbrechen. Wolpe fand, daß man die Empfindlichkeit für angstauslösende Situationen am besten dadurch vermindert und schließlich ganz ausschaltet, daß der Mensch in tiefe muskuläre Entspannung versetzt wird. Seine Angst-Kapazität nimmt in der Konfrontation mit angstauslösenden Umweltgegebenheiten fortschreitend ab, auch wenn diese Gegebenheiten nur in der Phantasie vorgestellt werden. Die systematische Desensitivierung durch muskuläre Entspannung geht folgendermaßen vor sich: Der Patient muß zunächst seine individuelle Angst-Hierarchie aufstellen, wozu die einfache Befragung oder ein Fragebogentest dient. Die Isolierung der auslösenden Reizbedingungen ist der schwierigste Teil der therapeutischen Planung. Oft muß der Patient erst genau beobachtet werden, bis sich aus sehr komplexen Situationen die relevanten Reize herauskristallisieren lassen. (In einem Fall von Wolpe war z. B. ein gewisser Essensgeruch der Stimulus, der beim Betreten eines bestimmten Platzes die Angst hervorrief.) Fehler in der Aufstellung der Angst-Hierarchie haben zur Folge, daß die Bedingungen nicht kontrollierbar sind und das Prinzip der »progressiven Annäherung« an einen reizfreien Zustand mißlingt. Nach der Ermittlung der hierarchisch gestuften Angst-Bedingungen wird der Patient nach der in anglo-amerikanischen Ländern gebräuchlichen Jacobsonschen Methode in eine maximale Muskelentspannung versetzt, entweder im Wachen oder auch in Hypnose. In entspanntem Zustand wird er aufgefordert, sich die am wenigsten angsterregende Situation vorzustellen. (Wie sich in Experimenten zeigen ließ, können vorgestellte Szenen auch die autonomen Komponenten der Angst hervorrufen.) Gelingt das ohne Angst-Entwicklung, so wird zu den folgenden Stufen der »Hierarchie« fortgeschritten und das Verfahren so lange geübt, bis die angstfreie Vorstellung aller sonst angstbesetzten Lebenslagen möglich ist. Das ist gewöhnlich nach 20 bis 25 Sitzungen der Fall und bewährt sich in der Regel dann auch in den entsprechenden wirklichen Lebenssituationen. Damit wurde ein relativ einfaches verhaltenstherapeutisches Verfahren eingeführt, das vor dem psychoanalytischen den Vorzug einer weit kürzeren Behandlungszeit beansprucht. Außerdem sind Erfolge und Mißerfolge der Desensitivierung leichter kontrollierbar, eher wissenschaftlich objektivierbar, als das für psychoanalytische Kuren gilt. Die lerntheoretischen Grundlagen der Wolpeschen und anderer Formen von Verhaltenstherapie sind durchsichtiger als die mit vielen hypothetischen Elementen durchsetzten tiefenpsychologischen Modelle. Die Löschungs-Hypothese ist allerdings bei einem so komplexen Vorgang wie der Desensitivierungstherapie nicht die einzig mögliche Erklärung für deren unbestreitbare Erfolge bei Phobien. Nach P. J. Lang verdient u. a. auch der kognitive Effekt einer derartigen Behandlung ernstliche Beachtung: Der Patient lernt im Laufe der Therapie, aber auch in deren Zwischenzeiten, mit seinen angstbesetzten Vorstellungen rationaler, einsichtiger umzugehen und damit auch seine Reaktionen zu beherrschen. Mit einer solchen, an die Ratio appellierenden Wirkungskomponente würde sich die pawlowistisch-behavioristisch konzipierte Desensitivierungstherapie wieder mehr der üblichen verbalen Psychotherapie annähern.

Schließlich machen die Verhaltenstherapeuten darauf aufmerksam, daß bei den von ihnen empfohlenen Therapieformen die ärztlich-psychologische Sachlichkeit und Distanz gewahrt bleibt und es keiner irgendwie gearteten Gefühlsbeziehung zwischen Patient und Therapeut bedarf, um Erfolge zu erzielen. Der Therapeut soll sogar durch ein Tonband ersetzbar sein.[134]

Gegen soziale Angst, z. B. Schüchternheit, Hemmungen in Gesellschaft, übertriebene Autoritätsfurcht und dergleichen, empfehlen Eysenck und Rachman neben der erwähnten Wolpe-Technik eine andere Art von Verhaltenstherapie, das *assertive training* (Selbstbehauptungstraining) nach Salter (1949). Der schüchterne, verlegene, selbstunsichere Patient wird in stufenweisem Vorgehen zu freiem verbalen und mimischen Ausdruck seiner Gefühle ermutigt und entsprechen trainiert, d. h. zu selbstbewußtem Auftreten in der Gesellschaft, zum Erheben von Widerspruch, zum Ich-Sagen und zur Annahme von Lob und Anerkennung angehalten. Die erwünschte Reaktion wird in der Therapie wiederholt und ausdrücklich bekräftigt. Diese expressive Reaktionsweise hat eine Ausstrahlungstendenz und wirkt somit der Hemmung entgegen. Sozial positive Konsequenzen sorgen im Laufe der Zeit dafür, die neu erlernte Reaktionsweise zu bekräftigen und zu wiederholen.

Gegen angstbedingte sexuelle Vollzugsstörungen, vor allem neurotische Impotenz, wird nach Verabredung mit dem Partner ein den Vollzug zunächst vermeidendes, dem Angst-Grad nach erträgliches, allmählich sich steigerndes Liebesspiel empfohlen. Die sexuelle Erregung hemmt allmählich die Angst-Reaktionen, deren Intensität durch das »Verbot« der Zielreaktion zunächst gemindert wurde.

Besondere verhaltenstherapeutische Empfehlungen wurden für die *Kinderphobien* ausgearbeitet. Sie können durch eine Reihe von lerntheoretisch fundierten Behandlungsmaßnahmen in den Anfängen erfaßt und verhindert, aber auch bei schon ausgeprägter Symptomatik beseitigt werden. Während tiefenpsychologisch orientierte Kinderpsychiater hinter der Schulphobie verborgene Trennungs- und Kastrations-Ängste vermuten, liegen – lerntheoretisch betrachtet – die Ursachen der Schulphobie zum großen Teil in der Schulsituation selbst bzw. in konditionierten und laufend bekräftigten Fehlanpassungen an diese das ängstliche Kind besonders belastende Situation. Die Kinder, die ihrer Persönlichkeit nach unter schwer überwindbaren Aversionen gegen den Schulbesuch leiden, sind in der Regel intelligent, aber passiv und unselbständig – eine generell anzutreffende abnorme Struktur hat sich bisher nicht nachweisen lassen. Jedenfalls gelingt es in der überwiegenden Zahl der Fälle, die Schulphobie durch planmäßiges Vorgehen, das Ähnlichkeit mit den geschilderten Formen der Desensitivierung und Ermutigung hat, abzubauen. Amerikanische und englische Autoren haben dafür schon früh, lange vor der Entwicklung der Lerntheorie, detaillierte Vorschläge gemacht und praktisch erprobt. Doch ist daran zu erinnern, daß kindliche Phobien in der großen Mehrzahl von selbst verschwinden, nachdem sie um das 11. Lebensjahr herum nochmals zu einem Höhepunkt anwuchsen. Auch die von Slater u. a.[131] vorgeschlagene Vorbeugung ängstlicher Reaktionen im Kleinkindalter, im Kindergarten und im Anfangsunterricht ist sinnvoll und erfolgversprechend. Man kann heute alle diese zur Vorbeugung und Behandlung kindlicher Ängste verwendeten Methoden unschwer in lerntheoretischen Modellen unterbringen und damit der Verhaltenstherapie zuordnen. Dabei ist zu bemerken, daß es sich dabei keineswegs nur um behavioristische Dressurakte handelt, sondern daß auch auf die Bewußtseins- und Erlebnisseite der kleinen und großen Patienten sorgfältig Rücksicht genommen werden muß, wenn derartige Prozeduren Erfolg haben sollen.

Die Erfolge der Desensitivierungstherapie bei phobischen Angst-Zuständen haben u. a. Gelder und Mitarbeiter mit Vergleichsgruppen nachgeprüft. Die ursprüngliche Annahme von Wolpe, daß seine Therapie bei 90 % aller neurotischen Störungen von Erfolg begleitet sei, muß stark eingeschränkt werden. Desensitivierung ist ein spezifisches, auf Angst-Reaktionen abgestimmtes Instrument und nur bei phobischen Angst-Zuständen anderen Therapieformen, auch der dem Zeitaufwand nach vergleichbaren analytischen Kurztherapie, eindeutig überlegen. Diese Überlegenheit ist überzeugender bei isolierten Phobien als bei vielgestaltigen Angst-Neurosen, zu denen Gelder auch die Platzangst zählt. Auch der besonders von Battegay[132] empfohlenen Gruppenpsychotherapie soll die Desensitivierung von Phobiefällen überlegen sein. Nicht so überzeugend ist ihr therapeutischer Wert bei diffuser, freiflottierender Angst. Diese Form abnormer Angst reagiert zwar vorübergehend, während der Sitzung, recht gut auf Muskelrelaxation, kehrt jedoch rasch wieder und muß immer wieder von neuem behandelt werden. Die Verhaltenstherapie der isolierten Phobien scheint nach den kritischen Untersuchungen Gelders nachhaltige Erfolge zu haben, die interpersonellen Beziehungen der Patienten sekundär günstig zu beeinflussen und nicht durch Symptom-Substitution in Frage gestellt zu werden.[127] Dagegen ist bei der Verhaltenstherapie von Neurosen, aber auch bei anderen, analytischen Psychotherapieformen ein als »soziale Rückwirkung« *(repercussion)* bezeichnetes Phänomen beobachtet worden, nämlich die Zunahme neurotischer Symptome bei Familienangehörigen, wenn beim Patienten eine Besserung erreicht wurde. Aus diesen und anderen Erfahrungen geht hervor, daß eine auf die Sanierung interpersoneller Konflikte einschließlich familiärer Spannungen gerichtete analytische Einzel- oder Gruppentherapie eben doch nicht nutzlos ist und bei pathologischen Angst-Zuständen die Aussichten gezielter verhaltenstherapeutischer Maßnahmen verbessert. Gelder und Mitarbeiter fanden, daß Patienten mit schweren agoraphobischen Störungen weit schneller und besser auf Desensitivierung reagieren, wenn vorher ihre Konflikte gruppentherapeutisch bearbeitet wurden, als wenn gleich mit der Desensitivierung begonnen wurde.

Über die analytische Einzel- und Gruppentherapie pathologischer Angst-Zustände ist hier nicht zu berichten. Es gibt keine für Angst spezifische Psychotherapie, wenn darunter ein biographisch-analytisches Verfahren verstanden wird. Im Abschnitt über die neurotisch-psychopatische Angst haben wir wiederholt auf die theoretischen Konzeptionen hingewiesen, die diesen Methoden zugrunde liegen.

Nur der im Rahmen der Viktor Franklschen Logotherapie konzipierten Methode der *paradoxen Intention* sei eigens gedacht, weil hier einmal ein spezieller Bezug auf Angst und Zwang, zum anderen eine eigenartige Verbindung von Appell an das Geistig-Sittliche im Menschen mit einer verhaltenstherapeutischen Operation vorliegt. Phobien und Zwänge sollen gleichsam dadurch unterlaufen und ausgelöscht werden, daß der Patient in willkürlicher, phantasierender Intention sich gerade das vor Augen stellt, was bei ihm sonst ängstliche Affekte oder Zwangsantriebe gegen seinen Willen auslöst. Das erinnert an den von Wolpe vorgeschlagenen, auch in phantasierender Intention erfolgenden Abbau von Angst-Hierarchien, aber auch an die These von Eysenck, daß man sich den pathologischen Angst-Impulsen stellen muß, anstatt sich ihnen durch phobische Vermeidungen zu entziehen. Frankl sieht seine Methode aber in ganz anderer Perspektive, nämlich vom Geist her: »Der Patient soll lernen, der Angst ins Gesicht zu sehen, ja ihr ins Gesicht zu lachen. Hierzu bedarf es eines Mutes zur Lächerlichkeit ... die paradoxe Intention ist echteste Logotherapie. Der Patient soll die Neurose objektivieren und sich von ihr distanzieren, und zwar sich qua geistige Person von der Neurose qua Affektion des psychischen Organismus, d. h. das Geistige im Menschen soll vom Seelischen an ihm abrücken.«[133] Damit ist eine Ähnlichkeit zu der lerntheoretischen Annahme gegeben, daß bestimmte psychische Reaktionsweisen miteinander völlig unvereinbar (inkompatibel) sind. Gelingt es dem Patienten durch Selbstbesinnung, »Selbstinstruktion«, eine der Angst gegenüber inkompatible emotionale Reaktion zu wecken, so wird die Angst gemindert oder ausgelöscht, einer »reziproken Hemmung« (Wolpe) unterworfen. Es kann eben nicht nur muskuläre Entspannung, sondern auch das Hinzukommen neuer »kognitiver« Elemente eine heilsame Änderung der Einstellung zum Bedrohlichen, Angst-Erweckenden hervorbringen. Neuerdings wird verhaltenstherapeutisch auch die direkte, »brutale« Konfrontation mit den jeweiligen Angst-Vorstellungen geübt, um deren Löschung zu beschleunigen – ein *flooding* oder *implosive therapy* genanntes Verfahren. Im Versuchsstadium befinden sich sog. »modelling«-Techniken (Rister, Bandura), in denen dem phobischen Patienten erfolgreiche Angstüberwindung in Phobie-auslösenden Situationen im Film oder in der Realität vorgemacht wird.[134]

Psychopathologie der Angst und Anthropologie

Wenn über pathologische Formen der Angst zu berichten war, so konnte das nur unter recht verschiedenartigen Aspekten geschehen, nicht in einem geschlossenen System medizinischer Anthropologie, das als solches nicht existiert. Wir konnten aber auch nirgends bei einer schlichten, theoriefreien Verhaltens- und Erlebnisbeschreibung stehenbleiben – überall erforderten die Maßstäbe für das Beschreiben, seine Eingliederung und erst recht alle kausalen, konditionalen, motivationalen Herleitungen des Beschriebenen *Modelle* und *Theorien* als vorgegebene Sicht- und Erklärungsweisen. Denken wir an das biologische Instinktmodell mit seinen angeborenen und erworbenen Auslösemechanismen, an die lerntheoretische Begründung konditionierter Angst-Reaktionen, an die psychoanalytisch-psychodynamische Angst-Lehre mit ihren keineswegs einheitlichen Annahmen, an die soziogenetische Herleitung persistierender Angst durch den Prozeß der Annihilierung, an die existentiale Phänomenologie der Angstwelt und des ihr zugeordneten, sich ängstigenden Selbst – alle diese Zugangsweisen zu den Erscheinungen pathologischer Angst haben ihre eigene, teils latente, teils offene Anthropologie. So wären Zweifel berechtigt, ob man dann noch fruchtbar fragen kann, was psychopathologische Erfahrung in puncto Angst anthropologisch einbringt, wenn diese Erfahrung schon von Grund auf durch anthropologische Vor-Urteile geprägt ist. Trotz dieses Bedenkens möchten wir kurz und thesenartig auf einige für den anthropologischen Gesamtaspekt, d. h. für eine ganzheitliche Auffassung von der unter dem Namen »Angst« laufenden leiblich-seelisch-sozialen Modifikation des Menschenwesens wichtig erscheinende Ergebnisse hinweisen.

L'amplification péjorative

L'amplification péjorative – so nennt der französische Psychiater Henri Ey den an allen tiefergehenden Angst-Erlebnissen und besonders an pathologischen Angst-Phänomenen hervortretenden Zug der imaginären Übertreibung und phantastisch-chimärischen Ausgestaltung realer und eingebildeter Gefahren. Dieser Zug zum Vergrößern und zur Erweiterung des drohenden Übels ist in der Tat jedem, auch dem episodischen, banal motivierten Angst-Erleben des Alltags eigen. Er fungiert als Angst-Lusterzeugendes, in angenehmen Schauder versetzendes Kunstmittel bestimmter Literaturgattungen, ist aber zweifellos am stärksten ausgeprägt in den bilderreichen Imaginationen des Schreckens bei Zuständen der Melancholie und der beginnenden Schizophrenie. Mit der pejorativen Amplifikation ist ein konstitutives

Merkmal der Angst erfaßt, das über die Psychopathologie hinaus von Bedeutung ist, ein spezifisches Merkmal humaner Angst, das in dieser Form beim Tier weder nachzuweisen noch zu vermuten ist.

Die Angst vor der Angst in psychoanalytischer Sicht

Es war schwierig und ist sicher nur unzureichend gelungen, den verschlungenen Wegen des Freudschen Denkens über die Angst nachzugehen. Freud selbst hat in seinen letzten zusammenhängenden Äußerungen über das Angst-Problem in der neuen Folge der Vorlesungen 1932 von seiner Auffassung der Angst gesagt, daß sie zu keiner endgültigen Lösung der schwebenden Probleme gelangt ist. Sosehr sich seine und seiner Schüler Ansichten über die Angst gewandelt und differenziert haben – in *einem* führten sie zu einem Resultat, das als psychoanalytisches Gemeingut gelten kann: Neurotische, im Zeitpunkt ihres Erlittenwerdens sinnlose Angst ist wiedererweckte infantile Angst, erwachsen aus früher Gefährdung und Hilflosigkeit. Die ursprüngliche Kindheits-Angst wird von Freud und seinen Schülern verschieden weit zurückdatiert: auf das Ereignis der Geburt, auf früheste kannibalistisch getönte Ambivalenzregungen gegenüber dem Leibe beider Eltern, auf den ersten Trennungsschmerz und auf die Kastrationsbefürchtungen des ödipal gestimmten Knaben. Den weniger spekulativen Neoanalytikern genügt im allgemeinen der Nachweis, daß frühe Beziehungsstörungen ungeliebter, frustrierter, verwöhnter, zwischen streitenden Elternpaaren hin- und hergerissener Kinder bestehen, um daraus die Disposition zu späteren neurotischen Ängsten abzuleiten. Das, wovor sich der Neurotiker fürchtet, ist nach Freudscher und allgemein-analytischer Auffassung das eigene libidinöse und aggressive Triebleben, mit seinen ihm innewohnenden inneren und äußeren Gefährdungen. Es kann z. B. eine aktuelle Versuchungssituation sein, die beim erwachsenen Neurotiker alte Kinderängste mobilisiert und sie in scheinbar sinnlosen Symptomen an den Tag bringt. Freud selbst hat sich dazu durchgerungen und daran festgehalten, daß die eigentliche Stätte der Angst das Ich sei, nicht das Unbewußte, das Es, sondern das zum bewußten Erleben und zur Realitätsbewältigung fähige Ich, das das Angst-Signal gibt und sich der Angst wie einer Impfung unterzieht, um sich vor noch größeren Erschütterungen durch Triebgefahren zu schützen. Diese geradezu voluntaristische Redeweise ist den Ausbrüchen neurotischer Angst, die sich gegen den Willen des Betreffenden ganz elementar zu ereignen pflegen, sicher nicht angemessen. Anthropologisch überzeugender ist die entwicklungspsychologische Wendung, die Freud seiner Lehre vom Ich und von der Angst gibt: Es sind verschiedene Angstbedingungen und – man kann hinzufügen – wohl auch verschiedene Angst-Qualitäten, die dem jeweiligen Entwicklungsalter, dem Reifegrad des Ichs zugeordnet sind. Wir haben oben schon ein entsprechendes Zitat aus *Hemmung, Symptom und Angst* gebracht und zitieren nun noch einen anderen sehr bedeutungsvollen Passus aus der Neuen Folge der Vorlesungen. Freud sagt dort, »daß eigentlich jedem Entwicklungsalter eine bestimmte Angstbedingung, also Gefahrsituation, als ihm adäquat zugeteilt ist. Die Gefahr der psychischen Hilflosigkeit paßt zum Stadium der frühen Unreife des Ich, die Gefahr des Objekt-(Liebes-)Verlusts zur Unselbständigkeit der ersten Kinderjahre, die Kastrationsgefahr zur phallischen Phase, endlich die Angst vor dem Über-Ich, die eine besondere Stellung einnimmt, zur Latenzzeit. Mit dem Lauf der Entwicklung sollen die alten Angstbedingungen fallengelassen werden, da die ihnen entsprechenden Gefahrsituationen durch die Erstarkung des Ich entwertet werden. Aber das ist nur in sehr unvollkommener Weise der Fall. Viele Menschen können die Angst vor dem Liebesverlust nicht überwinden, sie werden nie unabhängig genug von der Liebe anderer und setzen in diesem Punkt ihr infantiles Verhalten fort. Die Angst vor dem Über-Ich soll normalerweise kein Ende finden, da sie als Gewissensangst in den sozialen Beziehungen unentbehrlich ist und der einzelne nur in den seltensten Fällen von der menschlichen Gemeinschaft unabhängig werden kann.« Andere infantile Gefahrensituationen würden sich durch Modifikationen in spätere Zeiten hinüberretten, so erhalte sich z. B. die Kastrationsgefahr unter der Maske der Syphilidophobie.[135] Daß Angst, sei es schon im Moment der Geburt oder erst auf späteren Entwicklungsstufen, gestaffelt, als reifeabhängiges Grundphänomen bedrohten Menschseins auftritt und aus ihren biologischen Instinktbedingungen heraus über verschiedene Stufen und Modifikationen hinweg zur vollhumanen Gewissensangst wird, scheint uns, anthropologisch betrachtet, der wichtigste Ertrag der psychoanalytischen Angst-Lehren zu sein.

Die neurotische Angst, die bei vollständig oder annähernd erreichter Ich-Reife so irrational und sinnlos anmutet, enthüllt sich in dieser Sicht als Angst vor der Angst. Das rezente, reife Ich schaudert zurück in der Furcht vor überwältigenden Durchbrüchen infantiler Ängste, die man kaum zu Unrecht als in *irgendeiner* Form erinnerbar, reproduzierbar voraussetzt. Es sind das Ängste, die in die gegenwärtige Situation nicht mehr hineinpassen und sich häufig in der Absurdität von Zwängen und anderen neurotischen Symptomen verkleiden. Angst vor der Angst heißt in diesem Zusammenhang also: rezente Furcht vor infantiler Angst; alte Verlassenheits-, Trennungs- und Läsionsängste werden aufbewahrt und später anachronistisch von reiferen Angstmöglichkeiten reflektiert, im Sinne der Amplifikation vergrößert und imaginativ ausgestaltet. Die Angst-Neurose des Erwachsenen, seine phobische Fehlhaltung setzt einen differenzierten »seelischen Apparat« (Freud), eine zur Reife und Reflexionsfähigkeit gelangte Ich-Entwicklung voraus. Sie ist nicht identisch mit den alten Kinderängsten, sondern deren schreckende Spiegelung in einem von adulten Konflikten erschütterten Dasein. Auch in der Erkenntnis dieses Stufenbaus erwachsener Angst, die ja von neurotischer Angst nie scharf getrennt ist, und ihrem bewußt-unbewußt reflektierenden Charakter scheint uns ein wesentlicher anthropologischer Ertrag der psychoanalytischen Arbeit zu liegen. Weder den Stufenbau der Angst noch ihren reflexiven Charakter finden wir im Tierreich oder dürfen ihn dort vermuten. Die Tiefenpsychologie der Neurosen deckt hier ein Humanum auf und wird sich von dieser Entdeckung her allen allzu vereinfachenden behavioralen Aspekten zu widersetzen haben. Wir konnten auf verwandte Gedanken schon bei Kierkegaard hinweisen, bei dem die Triebquelle der Angst als »Erbsünde« gefaßt und vom Geist reflektiert wird.

Angst vor der Freiheit und Angst um die Freiheit

Ansätze zu einer Psycho(patho)logie der infantilen Angst liefert auch die unmittelbare, teilnehmende Beobachtung. Auersperg hob zwei aufeinanderfolgende Angst-Formen im Beginn des individuellen Menschenlebens hervor: das furchtsame, als Fremdeln bekannte Gehabe der Säuglinge bei Abwesenheit der Mutter in der zweiten Hälfte des ersten Lebensjahres als »Fundamental-Angst«.

Dies ist die elementare Angst bei drohender Entbergung und Isolierung, die später in den verschiedensten Gestalten wiederkehrt. Von ihr unterscheidbar ist schon in der menschlichen Frühzeit die von Auersperg so benannte »Existential-Angst« als Angst vor der Einschränkung der in dieser Frühzeit sich schon ankündigenden, zunächst überwiegend motorischen Eigenmächtigkeit und Selbstbestimmung. Hier ist es die Angst vor Fesselung und Unterdrückung, die in ihrer unmittelbaren Bedrohlichkeit vielleicht *die* oder eine der wesentlichen Wurzeln des Ich-Bewußtseins ist. Man findet beide Frühformen der Angst in polarer Entgegensetzung, häufiger aber wohl in wechselseitiger Bezogenheit das ganze menschliche Leben und seine psychopathologischen Entstaltungen durchziehend: die Angst als Vorwegnahme drohenden Gemeinschaftsverlustes, drohender Verlassenheit und die Angst als Vorwegnahme der Entwertung und Auflösung des individuellen Selbstseins – Trennungs-Angst und Unterdrückungs-Angst – Angst *vor* der Freiheit, soweit Freiheit zugleich Lösung von bergender Gemeinschaft ist, und Angst *um* die Freiheit, soweit Freiheit Eigenmächtigkeit bedeutet.

Soziogenetische Angst

In wechselseitiger Bezogenheit wird Trennungs- und Unterdrückungs-Angst übermächtig in den Folgen jener totalen Diskriminierung, Entrechtung, Entwürdigung und Mißhandlung der menschlichen Person, die wir an Konzentrationslagerhäftlingen als Annihilierung beschrieben *(S. 197 ff.)*. Die Annihilierung ist *eine* Weise, die weitestgehende Art mitmenschlicher Verunsicherung, die jeglichen tragenden Grund von Vertrauen entzieht, Auflösung menschlicher Gemeinschaft, zugleich aber auch totalen Freiheitsverlust, Entwertung und Vernichtung der Individualität bedeutet. Aus dieser infernalischen Verklammerung kollektiver und individueller Bedrohung erwachsen dann, wie wir gesehen haben, die hartnäckigsten Angst-Perpetuierungen, die ohne ausschlaggebende infantil-neurotische Vorgeschichte bei Erwachsenen angstzentrierte Residualzustände der Verfolgung und Terrorisierung erzeugen. Aus abgründig tiefer und lange durchlittener Annihilierungs-Erfahrung entstehen, viel häufiger und kaum mehr beeinflußbar, jahrelange, ja, lebenslange Angst-Zustände, im Vergleich zu den nur vorübergehend wirksamen Erlebnissen von katastrophaler Extrembelastung, die das Moment der bis zur Annihilierung getriebenen mitmenschlichen Verunsicherung vermissen lassen. Die *soziogenetische* Wurzel jener schwerwiegenden und langdauernden Angst-Provokationen wird an den psychopathologischen Folgen von Terrorsystemen sichtbar. Soziogenetischer Angst begegneten wir aber auch in anderen, weniger tragischen Zusammenhängen, nämlich in den Lebensgeschichten von Angst-Neurotikern oder Personen, die unter bestimmten Umständen unangemessen ängstlich reagieren. Wir haben Personen und Personengruppen im Auge, die aus konfliktreichen, die kindlichen Grundbedürfnisse mißachtenden Ursprungsfamilien stammen. Bei den in solcher Umgebung aufgewachsenen Kindern entwickeln sich durchaus ambivalente, teils libidinöse, teils aggressive Gestimmtheiten. Nach den Beobachtungen von Rollo May ist hier über das individuelle Familienklima hinaus die *soziokulturelle* Schicht von Einfluß auf die Entstehung von zu Angst disponierenden Konfliktlagen: Solche angstträchtigen Widersprochenheiten im Prozeß der Sozialisation findet man eher in amerikanischen *Mittelstandsfamilien,* in denen Widersprüche und Konflikte zugunsten einer Fassade von Perfektion und Ehrbarkeit versteckt und verleugnet werden, im Gegensatz zu gleichfalls ungünstigen Familienkonstellationen in Familien der *Unterschicht*, in der das Kind nichts anderes erwartet als Vernachlässigung oder Streit und die Mißverhältnisse von vornherein offen und unbeschönigt zutage treten. An den seelisch-sozialen Konzentrationslager-Folgen aber ist anthropologisch und neurosenpsychologisch der springende Punkt, daß sie aus mitmenschlicher Verunsicherung im extremen Grad der Annihilierung keiner spezifischen infantil-genetischen Voraussetzungen bedürfen, sondern bei vorher unneurotischen, zur Neurose jedenfalls nicht sichtbar disponierten Erwachsenen entstehen.

Die Angst der infantilen Autisten

Die Psychopathologie liefert andererseits den für die Anthropologie nicht minder wichtigen Beweis, daß Angst von hoher Intensität und in auffälligen, panikartigen Erscheinungsformen beim

Menschen auch ganz ohne soziogenetische Konditionierung entstehen kann. Das ist nicht so selbstverständlich, wie es angesichts der Ängste bei von Menschen unabhängigen Naturkatastrophen der Fall zu sein scheint. Nach psychoanalytischer Auffassung verdankt nämlich auch die der Naturkatastrophe, etwa einem Tornado, zugeordnete Realangst ihre extreme Intensität, ihre imaginäre Amplifikation in Gestalt übertriebener Erwartungs-Ängste und ihre neurotische Perpetuierung über lange Zeiten nach der Katastrophe nicht dem bloßen äußeren »Reizzuwachs« oder einem bereits erlittenen körperlichen Schaden, sondern infantilgenetischen und damit sozialisationsabhängigen Voraussetzungen. Das Wüten der Naturkräfte würde keinen so nachhaltigen Eindruck machen und die damit verbundenen emotional-vegetativen Reaktionen rasch abklingen, wenn nicht das äußere Unheil die archaische Figur des strafenden Vaters beschworen hätte und sich das Katastrophenopfer schlechten Gewissens wie ein wahrer Büßer fühlte. Wo fehlt aber der mitmenschliche Bezug von vornherein, schon beim Kleinkind, wo dominiert die Welt der Dinge und bricht doch heftigste Angst immer wieder durch? Wo fehlt der halb geliebte und bewunderte, halb gefürchtete Vater, wo die zärtliche Liebe der Mutter, der man sich aus Angst vor dem strafenden Vater nicht voll hinzugeben wagt – wo fehlt nicht aus äußeren, sondern aus inneren, psychopathologischen Gründen diese ganze kindliche Nahwelt mit ihrem teils beglückenden, teils bedrohlichen, jedenfalls unmittelbar und undistanziert empfundenen Charakter? Beim frühkindlichen Autismus (Kanner), bei dem jede auch noch so geringfügige Veränderung der das Kind umgebenden Sachwelt wahre Angst-Paroxysmen auslöst, während das gleiche Kleinkind von der Abwesenheit oder Anwesenheit der Mutter, der Geschwister, des Vaters usw. völlig unberührt gelassen wird und überhaupt der nächste Mitmensch nicht anders als ein Ding gesehen und behandelt wird. Angst kann also auch ohne mitmenschlichen Bezug entstehen und psychopathologische Formen annehmen. Es würde eine Einseitigkeit bedeuten, Angst nur aus diesem Bezug herzuleiten, wozu die tiefenpsychologischen Schulen neigen.

Philosophische Anthropologie der Angst

Die Skizze einer Anthropologie der Angst hat V. von Gebsattel vorgelegt und in seinen Studien über die phobische Fehlhaltung zum Instrument psychopathologischen Erkennens gemacht. Wir haben auf seine wie auf verwandte Gedankengänge von E. Straus und J. Zutt wiederholt hingewiesen, besonders im Zusammenhang mit dem neurotisch-phobischen Erleben. Von Gebsattel sieht die humane Angst von ihrem »extremen Zielort« her, nicht »funktionsgenetisch« in ihren naturalen und psychologischen Ursprüngen, sondern »strukturgenetisch« in der Konstitution und im Sichkonstituieren ihres sinnhaften Wesens. Mit Kierkegaard nennt er Angst eine für den Menschen spezifische Erscheinung: »Angst kennt weder der Engel noch das Tier.« Angst ist ein Konstituens der menschlichen Existenz, sie stellt den Menschen vor das Nichts, ist der Schwindel der nur dem Menschen gegebenen Freiheit, sich zwischen verschiedenen Möglichkeiten zu entscheiden. Von der durch Kierkegaard inaugurierten existenzphilosophischen Deutung der Angst leitet von Gebsattel seine Anthropologie ab, von dieser Anthropologie wiederum die Lehre von der phobischen Fehlhaltung. Der Weg vom Nichts der Philosophen zur Anthropologie und Psychopathologie führt ihn über das konkret-historische, kultursoziologische Phänomen des europäischen Nihilismus, das Nietzsche beschrieben hatte. Der dem Nichts des Unglaubens und der menschlichen Wert- und Würdelosigkeit zustrebende Kulturnihilismus begründet natürlich nicht die Möglichkeit von Angst an sich, sondern nur »die Aufdringlichkeit des Angstphänomens in der Gegenwart« und das »Endemischwerden der Neurose«. Aus nihilistischer Wertzerstörung und Beschädigung der menschlichen Grundakte des Glaubens, der Hoffnung und der Liebe resultiert für den einzelnen die »Potentialsteigerung der Primitivperson« und damit »das Anwachsen der Angst«. Angst wurzelt demnach auch nach von Gebsattel in der Primitivperson, d. h. in ungeistigen, leibnahen, dem Tierischen verwandten Schichten des Menschseins. Die Entwertung der obersten Werte nimmt dem einzelnen die Möglichkeit, seine personale Existenz zu verwirklichen, sie raubt ihm den Sinn des Daseins, »liefert ihn mitten im Dasein dem Nichts, das aus ihm selbst aufsteigt, aus als die erlebte Unmöglichkeit, des Daseins teilhaftig zu werden«. In dieser ohnmächtigen, lähmenden Geistesverfassung kann alles zur Quelle von überwältigenden Angst-Erlebnissen werden. Hier sind es nun besonders die raum- und lichtsymbolischen Qualitäten der Weite, Enge, Abgründigkeit, der Helle und der Dunkelheit, die physiognomisch ihr Bedrohliches einseitig hervorkehren, anstatt der Welt den Charakter des Vertrauenswürdigen, Einladenden, zur Aktivität Ermunternden, Bergenden zu verleihen. Die Welt büßt geradezu ihre Vertrauenswürdigkeit ein, was besonders, aber nicht nur bei Katastrophenerlebnissen der Fall ist. Das nihilistisch ausgehöhlte Individuum seinerseits bringt es fertig, seinen Lebensgang so selbstzerstörerisch zu arrangieren, daß das Schicksal aus lauter Widerspenstigkeit zu bestehen scheint und die *conduite d'échecs*, die Verhaltensweise eines dauernden Scheiterns, die Folge ist.

Dies alles gehört in den Bereich der asthenisch-phobischen Fehlhaltung. In der anankastisch-zwanghaften Fehlhaltung, die ebenfalls im Grunde von Angst geprägt ist, dominieren dagegen die grob aversiven Daseinsmächte des Schreckens, der Verwesung, des Unreinen, letzteres in physischer und moralischer Gestalt: Ekelangst, Schuldangst und die entsprechenden zwangshaft-rituellen Abwehrversuche. So kann von Gebsattel von der phobischen Fehlhaltung – und das gilt wohl auch sinngemäß von der anankastischen Fehlhaltung – sagen, daß sie letztlich »unfreiwillig gelebter Nihilismus« sei. Von Gebsattel ist aber sehr vorsichtig in der Anrechnung individueller Schuld auf die Entstehung angstneurotischer Manifestationen.

Andere, der Existentialphilosophie nahestehende Psychotherapeuten bringen neurotische Angst in einen viel engeren Zusammenhang mit bewußter, verantwortbarer, also schuldhafter Daseinsverfehlung (so der ursprünglich von der experimentellen Lernpsychologie ausgehende amerikanische Psychologe Mowrer, ferner R. May und G. Condrau). Zumindest stellen sie in Anlehnung an den späteren Freud die Gewissens-Angst als Angst, die von dem bedrohlichen, allgegenwärtigen, allwissenden Über-Ich ausgeht, in den Vordergrund ihrer Interpretationen angstneurotischen Verhaltens. Biographische Studien, kommunikative Arzt-/Patientbeziehungen, in denen vom Patienten auch die geheimste, sonst schamvoll verschwiegene Not preisgegeben wird, berechtigen zu solchen Auffassungen. Wenn auch die Freudsche Psychoanalyse keine Schuld im existentiellen oder religiösen Sinn kennt, sondern nur Nöte, die in der Struktur und

Dynamik des »seelischen Apparates« ihren Ursprung haben und im Grunde apersonale Funktionsabläufe darstellen, so gibt das faktische, qualvolle Schulderleben der Patienten doch immer wieder den Weg zu existentiellen und religiösen Interpretationen frei und damit zum Bekenntnis der echten Schuld, das heutzutage vor dem Partner in der Rolle des *Arztes* leichter und zwangloser geleistet werden kann als vor dem Partner in der Rolle des *Geistlichen*. Auf jeden Fall setzt die psychotherapeutische Befassung mit Schuld und Gewissensängsten, soweit sie das menschliche Erleben und Verhalten nicht von vornherein banalisieren und entwerten will, den anthropologischen Zusammenhang von Schuld und Angst voraus und damit eine spezifisch humane Form der Angst-Genese vom abtrünnigen Geist her. Auch hier handelt es sich um die Nichtigkeit eines Nihilismus, wenn auch eines individuellen, selbst verschuldeten.

Die Sequenz dieser deletären Abfolge vom religiös und kulturkritisch gemeinten Nihilismus unserer Zeit über den unfreiwillig gelebten Nihilismus des Neurotikers zu dessen phobisch-anankastischer Ausfaltung ist die Konsequenz des existenzphilosophischen Ansatzes, der Angst vom Geist her versteht und ihre natural-kreatürlichen Grundlagen zwar nicht leugnet, aber aus der Betrachtung ausklammert.

Konditionierte Angst

Von der anderen Seite her, aus der Froschperspektive, nicht aus der Vogelperspektive, wie von Gebsattel sagt, erscheint das Phänomen der Angst den psychologischen Lerntheoretikern und den heutigen Verhaltenstherapeuten, deren Lehren auf den bedingten Reflexen, die der russische Physiologe Pawlow entdeckte, und auf den behavioristischen Thesen und Tierexperimenten amerikanischer Psychologen fußen. Furcht und Angst (erstere objektzentriert, letztere subjektzentriert) sind danach erworbene oder zumindest trainierte, vielfach eingeübte Triebe, die man am besten in Gestalt bedingter Schmerzreaktionen studieren kann. Schmerzreize, wie auch andere unangenehme Reize, z. B. überlaute Geräusche, erzeugen unmittelbar peinliche vegetative und zentralnervöse Reaktionen, wie im Rattenexperiment Einkoten, Einnässen und Sichkrümmen; zugleich mobilisieren sie Fluchtimpulse. Es gelingt nun leicht, diese unmittelbaren Reaktionen an die dem Schmerzreiz vorausgehenden, an sich neutralen Reiz-konstellationen zu binden, an Konstellationen, die für das Ver-suchstier den Charakter von Signalen oder Warnungen annehmen, wenn sie experimentell regelmäßig *vor* dem Eintritt des schmerzhaften Ereignisses gesetzt werden. In der noch nicht selbst schmerzhaften, aber schmerzankündigenden Warnsitua-tion entwickelt das Tier und auch der Mensch Störungen des au-tonomen Gleichgewichtes wie auch motorische Impulse, die der Mensch nach ihrer subjektiven Erlebnisweise als Furcht oder Angst bezeichnet und deren Affektcharakter zumindest auch beim höheren Tier als menschenähnlich vermutet wird. Moto-risch handelt es sich in der Warnperiode weniger um Flucht als um Vermeidung des drohenden Ereignisses. Das Versuchstier oder die Versuchsperson findet Wege, dem drohenden Ereignis von vornherein auszuweichen. Die Einschleifung oder Einge-wöhnung bedingter Vermeidungsreaktionen und der sie beglei-tenden Regulationsstörungen und subjektiv unangenehmen Be-findensweisen geschieht nach der Lerntheorie durch wiederholte Bekräftigung *(reinforcement)*. Das Interessante an den Vermei-dungs- bzw. Fluchtreaktionen ist nun, daß die bekräftigende Er-fahrung darin liegt, daß das schädigende, schmerzerzeugende Er-eignis zwar mehrmals abgelaufen ist, aber auch immer wieder ausbleiben kann. Die Konditionierung einer Angst-Reaktion setzt also in jedem Fall eine *Struktur immanenter Zeitlichkeit* vor-aus: ein Sicherinnern und ein Vorwegnehmen. Beides »kann« schon die Ratte, das bevorzugte Versuchstier der Experimen-talpsychologen, und natürlich erst recht der Mensch: dieser aber nicht gleich nach der Geburt, sondern frühstens in der zweiten Hälfte des ersten Lebensjahres, also abhängig von einer schon fortgeschrittenen extrauterinen Reifung des Zentralnervensy-stems. In der modernen Experimentalpsychologie und Verhal-tensforschung scheint es noch nicht endgültig ausgemacht zu sein, ob Angst und Furcht wirklich ein erworbener Trieb im Sinne von Hull und Miller ohne angeborene Grundlage sind oder ob es sich dabei nicht vielmehr um einen »trainierten Instinkt« im Sinne von Leyhausen handelt, d. h. um die Einübung und die gegen-ständliche Spezifizierung von angeborenen Gefahrschutzinstink-ten, deren Herausbildung neben Lernen und Erfahrung minde-stens ebensosehr einen bestimmten Reifungsgrad des Zentral-nervensystems voraussetzt. Therapeutisch wichtig und ein unüberhörbarer Hinweis auf die kreatürlich-biologische Angst-Entwicklung auch beim Menschen ist die Tatsache, daß gelernte oder eingeübte, an neutrale Warnsituationen assoziierte Angst- und Vermeidungsreaktionen – beim Menschen handelt es sich hier vor allem um die neurotischen Phobien – durch Löschung (Extinktion) aufgehoben, d. h. aus ihrem zwanghaften Zusammenhang mit der harmlosen Auslösesituation gelöst werden können. Auf dieser Möglichkeit beruhen die von Wolpe und anderen entwickelten verhaltenstherapeutischen Methoden, die Desensitivierung durch Muskelrelaxation und verwandte Übungsmaßnahmen, die hier nicht noch einmal im einzelnen geschildert zu werden brauchen. Sie haben zweifellos Erfolg, wenn auch wohl nicht so immensen Erfolg, wie er anfangs von ihren Erfindern behauptet wurde. Kritische Nachprüfungen zeigten, daß die Desensitivierung und Dekonditionierung am besten bei bestimmten einfach strukturierten, traumatisch entstandenen Phobien funktioniert, schon weniger gut bei der hintergründigen Agoraphobie und am schlechtesten bei der sogenannten freiflottierenden Angst oder generellen Angst-Bereitschaft, die sich an alles und jedes heftet. Schon gar nicht beweist der Erfolg der Verhaltenstherapie, so gut er auch lerntheoretisch fundiert sein mag, die rein konditionale, reflexologisch-behavioristisch gedachte Entstehungsweise der betreffenden Ängste. Diese Ängste können eine durchaus anders konstituierte, psychodynamisch oder auch existential-psychologisch verstehbare Wurzel haben, also z. B. aus verjährten, aber nicht ganz vergessenen Kinder-Ängsten oder aus nihilistischer Sinnverfehlung stammen und doch in ihrer phobischen Peripherie verhaltenstherapeutisch mit Erfolg angehbar sein. Die psychodynamische oder existentielle Wurzel kann bei dieser Art von Therapie völlig unangetastet bleiben und lediglich der störende Angst-Mechanismus unterbrochen sein. Denn sicher haben Angst-Reaktionen, wie alles menschliche Verhalten, etwas mit Gewöhnung, Einschleifung, Konditionierung und dergleichen sinnfremden Funktionalismen zu tun, deren Bekämpfung oder Zurechtrückung eine gute Sache für den Arzt ist. Zweifellos ist es auch für den naturwissenschaftlich erzogenen Arzt eine Wohltat, wenn er sich nicht quasi seelsorgerisch mit dem Innersten seiner Patienten, ihren geheimen Daseinsverfehlungen oder mit den Verzerrungen ihrer Mitmenschlichkeit zu beschäftigen hat, sondern sich damit begnügen kann, offenes Fehlverhalten und unverstandene Not einfach auszuschalten. Daß dies möglich ist, heißt aber nicht, daß es etwa *keine* geheimen Daseinsverfehlungen und verleugneten mitmenschlichen Verzerrungen gibt und daß solch Menschliches-Allzumenschliches an den Wurzeln der meisten Neurosen und Psychopathien steht. Es heißt nur, daß man in gewissen Fällen mit ärztlich begründetem Recht davon absehen kann, in die Tiefe vorzudringen und sich mit unmeßbaren und unwägbaren Gegebenheiten in langwierigen und mühseligen Verständigungsprozessen kommunikativ auseinanderzusetzen. Die Verhaltenstherapie verspricht dem psychotherapeutisch tätigen Arzt, daß er sich die Rolle des distanzierten Beobachters und Manipulators, ähnlich wie sein somatisch tätiger Kollege, mit gutem Gewissen wieder zu eigen machen kann. Nun hören wir von den Verhaltenstherapeuten, daß die Neurose nichts anderes sei als das offen zutage liegende Symptom sinnloser Ängstlichkeit und zwanghaften Vermeidenmüssens, daß das Symptom ersatzlos beseitigt werden könnte und kein anderes Fehlverhalten und Fehlerleben aus dem nicht vorhandenen Abgrund des menschlichen Herzens an seine Stelle träte. Wir dürfen solchen Behauptungen gegenüber skeptisch sein. Sie scheinen uns am ehesten berechtigt zu sein bei einfachen, traumatisch entstandenen Phobien, etwa nach Verkehrsunfällen, die ja auch sonst ganz unneurotische Menschen befallen und z. B. eine Zeitlang vom Steuer ihres Wagens fernhalten können. Fraglich wird die Behauptung aber schon bei komplizierter gebauten Phobien und geradezu unwahrscheinlich und unglaubhaft bei vielgestaltigen Neurosen und tief verwurzelten Fehlhaltungen, die zu Daseinseinschränkungen und Konflikten auf den verschiedensten Lebensgebieten führen. Die kritischen Nachprüfungen der Verhaltenstherapie an Phobikern und anderen Angstneurotikern am Maudsley Hospital in London (Gelder und Mitarbeiter) haben ja auch bereits gezeigt, daß die Verhaltenstherapie nur ein *relativ* taugliches Mittel ist, das keineswegs auf alle Fälle pathologischer Angst paßt, am wenigsten auf die sogenannte freiflottierende oder pervasive Angst, und daß gruppen- und einzeltherapeutische Bemühungen um diese Patienten als Vorbereitung oder Ergänzung der Verhaltenstherapie keineswegs sinnlos sind.

Schlußbemerkung

Wir waren nicht in der Lage – abgesehen von einer einfachen, nosologischen Gliederung –, einen systematischen Aufriß der Psychopathologie der Angst vorzulegen, aus dem Grunde, weil noch keine wirklich umfassende Anthropologie der Angst existiert und die verschiedenen Angst-Lehren nur Bausteine dazu liefern, ihrerseits indes doch nicht mehr sind als unbehauene, sperrige, schlecht zusammenpassende Stücke. Wenn wir nun umgekehrt von den psychopathologischen Erfahrungen her fragen, ob sie nicht geeignet seien, den Weg zu einer systematischen Anthropologie der Angst zu öffnen, so müssen wir das leider verneinen. Gerade die Psychopathologie der Angst kann sich nur auf eine Fülle heterogener Gesichtspunkte stützen, wenn sie auch nur einigermaßen vollständig das Gewußte wiedergeben soll. Aus der Psychopathologie der Angst kann man nur den einen, allgemeinen und gewiß nicht neuartigen Schluß ziehen: Menschliche Angst ist im Gegensatz zu tierischer Angst ein komplexes, vielschichtig aufgebautes Gebilde. Auf der Grundlage angeborener und früh trainierter bzw. modifizierter Gefahrschutzreaktionen entwickeln sich ebenso die produktiven, heilsamen Ängste des Menschenlebens wie die pathologisch-destruktiven. Für das Verständnis der höheren Entwicklungsprozesse normaler und pathologischer Angst kommt man nicht mit der Annahme zentralnervös lokalisierter Instinktapparate und lerntheoretisch formulierbarer Konditionierungs- und Dekonditionierungsprozesse aus. Die schon beim Tier angelegte Beziehung der Angst zur Sozietät nimmt beim Menschen hochdifferenzierte, tiefgestaffelte Formen an. Das Gewissen ist die Norm der Sozietät, aber auch des je eigenen Selbstseins und der Verantwortung vor Gott. Das sozietäre, personale und religiös gebundene Gewissen zeigt Schuld und damit Angst an. Schulderlebnisse erwachsen aber auch aus psychopathologisch entstellten, auf abnorme Weise zustande gekommenen Gewissenserlebnissen. Gerade solche Erlebnisse werden neben den soziogenetischen Angst-Quellen zu den stärksten Motoren einer spezifisch *humanen* Angst, die nichts mehr mit der Bedrohung durch körperlichen Schmerz oder andere vitale Schädigungen zu tun hat. Die Psychopathologie zeigt, daß es auch eine Angst vom Geist her gibt, zugleich aber erweist die Psychopathologie, daß die autonom-vegetative und behaviorale Klaviatur der Angst und sehr wahrscheinlich auch ihr gespürter, jagender wie lähmender Qualcharakter – das Ganze als Gefahrschutzreaktion – uralter stammesgeschichtlicher Besitz des Menschen ist, der sein Einssein mit der außermenschlichen Kreatur zu Bewußtsein bringt.

Anmerkungen

1 Ey, H., *Etudes psychiatriques*. Bd. 2, Etude No. 15: »Anxiété morbide«, S. 416: Nach der von Ey vertretenen organo-dynamischen Auffassung ist jede Form neurotischer oder psychotischer Angst durch organische Dissolutionsprozesse bedingt und eine typische Form der Regression des psychischen Lebens auf eine archaische, triebhaft-emotionelle Stufe.

2 López Ibor, J., »Anxiety and its Importance in Psychiatry«. In: *Studies of Anxiety*. Ashford 1969.

3 von Gebsattel, V., *Prolegomena einer medizinischen Anthropologie*. Berlin-Göttingen-Heidelberg 1954.
»Die phobische Fehlhaltung«. In: *Handb. der Neurosenlehre und Psychotherapie*, II. Bd., München und Berlin 1959, S. 102.

4 von Baeyer, W., »Zur Statistik und Form der abnormen Erlebnisreaktionen in der Gegenwart«. In: *Nervenarzt 19* (1948), S. 402.

5 Hecker, E., »Über larvierte und abortive Angstzustände bei Neurasthenie«. In: *Zbl. f. Nervenheilkunde*, Dez. 1893.

6 Wernicke, C., *Grundriß der Psychiatrie in klinischen Vorlesungen*. Leipzig 1900.

7 Freud, S., »Über die Berechtigung, von der Neurasthenie einen bestimmten Symptomenkomplex als ›Angstneurose‹ abzutrennen«. In: *Ges. Werke*, Bd. I, S. 315 (1895).
Sigmund Freud wird hier und im Folgenden immer nach der im S. Fischer Verlag, Frankfurt a. M., im fotomechanischen Nachdruck erschienenen Londoner Gesamtausgabe zitiert.

8 Freud, S., »Allgemeine Neurosenlehre«, Vorlesung XXV: »Die Angst«. In: *Ges. Werke*, Bd. XI, S. 407 (1917).

9 Freud, S., »Hemmung, Symptom und Angst«. In: *Ges. Werke*. Bd. XIV, S. 111 (1926).

10 Freud, S., »Analyse der Phobie eines 5jährigen Knaben«. In: *Ges. Werke*. Bd. VII, S. 241 (1909).

11 Freud, S., »Hemmung, Symptom und Angst«, S. 170.

12 Freud, S., »Das Unbehagen in der Kultur«. In: *Ges. Werke*. Bd. XIV, S. 419 (1930).

13 Freud, S., »Neue Folge der Vorlesungen zur Einführung in die Psy-

choanalyse«. In: *Ges. Werke*. Bd. XV, S. 100 (1932).

14 Zur psychologisch-psychopathologisch erweiterten Stress-Lehre vgl. von Baeyer, Häfner, Kisker, *Psychiatrie der Verfolgten*. Berlin-Göttingen-Heidelberg 1964, S. 34 ff.

15 Loch, W., »Begriff und Funktion der Angst in der Psychoanalyse«. In: *Psyche XIII* (1959), S. 801.

May, R., *The Meaning of Anxiety*. New York 1950.

Condrau, C., *Angst und Schuld als Grundproblem der Psychotherapie*. Stuttgart 1962, S. 53.

Richter, H.-E., »Zur Psychoanalyse der Angst«. In: *Aspekte der Angst*. Stuttgart 1965, S. 73.

Als fruchtbar erwiesen sich die im Vergleich zu Freud weniger hypothetischen, leichter nachprüfbaren, wenn auch gedanklich weniger differenzierten Ansätze amerikanischer neoanalytischer Autoren wie K. Horney, H. St. Sullivan, R. May u. a., die die Entstehung neurotischer Ängste auf gestörte mitmenschliche Beziehungen, vor allem auf solche zwischen Eltern und Kindern, zurückführen.

Nach K. Horney lebt das Kind im Konflikt zwischen seiner Abhängigkeit von den Eltern und unterdrückter, feindseliger Auflehnung gegen diese Abhängigkeit. Angst entsteht aus der kindlichen Wehrlosigkeit und Hilflosigkeit, deren Ursprung in verdrängter Feindseligkeit gegen die Eltern nicht bewußt wahrgenommen werden kann. Diese basale infantile Angst *(basic anxiety)* kann Abwehr in Gestalt neurotischer Symptome erzeugen. Wodurch im Erwachsenenalter jeweils von biographisch nicht mehr aktuellen Bedingungen abhängige Angst ausgelöst wird, hängt von den inneren Widersprüchlichkeiten im Persönlichkeitsaufbau ab. Rezente Konflikte, die solche strukturellen Widersprüche mobilisieren, bedrohen die innere Sicherheit des Menschen und rufen dadurch erneut, nunmehr irrational erscheinende Ängste hervor, deren infantile Quellen verdeckt bleiben. Horney betont, daß in unserer Kultur 'Angst weniger aus sexuellen Konflikten als aus verdrängter Feindseligkeit entstehe. Die eigene Aggressivität wird auf andere projiziert und von diesen her als angsterzeugende Bedrohung erlebt. Die aktuellen interpersonellen Konflikte des Erwachsenenalters rücken in den Vordergrund der analytischen Bemühungen, schieben sich vor die schwer eruierbaren Konflikte der frühinfantilen Epoche, deren Existenz nicht geleugnet wird.

Die Nach-Freudsche Angst-Problematik wurde besonders von R. May (a. a. O., S 138 ff.) klar dargestellt. Im klinischen Teil seines Werkes gelingt ihm an einer Reihe von Insassinnen eines Heimes für unverheiratete Mütter der Nachweis, daß explorativ und testpsychologisch feststellbare Ängste samt kompensatorischen Verhaltensweisen bei diesen Mädchen zum großen Teil symbolische Verdeckungen tieferer Angst-Schichten sind und daß die zugrunde liegende Angst in der Tat häufig auf schwere infantile Beziehungsstörungen im Verhältnis zu den Eltern verweist. Es gab aber auch Fälle, wo die schwierige Lage der unehelichen Schwangerschaft trotz des Vorliegens familiärer Beziehungsstörungen in Kindheit und Jugend anstandslos gemeistert wurde. In diesen Fällen ließ es sich aber jedesmal zeigen, daß die betreffenden, der Unterschicht angehörigen Mädchen den Elternkonflikt als gegebene Tatsache ohne Illusionen, Hoffnung und Beschönigung erinnerten und reproduzierten, im Gegensatz zu den neurotisch reagierenden Patientinnen, in deren Mittelklassen-Weltbild die Ablehnung durch die Eltern nicht hineinpaßte und nach Möglichkeit verdrängt, verleugnet oder bagatellisiert wurde.

16 Steckel, W., *Nervöse Angstzustände und ihre Behandlung.* Wien ³1921.

17 Kulenkampff, C., und A. Bauer, »Über das Syndrom der Herzphobie«. In: *Nervenarzt 31* (1960), S. 443. Vgl. dazu ferner Bräutigam, W., »Typus, Psychodynamik und Psychotherapie herzphobischer Zustände«. In: *Z. psychosomat. Med. 10* (1964), S. 276.

18 Levitt, E., *The Psychology of Anxiety.* Indianapolis, New York, Kansas City 1967, S. 9.

19 Zutt, J., »Über Daseinsordnungen. Ihre Bedeutung für die Psychiatrie In: *Nervenarzt 24* (1953), S. 177.

20 Baumeyer, F., »Der Höhenschwindel«. In: *Nervenarzt 25* (1954), S. 467.

21 Zutt, J., »Diskussionsbemerkung zu ›Der Höhenschwindel‹ von Franz Baumeyer«. In: *Nervenarzt 25* (1954), S. 473.

22 Freud, S., »Obsessions et Phobies. Leur Mechanisme Psychique et leur Etiologie«. In: *Ges. Werke.* Bd. I, S. 343 (1895).

23 von Gebsattel, V., *Prolegomena einer medizinischen Anthropologie.* Berlin-Göttingen-Heidelberg 1954, S. 74.

24 Straus, E., »Ein Beitrag zur Pathologie der Zwangserscheinungen«. In: *Zschr. f. Psychiatr. u. Neurol. 98* (1938), S. 61.

25 von Gebsattel, V., »Die anankastische Fehlhaltung«. In: *Hdb. der Neurosenlehre und Psychotherapie.* München und Berlin 1959, II. Bd., S. 136.

26 ders., *Die phobische Fehlhaltung.* S. 115.

27 ebd., S. 106 f.

28 ebd., S. 107.

29 ebd., S. 121.

30 Mowrer, O. H., »Pain, Punishment, Guilt and Anxiety« in: *Anxiety.* Hrsg. v. Hoch u. Zubin, New York, London 1964, S. 27.

31 Condrau, G., *a. a. O.,* S. 167: »Jede Angst ist letztlich Schuldangst – auch die Todesangst.«

32 Schneider, K., *Klinische Psychopathologie*. Stuttgart 1966, S. 23 f.

33 von Gebsattel, V., *Die phobische Fehlhaltung*. S. 115.

34 Schneider, K., *a. a. O.*, S. 24 f.

35 Riemann, F., *Grundformen der Angst*. München, Basel ³1967.

36 Melanie Klein und ihre Londoner Schule zieht aus Kinderanalysen den Schluß, daß der Säugling schon in den ersten Lebensmonaten neben libidinösen auch sadistische Impulse gegen die Mutterbrust und überhaupt den Leib der Eltern richtet und daß das Kind, sobald überhaupt vorstellungs- und phantasiefähig, seine aggressiven Impulse in kannibalistischen Imaginationen auslebt. Solche Phantasien würden wiederum Vergeltungsängste auslösen, zugleich auch Angst vor einem früh konstituierten Über-Ich. Frühinfantile Angstsituationen würden sich als die tiefsten und überwältigendsten erweisen. Die Kleinsche Schule bezieht sich dabei auf den vom späten Freud konzipierten Todestrieb als Quelle der Aggression und deren Umwandlung in Angst. Vgl. dazu Condrau, G., *a. a. O.*, S. 71 ff.

37 Remplein, H., *Die seelische Entwicklung des Menschen im Kindes- und Jugendalter*. München, Basel ⁹1961, S. 178.

38 Auersperg, A., »Vom Werden der Angst«. In: *Nervenarzt 29* (1958), S. 193.

39 Zulliger, H., *Die Angst unserer Kinder*. Frankfurt a. M. und Hamburg 1969.

40 Macfarlane, J. W., und Mitarbeiter, *A Developmental Study of the Behavior Problems of Normal Children between Twentyone Months and Fourteen Years*. Berkeley und Los Angeles 1954.

41 Homburger, A., *Vorlesungen über Psychopathologie des Kindesalters*. Darmstadt 1967, S. 539 ff.

42 ebd., S. 294 f.

43 zit. nach Homburger, A., *a. a. O.*, S. 295.

44 Dührssen, A., *Psychogene Erkrankungen bei Kindern und Jugendlichen*. Göttingen ⁷1969, S. 287 ff.

45 Homburger, A., *a. a. O.*, S. 297 f.

46 Dührssen, A., *a. a. O.*, 222 ff.

47 Erikson, E. H., *Kindheit und Gesellschaft*. Zürich und Stuttgart 1957, S. 283.

48 Fischer, E., »Der frühkindliche Autismus (Kanner)«. In: *Jahrb. f. Jugendpsychiatrie u. ihre Grenzgebiete IV* (1965), S. 163.

49 Goldstein, K., »Beobachtungen über die Veränderungen des Gesamtverhaltens bei Gehirnschädigung«. In: *Msch. Psychiatr. 68* (1928), S. 217.
Goldstein spricht von Katastrophenreaktionen – subjektiv mit Angst identisch – bei krisenhaften Erscheinungen von Hirngeschädigten, die sich hilflos vor unlösbaren Aufgaben sehen.

50 Zit. nach Panse, F., *Angst und Schreck*. Stuttgart 1952, S. 8.

51 Panse, F., *a. a. O.*, S. 90 ff.

52 Schneider, K., *a. a. O.*, S. 59 f.

53 Schmideberg, M., »Some Observations on Individual Reactions to Air Raids«. In: *Intern. J. of Psychoanal. 23* (1942), S. 146.

54 Wolfenstein, M., *Disaster*. Glencoe, Ill. 1957.

55 Kretschmer, E., *Medizinische Psychologie*. Stuttgart [12]1963.

56 Panse, F., *a. a. O.*, S. 111 ff.

57 Brickenstein, R., »Panikprobleme im Rahmen der Landesverteidigung«. In: *Wehrmed. Wochenschr. 11* (1966), S. 305.

58 Deussen, J., »Über Entstehung und Bekämpfung der Panik«. In: *Wehrkunde 11* und *12* (1962, 1963), S. 665 bzw. S. 84.

59 Schultz, D. P. et al., *Panic Behavior*. New York 1964.

60 Wolfenstein, M., *a. a. O.* S. 67, 83

61 Panse, F., *a. a. O.*, S. 133 f.

62 Wolfenstein, M., *a. a. O.*, S. 192 f.

63 Panse, F., *a. a. O.*, S. 167 ff.

64 Wolfenstein, M., *a. a. O.*, S. 51 ff.

65 Selbach, C., und H. Selbach, »Über die psychische Dynamik versprengter Gruppen«. In: *Psychiatrie und Gesellschaft*. Bern und Stuttgart 1958, S. 114.

66 von Baeyer, W., »Erlebnisbedingte Verfolgungsschäden«. In: *Nervenarzt 32* (1961), S. 534.

67 von Baeyer-Katte, W., *Das Zerstörende in der Politik*. Heidelberg 1958, S. 143.

68 von Baeyer, W., H. Häfner, K. P. Kisker, *Psychiatrie der Verfolgten*. Berlin-Göttingen-Heidelberg 1964.

69 Cohen, E., *Human Behavior in the Concentration Camp*. New York 1953.

70 Venzlaff, U., *Die psychoreaktiven Störungen nach entschädigungspflichtigen Ereignissen (d. sog. Unfallneurosen)*. Berlin-Göttingen-Heidelberg 1958.

71 March, H. (Hrsg.), *Verfolgung und Angst in ihren leib-seelischen Auswirkungen*. Stuttgart 1960.

72 Eitinger, L., *Concentration Camp Survivors*. Oslo, London 1964.

73 Paul und Herberg (Hrsg.), *Psychische Spätschäden nach politischer Verfolgung*. Basel, New York [2]1967.
Matussek, P. und Mitarbeiter *Die Konzentrationslagerhaft und ihre Folgen*. Berlin-Heidelberg-New York 1971.

74 Stokvis, B., »Beobachtungen eines Amsterdamer Psychiaters während der Nazi-Besatzung von 1940 bis 1945«. In: *Mschr. f. Psychiat. 122* (1951), S. 277.

75 zit. nach von Baeyer, Häfner, Kisker, *a. a. O.*, S. 21.

76 von Baeyer, W., »Psychiatrisches Gutachten über Fragen der Glaubwürdigkeit und Erinnerungszuverlässigkeit bei der Beurtei-

lung von Zeugenaussagen rassisch Verfolgter, die weit zurückliegenden Extrembelastungen ausgesetzt waren«. In: *Nervenarzt 41* (1970), S. 83.

77 Hallen, O., »Über isolierte Phobien nach Verkehrsunfällen«. In: *Nervenarzt 31* (1960), S. 454.

78 von Baeyer, Häfner, Kisker, *a. a. O.*, S. 370.
Auch die folgenden, sich auf den erlebnisreaktiven Persönlichkeitswandel nach Verfolgung beziehenden Zitate und Angaben sind diesem Werk entnommen.

79 Eitinger, L., *a. a. O.*, S. 176 ff.

80 vgl. von Baeyer, W., »Social and Political Aspects of Anxiety«. In: *Studies of Anxiety.* Ashford 1969.

81 vgl. von Baeyer, W., »Psychiatrisches Gutachten usw.«

82 hier beziehen wir uns wieder auf von Baeyer, Häfner, Kisker, *a. a. O.*, S. 275 f.

83 ebd., S. 134.

84 zit. nach von Baeyer, Häfner, Kisker, S. 163.

85 von Baeyer, Häfner, Kisker, S. 177 ff.

86 zit. nach von Baeyer, Häfner, Kisker, S. 192 ff.

87 von Baeyer, Häfner, Kisker, S. 140 und 215 ff.

88 Nach neuesten Erhebungen (Arnd Tido Tammen, Diss. Heidelberg 1970) sind gleitende Transponierungen angstbesetzter Verfolgungssituationen über phobisch-mißtrauische Verfassungen im Asylland in ausgesprochen defektuöse, schizophrenieartige Wahnpsychosen doch keine so große Seltenheit.

89 Lifton, R., »Home by Ship. Reaction patterns of American prisoners of war repatriated of North Korea«. In: *Am. Journ. Psychiat. 110* (1954), S. 733, sowie:
Häfner und Ranabauer, »Angst, Terror und ihre Folgen in medizinischer Sicht«. In: *Die politische und gesellschaftliche Rolle der Angst.* Frankfurt a. M. 1957, S. 80.

90 von Baeyer, Häfner, Kisker, S. 162.

91 ebd., S. 160.

92 Matussek, P., »Die Angst in der schizophrenen Psychose«. In: *Z. psychosomat. Med. 6* (1959/60), S. 10.

93 Diebold, K., »Zum Problem der Zusammenhänge von Anlage und Umwelt in der Psychiatrie«. In: *Nervenarzt 40* (1969), S. 401.

94 Tellenbach, H., *Melancholie.* Berlin-Göttingen-Heidelberg 1961.

95 Abraham, K., *Psychoanalytische Studien zur Charakterbildung.* Frankfurt a. M. 1969, S. 149.

96 Schneider, K., *a. a. O.*, S. 142 f.

97 Wetzel, A., »Das Weltuntergangserlebnis in der Schizophrenie«. In: *Z. Neur. 78* (1922), S. 407.
»Man erlebt wohl im Rahmen der psychiatrischen Tätigkeit kaum

etwas mit solchem Ergriffensein mit wie die Schilderung jener schon kurz erwähnten Phasen, in denen die sich entwickelnde Psychose in den Kranken mit unheimlicher Wucht die Ahnung von etwas Ungeheuerlichem, das da hereinbricht, aufsteigen läßt. Das Grauenvolle, das Unheimliche tritt uns als letzte Steigerung häufig inhaltloser, oft auch schon an besondere Wahrnehmungen und konkrete Befürchtungen oder paranoide Einstellungen geknüpfter Angst- und Unruhegefühle immer wieder in allen nur möglichen Abwandlungen entgegen.«

 98 Conrad, K., *Die beginnende Schizophrenie.* Stuttgart 1958.
 99 Störring, G. E., *Zur Psychopathologie und Klinik der Angstzustände.* Berlin 1934, S. 55 ff.
100 Blankenburg, W., *Der Verlust der natürlichen Selbstverständlichkeit. Ein Beitrag zur Psychopathologie symptomarmer Schizophrenien.* Stuttgart 1971.
101 Stierlin, H., *Conflict and Reconciliation.* New York 1969, S. 51.
102 Störring, G. E., *a. a. O.,* S. 56.
103 Leonhard, K., »Die atypischen Psychosen und Kleists Lehre von den endogenen Psychosen«. In: *Psychiatrie der Gegenwart II.* Berlin, Göttingen, Heidelberg 1960, S. 157 f.
104 Schneider, K., *a. a. O.,* S. 92 f.
105 Wyss, R., »Klinik des Alkoholismus«. In: *Psychiatrie der Gegenwart,* Bd. II. Berlin, Göttingen, Heidelberg 1960, S. 265 ff.
106 Bilz, R., *Trinker. Eine Untersuchung über das Erleben und Verhalten der Alkoholhalluzinanten.* Stuttgart 1959.
107 Bleuler, M., »Endokrinologische Psychiatrie«. In: *Psychiatrie der Gegenwart,* Bd. I – 1 B. Berlin-Heidelberg-New York 1964, S. 161.
108 Störring, G. E., *a. a. O.,* S. 19 ff.
109 Leuner, H., *Die experimentelle Psychose.* Berlin-Göttingen-Heidelberg 1962.
110 Kunz, H., »Zur Anthropologie der Angst«. In: *Aspekte der Angst.* Stuttgart 1965, S. 49.
Ders., »Über vitale und intentionale Bedeutungsgehalte«. In: *Conditio humana. Festschrift für E. Straus.* Berlin, Heidelberg, New York 1966, S. 162. Aus Situationen mit dem vitalen Bedeutungsgehalt äußerster Bedrohlichkeit entspringen unmittelbar und ursprünglich dramatische Angst-Erlebnisse, keine Intentionen im engeren Sinn als vom Ich hervorgebrachte Gedanken, Vorstellungen, Willensakte und dergleichen. »Vielmehr verwirklichen sie (sc. die Angst-Erlebnisse) in oder aus unserem Menschsein aufbrechende, unser Ich überwältigende Geschehnisse.« Wohingegen eine gedankliche, vorstellungsmäßige, willensmäßige Auseinandersetzung mit der bedrohlichen Situation stattfindet, spricht Kunz von einer – im engeren Sinne – Re-Aktion, die uns in eine innere Distanz

gegenüber den intendierten Gegenständen bringt. Mit ihrer Hilfe können wir uns von den vitalen Bedeutsamkeiten des Begegnenden absetzen und die ihnen entsprechenden Gegenstandsmerkmale als Objekteigenschaften erkennen. Das unmittelbare, gedanklich nicht vermittelte Reagieren auf Situationen von vitaler Bedeutsamkeit findet sich ungebrochen beim Tier, bestimmt aber auch jederzeit das menschliche Wahrnehmen und Handeln, ohne sich als Gegensatz zur Intentionalität zu polarisieren.

111 Schrenk, M., *Die Heberdensche Angina pectoris (1768)*. Mannheim und Frankfurt/M. 1969.

112 Braun, L., *Herz und Angst*. Leipzig und Wien 1932.

113 Plügge, H., *Wohlbefinden und Mißbefinden*. Tübingen 1962.

114 Kulenkampff, C., und A. Bauer, »Herzphobie und Herzinfarkt«. In: *Nervenarzt 35* (1962), S. 289.

115 de Boor, C. *Zur Psychosomatik der Allergie, insbesondere des Asthma bronchiale*. Stuttgart 1965.

116 Jores, A., *Um eine Medizin von morgen*. Bern, Stuttgart 1969.

117 Plügge, H., *a. a. O.*, S. 136 ff.

118 Lindner, M., *Über die seelischen Abläufe in Lebensgefahr*. Diss. Erlangen 1944.

119 Schneider, K., *a. a. O.*, S. 28 f.

120 Freud, S., *a. a. O.*, S. 288.

121 von Gebsattel, V., *Prolegomena*, S. 384.

122 Binswanger, L., *Schizophrenie*. Pfullingen 1957, S. 383 f.

123 von Gebsattel, V., *Prolegomena*, S. 386 f.

124 Janz, H.-W., »Psyche und Pharmakon«. In: *Zschr. f. experim. und angew. Psychol. X/3* (1963), S. 417.

125 Battegay, R., *Angst und Sein*. Stuttgart 1970.

126 Obrador, S., »Neurosurgical Aspects of Anxiety«. In: *Studies of Anxiety*. Ashford 1969, S. 169.

127 Langen, D., »Relaxation Therapy«. In: *Studies of Anxiety*. Ashford 1969, S. 143.

128 Wolpe, J., »The Conditioning and Deconditioning of Neurotic Anxiety«. In: *Anxiety and Behavior*. Hrsg. v. Spielberger, Ch. D., New York und London 1966, S. 179.
   Ferner: Eysenck, H.-J., und S. Rachman, *Neurosen. Ursachen und Heilmethoden*. Berlin 1967.
   Blöschl, L., *Grundlagen und Methoden der Verhaltenstherapie*. Bern-Stuttgart-Wien 1969.

129 Eysenck und Rachman, *a. a. O.*, S. 120.

130 ebd., S. 79.

131 zit. nach Eysenck und Rachman, *a. a. O.*, S. 179 f.

132 Battegay, R., *a. a. O.*, S. 87.

133 Frankl, V. E., »Grundriß der Existenzanalyse und Logotherapie«.

In: *Handbuch der Neurosenlehre und Psychotherapie,* III. Bd., München und Berlin 1959, S. 725 f.

Auf die Konzeption der noogenen Neurose und der darauf aufgebauten Existenzanalyse bzw. Logotherapie kann hier nicht näher eingegangen werden. Im Vordergrund steht der Gesichtspunkt des frustrierten oder konflikthaft widersprochenen Lebenssinnes. Verfehlungen des Lebenssinnes können eigene Bilder einer existentiellen oder noogenen Gestörtheit erzeugen und auch die in tieferen Vitalschichten wurzelnden psychophysischen Neurosen klassischer Art, u. a. Angst-Neurosen und Phobien, auslösen. Wesentlich ist für Frankl die Erwartungs-Angst als Angst vor der Angst, die in einem neurotischen Zirkel die Symptomatik der Neurose steigert, u. U. aber auch einmal auf psychosomatischem Weg eine durch Überfunktion der Schilddrüse bedingte Angst-Bereitschaft mobilisiert. Dieser Zirkel ist durch konsequente Durcharbeitung der Sinnfrage, z. B. einer ungelösten Gewissensproblematik, zu durchbrechen, wobei die paradoxe Intention als ein sich distanzierendes Stellen gegenüber sinnzerstörenden Emotionen und Zwängen ein erfolgversprechendes Hilfsmittel ist.

134 Marks, J. M., *Fears and Phobias.* London 1969.
135 Freud, S., »Neue Folge der Vorlesungen zur Einführung in die Psychoanalyse«. In: *Ges. Werke,* Bd. XV, S. 95.

Arousal: neurophysiologische Bezeichnung der vom Hirnstamm (retikuläre Substanz oder Formation, → Substantia reticularis) zur Hirnrinde aufsteigenden Erregungsprozesse, von deren Aktivierung der Wachzustand, die Aufmerksamkeitsspannung, aber auch die Gefühls- und Trieberregung abhängig sind. Over-arousal ist eine übermäßig starke Aktivierung der genannten psychophysischen Erregungsvorgänge.

Asthma bronchiale: anfallsweise Atemnot durch Krampf, Schleimhautschwellung und Schleimabsonderung der Bronchien, d. i. des atemführenden Röhrensystems der Lungen.

Asthma cardiale: Anfallsweise Atemnot durch Lungenstauung bei Herzleiden.

Coitus interruptus: vor dem Samenerguß unterbrochener Geschlechtsverkehr.

Dyspnoe: Kurzatmigkeit.

dysthym: mißgestimmt mit der Note des Mürrischen, Unzufriedenen, nicht ausgesprochen Depressiven. Von dysthymer Verstimmung wird auch im Zusammenhang mit Angst gesprochen.

Elektrokoagulation: Verkochung und Verschorfung von Gewebe durch Anwendung von elektrischem Strom – moderne chirurgische bzw. neuro-chirurgische Methode.

Elektromyographie: Ableitung und Registrierung von elektrischen Aktionsströmen der Muskulatur zum Zwecke der Feststellung von Muskel- und Nervenerkrankungen.

extrovertiert: Grundeinstellung des nach außen gewendeten, aufgeschlossenen, kontaktfähigen Menschen (nach C. G. Jung); im Ggs. zu → introvertiert.

Hypothalamus: Teil des Zwischenhirnes, der wichtige Zentren für die Lebensfunktionen enthält und auch als Bestandteil des sogenannten → Limbischen Systems auf triebhafte Abläufe und emotionale Gestimmtheiten regulierenden Einfluß hat.

introvertiert: Grundeinstellung des nach innen gewendeten, verschlossenen, zu Kontaktschwierigkeiten neigenden Menschen (nach C. G. Jung); im Ggs. zu → extrovertiert.

Jacobsonsche Methode: systematisches Training der Muskelentspannung.

Leukotomie, frontale: psychochirurgische Methode zur Ausschaltung von Angst- und Spannungszuständen sowie psychotischer Erregung, von dem portugiesischen Neurochirurgen Edgar Moniz angegeben (1935). Der Eingriff besteht in der Durchtrennung weißer Hirnsubstanz im Stirnhirn, die die Verbindungen zwischen dem Sehhügel (→ Thalamus opticus) und der Stirnhirnrinde herstellt.

Limbisches System: saumartiges, den Hirnstamm umgebendes Faser- und Zellsystem im menschlichen Gehirn, zu dem Teile der Hirnrinde und bestimmte unter der Rinde gelegene Kernbezirke gerechnet werden. Das Limbische System steht in Faserverbindung mit dem Mittel- und Zwischenhirn. Es besitzt Funktionen der emotionalen, triebhaften und vegetativen Impulsgebung und Regulation; → Hypothalamus.

Nekrose: Absterben von lebendem Gewebe.

Neuroendokrinologie: Lehre von der inneren Sekretion (Hormonabsonderung, z. B. der Schilddrüse) in Beziehung zu Erregungs- und Hemmungsvorgängen im zentralen und peripheren Nervensystem.

Pankreas: Bauchspeicheldrüse, die u. a. das Hormon Insulin absondert.

plethysmographische Methode: Messung des Füllungszustandes und der Pulsation der Blutgefäße durch Wasserverdrängung, besonders am Vorderarm.

Präkordialangst: beklemmende, mit Angstgefühl verbundene Mißempfindungen in der Herzgegend.

psychogalvanisches Reflexphänomen: von dem deutschen Physiologen Veraguth entdeckte Veränderungen der Leitungsfähigkeit der Haut für schwachen galvanischen Strom, der Schmerzen und psychische Erregung begleitet. Die elektrischen Potentialschwankungen der Haut sind in der Hauptsache im Zusammenhang mit der Schweißsekretion variabel.

Schreck-Basedow: Schilddrüsenüberfunktion (Hyperthyreose), die dem Ausdruck höchster Angst gleicht, mit aufgerissenen, vorquellenden Augen, Zittern, Pulsbeschleunigung, Blässe oder Rötung des Gesichts, und in ursächlichen Zusammenhang mit heftigen Emotionen, vor allem solchen ängstlicher und schreckhafter Art, gebracht wird. Heute ist man hinsichtlich der kausalen (psychosomatischen) Beziehungen zwischen Schreck und Basedow vorsichtiger (Manfred Bleuler).

Sehhügel: → Thalamus opticus.

Stenokardie: gleichbedeutend mit → Präkordialangst.

stereotaktische Operation: hirnchirurgische Methode der Ausschaltung kleiner Hirngewebsorte, vor allem in tiefliegenden, mit anderen hirnchirurgischen Verfahren nicht erreichbaren Regionen der zentralen grauen Substanz, z. B. des → Thalamus opticus. Durch eine kleine Öffnung der Schädelkapsel wird mittels eines komplizierten Zielgerätes (Röntgenapparatur) und elektrischer Reizung die gewünschte Stelle lokalisiert und dann durch → Elektrokoagulation zerstört. Diese Methode diente ursprünglich zur Beseitigung von hirnorganisch bedingtem Zittern und anderen sogenannten extrapyramidalen Erscheinungen, erweist neuerdings ihre Anwendbarkeit aber auch bei psychischen Störungen, vor allem bei Zwangs- und Angsterscheinungen.

Stress: englisches Wort für Anstrengung oder Anspannung. Umfaßt körperliche und seelische Belastungen aller Art. Der Begriff wurde von dem kanadischen Endokrinologen Selye in die Pathologie und Pathophysiolo-

261

gie eingeführt, um damit eine dreistufige Reaktionsfolge auf schädliche Belastungen des Organismus zu kennzeichnen: Alarm, Resistenz oder Anpassung, Erschöpfung. Diese Reaktionsfolge hat Selye ursprünglich dem hormonalen System der Hirnanhangdrüse und der Nebenniere zugeschrieben. Inzwischen hat der Streß-Begriff auch auf den Gebieten der Psychologie und der Psychiatrie Boden gewonnen.

Substantia reticularis: System von Nervenzellen und Nervenfasern im Hirnstamm, in dem Erregungen teils afferent (zu den Hirnzentren hin), teils efferent (von den Hirnzentren in die Körperperipherie) fortgeleitet und reguliert werden. Die retikuläre Substanz oder Formation hat Einfluß auf Haltung und Bewegung des Körpers, aber auch in ihren aufsteigenden Anteilen auf die allgemeine Aktivität des Zentralnervensystems in psychischer und psychophysischer Hinsicht (Bewußtseinshelligkeit, Schlaf-Wach-Rhythmus, Emotionen); → arousal.

Tachykardie: Beschleunigung der Herzschlagfolge.

Thalamus opticus: Sehhügel; umfangreiche, paarig angelegte Ansammlung von Nervenzellen und Faserverbindungen im Zwischenhirn. Lebenswichtige, funktionsreiche Hirnstruktur, die als Schaltstelle zwischen den aus dem Großhirn stammenden Impulsen und den von der Peripherie des Körpers hereinströmenden Reizen Bedeutung hat. Die Sehhügel spielen u. a. eine wichtige Rolle bei der Schmerzwahrnehmung und – im Rahmen des → Limbischen Systems – bei Entstehung und Ablauf emotionell-triebhafter Vorgänge.

vegetatives Nervensystem: auch als autonomes oder viszerales Nervensystem bezeichnet. System von Nervenzellen und Nervenfasern, das sich vom Mittel- und Zwischenhirn über den Grenzstrang der Wirbelsäule entlang bis hinunter in das Geflecht der peripheren Nerven und Blutgefäße erstreckt. Anatomisch und funktionell läßt sich ein sympathischer und parasympathischer Anteil unterscheiden. Das vegetative Nervensystem regelt die inneren Lebensvorgänge und ihre Anpassung an die Umwelt, unabhängig von Bewußtsein und Willen, daher auch autonom genannt.

Vigilanz: Wach-Bewußtsein mit voller Aufmerksamkeitszuwendung und Aktivität. Hirnanatomische und nervenphysiologische Voraussetzungen der V. sind Intaktheit der Strukturen der Hirnrinde und des Hirnstamms sowie Aktivität des retikulären, aufsteigenden Aktivierungssystems → arousal, → Substantia reticularis.

Voodoo-Tod: Todesfall, der in manchen primitiven Kulturen, z. B. bei den Eskimos, der Einwirkung von Zauberei oder dem Bruch von Tabuvorschriften zugeschrieben wird. Das Vorkommen derartiger psychisch bedingter oder mitbedingter Todesfälle soll gut bezeugt sein und mit der Angst des Opfers vor Hexerei bzw. mit dem angstvollen schlechten Gewissen des Tabu-Brechers und seiner Furcht vor Vergeltung durch höhere Mächte zusammenhängen.

Literaturverzeichnis (Auswahl)

von Baeyer, W., H. Häfner, K. P. Kisker, *Psychiatrie der Verfolgten* (Berlin-Göttingen-Heidelberg: Springer Verlag, 1964).

von Baeyer-Katte, W., *Das Zerstörende in der Politik* (Heidelberg: Quelle und Meyer, 1958).

Battegay, R., *Angst und Sein* (Stuttgart: Hippokrates Verlag, 1970).

Binswanger, L., *Schizophrenie* (Pfullingen: Verlag Günther Neske, 1957).

von Ditfurth, H. (Hrsg.), *Aspekte der Angst* (Stuttgart: Georg Thieme Verlag, 1965).

Dührssen, A., *Psychogene Erkrankungen bei Kindern und Jugendlichen* (Göttingen: Verlag Vandenhoeck und Ruprecht, [7]1969).

Eysenck, H.-J., u. S. Rachman, *Neurosen – Ursachen und Heilmethoden* (Berlin: VEB Deutscher Verlag der Wissenschaften, 1967).

Hoch, P. H., u. J. Inbin, (Hrsg.), *Anxiety* (New York-London: Hafner Publishing Company, 1964).

Homburger, A., *Vorlesungen über Psychopathologie des Kindesalters* (Darmstadt: Wissenschaftliche Buchgesellschaft, 1967).

Kielholz, P. (Hrsg.), *Angst, psychische und somatische Aspekte* (Bern und Stuttgart: Verlag Hans Huber, 1967).

Kretschmer, E., *Medizinische Psychologie* (Stuttgart: Georg Thieme Verlag, [12]1963).

Külp, B., *Theorie der Drohung* (Köln: W. Kohlhammer Verlag, 1965).

Lader, M. H. (Hrsg.), *Studies of Anxiety* (Ashford: Headley Brothers Ltd., 1969).

Levitt, E. E., *The Psychology of Anxiety* (Indianapolis-New York-Kansas City: The Bobbs-Merrill Comp., Inc., 1967).

March, H. (Hrsg.), *Verfolgung und Angst in ihren leibseelischen Auswirkungen* (Stuttgart: Ernst Klett Verlag, 1960).

Marcuse, H., *Psychoanalyse und Politik* (Frankfurt a. Main: Europäische Verlagsanstalt, [2]1968).

Marcuse, H., A. Rapoport, K. Horn, A. Mitscherlich, D. Senghaas u. M. Marković), *Aggression und Anpassung in der Industriegesellschaft* (Frankfurt am Main: Suhrkamp Verlag, 1968).

Marks, I. M., *Fears and Phobias* (London: William Heinemann, 1969).

Mauz, F., *Die Prognostik der endogenen Psychosen* (Leipzig: Georg Thieme Verlag, 1930).

May, R., *The Meaning of Anxiety* (New York: Ronald, 1950).

Negt, O., *Soziologische Phantasie und exemplarisches Lernen* (Frankfurt a. Main: Europäische Verlagsanstalt, 1968).

Panse, F., *Angst und Schreck* (Stuttgart: Georg Thieme Verlag, 1952).

Remplein, H., *Die seelische Entwicklung des Menschen im Kindes- und*

Jugendalter (München-Basel: Ernst Reinhardt Verlag, [9]1961).

Riemann, F., *Grundformen der Angst* (München-Basel: Ernst Reinhardt Verlag, [3]1967).

Schneider, K., *Die psychopathischen Persönlichkeiten* (Wien: Franz Deuticke, [9]1950).

ders., *Klinische Psychopathologie* (Stuttgart: Georg Thieme Verlag, [7]1966).

Spielberger, C. (Hrsg.), *Anxiety and Behavior* (New York: Academic Press, 1966).

Stollar, A., u. B. Davis (Hrsg.), *Studies of Anxiety II*. Special supplement. The Australian and New Zealand Journal of Psychiatry, Bd. 3, No. 3a, 1969.

Wieser, St., *Das Schreckverhalten des Menschen* (Bern und Stuttgart: Verlag Hans Huber, 1961).

Zeugnisse der Angst in der Modernen Kunst. Katalog der Ausstellung vom 8. Darmstädter Gespräch (Darmstadt, 1963).

Zulliger, H., *Die Angst unserer Kinder* (Stuttgart: Ernst Klett Verlag, 1966).

Bildquellenverzeichnis

Seite 11: Nasjonalgalleriet Oslo

Seite 55: nach Levi, L., »Biochemische Reaktionen bei verschiedenen experimentell hervorgerufenen Gefühlszuständen«, in: *Angst,* hrsg. v. Kielholz, P., Bern und Stuttgart 1967

Seite 61: aus: Blough/Blough, Psychologische Experimente mit Tieren (suhrkamp wissen 7), Frankfurt 1970

Seite 71: aus: Levitt, E. E., *Psychology of Anxiety.* Indianapolis – New York – Kansas City 1967

Seite 72: aus: Kielholz, P. (Hrsg.), *Angst.* Bern – Stuttgart 1967

Seite 78: aus: Levitt, E. E., *a. a. O.*

Seite 79: aus: Levitt, E. E., *a. a. O.*

Seite 85: nach Eysenck u. Rachmann, *Neurosen – Ursachen und Heilmethoden.* Berlin 1967

Seite 213: Psychiatrisch-Neurologische Universitätsklinik Wien

Alphabetisches Gesamtverzeichnis der
suhrkamp taschenbücher

st 115 Wolfgang Koeppen
Nach Rußland und anderswohin
Empfindsame Reisen
272 Seiten
Diese Aufzeichnungen mit dem Untertitel »Empfindsame
Reisen« führen nach Spanien, Holland, England und in
die UdSSR. Unmöglich die Vorstellung, der Autor
orientiere sich an einem Reiseführer. Er absolviert kein
Bildungspensum, sondern hält sich offen für das Erlebnis, für die »Zufälle« des Augenblicks und sieht gerade
das, was wahrzunehmen das präparierte Reiseabenteuer
verhindert. In seinen Reiseberichten nicht weniger als
in seinen Romanen und Erzählungen erweist sich Koeppen als minuziöser Beobachter, dessen sprachliche Potenz
hinter der Schärfe des Wahrgenommenen nicht zurück-
bleibt. Wie wenige zeitgenössische Autoren versteht er
es, trotz kritischer Analyse Atmosphäre und Lokalkolorit
zu vermitteln.

st 116 Hermann Hesse
Klein und Wagner. Novelle
112 Seiten
Die Novelle *Klein und Wagner* ist einer der Höhe-
punkte der Prosa Hermann Hesses. Friedrich Klein, der
ehrbare Beamte, treusorgende Ehegatte und Familienvater,
durchbricht plötzlich, belastet mit einem imaginären Ver-
brechen, dem vierfachen Mord an Frau und Kindern, mit
falschem Paß, einem Revolver und unterschlagenem Geld,
seine hausbackene Respektabilität. Die Figur des Beamten
Klein mit dem beziehungsreichen Decknamen Wagner ist
eine frühe Inkarnation von Hesses Steppenwolf.

st 117 Lars Norén
Die Bienenväter. Roman
Aus dem Schwedischen von Dorothea Bjelfvenstam
176 Seiten
Das Meisterstück dieses jungen Dichters ist eine Ge-
schichte, die während einer Woche im heißen Sommer

1969 in Stockholm spielt und von Simon erzählt wird. Simon, kaum von einem Nervenzusammenbruch erholt, lebt von Alkohol und Tabletten, bei schon zugrunde gerichteten Mädchen, verfolgt von der Polizei, unterwegs zum Rauschgifthändler Staffan, um sich Geld zu borgen, zur Heilung seines Trippers, vor allem aber für das Begräbnis seines Vaters. Einmal besaß der Vater Bienenstöcke, die er vor den Augen des Jungen verbrannte.

st 118 Walter von Baeyer, Wanda von Baeyer-Katte
Angst
272 Seiten
Das vorliegende Buch gibt eine Übersicht über die Ergebnisse der neueren erfahrungswissenschaftlichen Angstforschung, wobei zwei »Hauptfundstellen der Angstforschung« im Vordergrund stehen: die Psychopathologie und die historisch-psychologische Terrorforschung. Diesen Kapiteln gehen kürzere Übersichten voran: über sprachlich-begriffliche Unterscheidungen, über Biologie, Physiologie und experimentelle Psychologie.

st 120 Günter Eich
Fünfzehn Hörspiele
608 Seiten
Der Band enthält *Geh nicht nach El Kuhwed!; Träume; Sabeth; Die Andere und ich; Blick auf Venedig; Der Tiger Jussuf; Meine sieben jungen Freunde; Die Mädchen aus Viterbo; Das Jahr Lazertis; Zinngeschrei; Die Stunde des Huflattichs; Die Brandung vor Setúbal; Allah hat hundert Namen; Festianus, Märtyrer; Man bittet zu läuten.*

st 123 George Steiner
Sprache und Schweigen
Essays über Sprache, Literatur und das Unmenschliche
Deutsch von Axel Kaun
336 Seiten
Mit diesem Werk, das in viele Sprachen übersetzt wurde, erregte George Steiner internationales Aufsehen. Es ging um die Frage: »Verflechten sich die Wurzeln des Unmenschlichen mit denen der Hochzivilisation? Ist es möglich, daß im klassischen Humanismus selbst, in seiner Neigung zur Abstraktion und zum ästhetischen Werturteil, ein radikales Versagen angelegt ist?«

st 124 Adolf Portmann
Biologie und Geist
Vierzehn Vorträge
Mit Kunstdrucktafeln
352 Seiten
Adolf Portmann gehört zu den führenden Verhaltens-
forschern der Gegenwart. Für Portmann entscheidend
sind einerseits Probleme der Gestaltlehre, andererseits
Probleme des Soziallebens von Tier und Mensch. Sein
Ansatzpunkt liegt bei der Frage, wieviel Kunstform in
dem enthalten sei, was uns als Naturform erscheint. Seiner Definition nach herrschen Kunstformen dort, wo Soziales in Erscheinung tritt.

st 127 Hans Fallada
Tankred Dorst
Kleiner Mann – was nun?
Eine Revue von Tankred Dorst und Peter Zadek
208 Seiten
Tankred Dorst hat Hans Falladas 1932 erschienen
Roman »Kleiner Mann – was nun?« dramatisiert, der
zu einem der größten Bucherfolge seiner Zeit wurde. In
der Geschichte des kleinen Angestellten Pinneberg und
der Arbeitertochter Lämmchen in den Jahren der großen
Arbeitslosigkeit erkannten Hunderttausende ihre eigene
Geschichte, ihren Alltag, ihre Welt. Die Dramatisierung
von Tankred Dorst wurde für die Neueröffnung der
Städtischen Bühnen Bochum unter der Leitung von Peter
Zadek vorgenommen.

st 135 Wer ist das eigentlich – Gott?
Essays
Herausgegeben von Hans Jürgen Schultz
304 Seiten
Die Frage »Wer ist das eigentlich – Gott?« stammt von
Kurt Tucholsky. Nicht ironisch oder polemisch wird sie
heute formuliert, sondern neugierig und interessiert. Die
Beiträge dieses Buches wollen von verschiedenen Ge-
sichtspunkten aus und unter Beteiligung zahlreicher nam-
hafter Autoren eine Antwort geben.

st 150 Zur Aktualität Walter Benjamins
Aus Anlaß des 80. Geburtstags von Walter Benjamin
herausgegeben von Siegfried Unseld
288 Seiten
Der vorliegende Band »Zur Aktualität Walter Benjamins« nimmt wichtige, hier erstmals publizierte Ab-

handlungen auf, die aus diesem Anlaß geschrieben worden sind, und Texte von Walter Benjamin, seine »Lehre vom Ähnlichen«, eine umfangreiche Variante der Arbeit »Über das mimetische Vermögen«, den autobiographisch bedeutenden Text »Agesilaus Santander«, den Briefwechsel mit Bertolt Brecht und drei Lebensläufe, deren letzter kurz vor seinem Tod geschrieben wurde.

st 151 Hermann Broch
Barbara und andere Novellen
384 Seiten
Dieser Band legt eine Sammlung von 13 Novellen vor, die besten aus Brochs Gesamtwerk. Die früheste, *Eine methodologische Novelle,* wurde 1917 geschrieben, die späteste, *Die Erzählung der Magd Zerline,* 1949. Die Besonderheit dieser Sammlung besteht in der erstmaligen Präsentation aller vorhandenen Tierkreisnovellen in ihrer Ursprungsfassung.